PARA DEVOCIONAIS INDIVIDUAIS e em FAMÍLIA. DESDE 1956

Pão Diário

EDIÇÃO ANUAL

*De:*________________________________

Para: ________________________________

Publicações
Pão Diário

ESCRITORES:
Albert Lee, Amy Boucher Pye, Anne M. Cetas, Chek Phang Hia, Cindy Hess Kasper, Dave Branon, Davi Charles Gomes, David C. Egner, David C. McCasland, David H. Roper, H. Dennis Fisher, Jaime Fernández Garrido, James Banks, Jennifer Benson Schuldt, Jeremias Pereira da Silva, Joseph M. Stowell, Juarez Marcondes Filho, Julie Ackerman Link, Keila Ochoa, Luis Roberto Silvado, Lawrence Darmani, Marion Stroud, Mart DeHaan, Marvin L. Williams, Miguel Uchôa, Ney Silva Ladeia, Paschoal Piragine Junior, Philip D. Yancey, Poh Fang Chia, Randy K. Kilgore, Timothy L. Gustafson, William E. Crowder.

Tradução: Cláudio F. Chagas, Elisa Tisserant de Castro, Thaís Soler
Revisão: Dayse Fontoura, Lozane Winter
Adaptação e edição: Rita Rosário
Coordenação gráfica e capas: Audrey Novac Ribeiro
Diagramação: Priscila Santos

Fotos das capas:
Família © JGA, por Shutterstock
Parque Nacional Jasper, Canadá, Terry Bidgood © Ministérios Pão Diário
Flores, Alex Soh © Ministérios Pão Diário
Israel, Alex Soh © Ministérios Pão Diário

Referências bíblicas:
Exceto se indicado o contrário, as citações bíblicas são extraídas da Edição Revista e Atualizada de João F. de Almeida © 2009 Sociedade Bíblica do Brasil.

Créditos dos artigos:
Artigo: 7 de janeiro, 11 de junho, 30 de julho, 11 de agosto, 15 de setembro, 15 de novembro foram extraídos e adaptados de: *Sinais da graça* © 2011 Philip Yancey, Ed. Mundo Cristão. Artigo: 21 de janeiro, extraído e adaptado de: *90 dias de orações pelos pródigos* © 2016 James Banks, Publicações Pão Diário.

Pedidos de permissão para usar citações deste devocional devem ser direcionados a: permissao@paodiario.org

PUBLICAÇÕES PÃO DIÁRIO
Caixa Postal 4190, 82501-970 Curitiba/PR, Brasil
E-mail: publicacoes@paodiario.org • Internet: www.paodiario.org
Telefone: (41) 3257-4028

BL288 • 978-1-68043-294-7
P2286 • 978-1-68043-295-4
FD527 • 978-1-68043-296-1
E3825 • 978-1-68043-299-2

Impresso na China

Portuguese ODB Edition

Sumário

Introdução.....5

Mais do que pensamos ou imaginamos**.....6**
Meditações diárias (janeiro–junho).....7
Deus age por meio da oração**.....188**
Meditações diárias (julho–dezembro).....194
Por que lemos a Bíblia**.....378**
A oferta divina de paz**.....381**

Índice temático.....382

Introdução

Há mais de seis décadas o devocional *Pão Diário* chega à casa de indivíduos e famílias levando uma porção da Palavra de Deus. Ao longo desses anos, nosso ministério se expandiu e hoje alcança mais de 150 países.

Nesta edição do devocional *Pão Diário* Volume 21, você poderá ler textos de autores dos cinco continentes trazendo uma visão do agir do Senhor por todo o mundo. Perceberá que os mesmos desafios que enfrentamos são comuns às várias nacionalidades, e que a Bíblia sempre traz orientação divina, independentemente do idioma em que foi traduzida.

Nas páginas centrais, leia o artigo especial sobre a "Oração" que James Banks escreveu: Deus age por meio da oração. Ele aborda um aspecto importante da nossa caminhada com o Senhor e compartilha a sua experiência ao orar, esperar em Deus, confiar nele, e obedecê-lo. Banks nos adverte: "Leva tempo para aprender a considerar a oração como prioridade. Porém, Deus deseja que sejamos pessoas de oração e ação: pessoas que primeiro oram e depois agem em resposta à Sua liderança." Que a experiência dele o ajude a aprender a buscar a presença e a direção de Deus.

Desejamos que esses devocionais lhe tragam a sabedoria transformadora da Bíblia e que esta possa alcançar seu coração criando raízes que produzam frutos eternos para a glória de Deus. Que o seu tempo a sós com o Senhor, diariamente, a leitura bíblica, e o conteúdo deste devocional possam aproximá-lo do trono de Deus, para receber misericórdia e achar graça para socorro em ocasião oportuna (HEBREUS 4:16).

—dos editores do *Pão Diário*

Mais do que pensamos ou imaginamos

Há vários anos, quando enfrentava um tempo especialmente difícil para mim, um pastor, a quem admirava muito, puxou-me de lado numa conferência da qual participávamos e disse: "Gostaria de lhe pedir que orasse comigo. Vamos combinar de orar Efésios 3:14-21 um pelo outro, pelos próximos 30 dias." Durante o mês que intercedemos um pelo outro, fiquei hospitalizado por muitos dias. As coisas pareciam ir de mal a pior. Porém, meu relacionamento com Deus se aprofundou e conheci Seu amor de forma poderosa e duradoura, como diz a passagem em Efésios.

Como o Senhor responderá? O que Ele fará?

Quando oramos juntos, em nome de Jesus, o poder de Deus é derramado de maneiras que excedem a nossa compreensão. Não surpreende que Jesus tenha insistido tão apaixonadamente: "...A minha casa será chamada casa de oração para todas as nações..." (MARCOS 11:17). Se queremos ver mudanças reais e verdadeiro progresso para o reino de Deus, devemos rogar pelo que só Ele pode fazer. Spurgeon disse: "Sou eu quem deve fazer grandes obras para Deus? Então, primeiramente preciso ser poderoso sobre meus joelhos."

Juntos somos mais fortes do que jamais seríamos por nós mesmos. Não agimos em nossa própria força, mas pela de Deus, e Ele prometeu Sua presença quando duas ou três pessoas o buscarem em unidade. Como o Senhor responderá? O que Ele fará? Que bênçãos virão de Suas mãos se somente pedirmos?

Há apenas uma forma de sabermos.

Nosso Pai nos espera. A porta para a sala do trono está aberta, e somos recebidos com amor e expectativa.

Por que não lhe pedimos?

Excerto adaptado de *The lost art of praying together* (A arte perdida de orar juntos) de James Banks © 2009 Discovery House

A Palavra concede alegria

O **que tem** guiado sua vida? Tanta gente se guia por ideias, sentimentos, filosofias. Muitos acreditam que o Universo conspira a seu favor. Alguns leem os traços das palmas das mãos, outros se orientam pela forma como os búzios são jogados: aleatoriamente. Há, ainda, os que se alegram com a ilusão dos recados das pré-existências.

LEITURA:
Josué 1: 7-9

Alegra-te muito, ó filha de Sião; exulta, ó filha de Jerusalém: eis aí te vem o teu Rei, justo e salvador, humilde... Zacarias 9:9

Há poucos dias celebramos o Natal. Esse evento foi predito pela Palavra de Deus. Ela dizia que Cristo viria. Desde o começo, a mensagem profética nos trouxe a esperança de que Jesus chegaria. A manjedoura encerrou toda a expectativa dessa vinda.

Hoje, essa mesma Palavra nos mantém firmes e nos traz esperança de que esse Rei se manifestará em Seu tempo, para nossa alegria. Nada neste mundo pode trazer mais contentamento para um cristão do que a Palavra de Deus, porque ela nos traz as boas notícias de podermos usufruir da Sua presença e das Suas promessas.

O fato do Rei ter vindo e cumprido tudo o que foi dito a Seu respeito, traz às Escrituras credibilidade para guiar a minha vida. A Bíblia afirma que "...aos homens está ordenado morrerem uma só vez, vindo, depois disto, o juízo" (HEBREUS 9:27). Há apenas duas dimensões: essa na qual vivemos e a que nos encontraremos um dia com o Senhor. Isso traz alegria e esperança ao coração: a certeza de termos uma Palavra firme que trata da minha vida, dos meus dias!

MU

Pai, ajuda-me a firmar meu coração na Tua Palavra.

Talvez hoje! A Palavra de Deus nutre a nossa fé e nos enche de esperança.

Ele responderá

Exultei ao encontrar a página do *Twitter* de minha atriz coreana favorita e lhe deixei uma nota. Criei a melhor mensagem que pude e esperei pela resposta, mas sabia ser improvável recebê-la. Uma celebridade como ela recebia uma enorme quantidade de cartas de fãs todos os dias. Ainda assim, esperei que ela respondesse. Mas fiquei desapontada.

LEITURA:
Salmo 91

Ele me invocará, e eu lhe responderei... v.15

Felizmente, sabemos que Deus nos responde. Ele é o "Altíssimo", o "Onipotente" (SALMO 91:1). Ele tem posição exaltada e poder ilimitado, mas é acessível a nós. Deus convida: "Ele me invocará, e eu lhe responderei..." (v.15).

Certa lenda conta que um rei contratou tecelões para fazer-lhe tapeçarias e roupas. Ele lhes deu a seda e os padrões, com ordens estritas de buscar a ajuda dele, imediatamente, diante de qualquer dificuldade. Um jovem tecelão era feliz e bem-sucedido, mas os outros viviam tendo problemas. Quando perguntaram ao menino por que ele se saía tão bem, ele lhes disse: "Não notaram quantas vezes eu chamei o rei?" Eles responderam: "Sim, mas ele é muito ocupado e achamos que você estava errado em perturbá-lo com tanta frequência". O menino respondeu: "Eu só fiz o que ele pediu, e ele sempre ficou feliz em ajudar-me!"

Nosso Deus é como aquele rei — apenas muito maior. Ele é suficientemente amoroso e gentil para cuidar de nossa menor preocupação e nosso mais leve sussurro.

PFC

Obrigado, Senhor, por me amares tanto.

Deus sempre presta atenção em nós.

Todos os Seus benefícios

Uma dificuldade recorrente em nossa jornada da vida é nos tornarmos tão focados no que precisamos no momento, que nos esquecemos do que já temos. Lembrei-me disso quando o coral de nossa igreja cantou um belo hino baseado em Salmo 103. "Bendize, ó minha alma, ao SENHOR, e não te esqueças de nem um só de seus benefícios" (v.2). O Senhor nos perdoa, cura, redime, provê, satisfaz e renova (vv.4,5). Como poderíamos esquecer isso? Contudo, frequentemente o fazemos quando os acontecimentos da vida diária desviam nossa atenção para necessidades prementes e imediatas, falhas recorrentes e circunstâncias que parecem fora de controle.

LEITURA:
Salmo 103

Bendize, ó minha alma, ao SENHOR, e não te esqueças de nem um só de seus benefícios. v.2

O autor deste salmo nos convida a lembrar: "O SENHOR é misericordioso e compassivo [...]. Não nos trata segundo os nossos pecados, nem nos retribui consoante as nossas iniquidades. Pois quanto o céu se alteia acima da terra, assim é grande a sua misericórdia para com os que o temem" (vv.8,10,11).

Em nossa caminhada de fé, chegamos a Jesus Cristo humilhados por nossa indignidade. Não há senso de merecimento ao recebermos a Sua graça e sermos dominados pela generosidade de Seu amor. Eles nos lembram de todos os Seus benefícios.

"Bendize, ó minha alma, ao SENHOR, e tudo o que há em mim bendiga ao seu santo nome" (v.1).

DCM

Senhor, paramos para meditar em Tuas provisões
e pedimos dá-nos olhos para vê-las e ajuda-nos a lembrar
de cada benefício que nos concedeste.

O amor se revelou quando Deus se tornou homem.

Ele está escutando?

"À**s vezes,** parece que Deus não me ouve." São as palavras da mulher que tentava permanecer forte em sua caminhada com Deus ao lidar com o marido alcoólatra. Elas ecoam o clamor de muitos cristãos. Por anos, ela pediu a Deus que o transformasse, mas isso nunca aconteceu.

LEITURA:
Mt 26:39-42; 27:45,46

...Deus meu, Deus meu, por que me desamparaste? 27:46

O que devemos pensar quando, repetidamente, pedimos a Deus por algo bom, e algo que poderia facilmente glorificá-lo, mas a resposta não vem? Ele nos ouve ou não?

Vejamos a vida do Salvador. No jardim do Getsêmani, Ele agonizou durante horas em oração, derramando o Seu coração e pedindo: "...passe de mim este cálice..." (MATEUS 26:39). Mas a resposta do Pai foi, claramente, "Não". Para nos conceder a salvação, Deus teve de enviar Jesus para morrer na cruz. Ainda que nos pareça que o Pai o tivesse abandonado, a intensidade e paixão com que o Mestre orou deixa clara a Sua confiança de que Deus o ouvia.

Quando oramos, podemos não ver como Deus está agindo ou entender como Ele trará o bem por meio de tudo aquilo. Por isso, temos de confiar nele. Renunciamos aos nossos direitos e permitimos que Deus faça o que é melhor.

Precisamos deixar o incognoscível: o que é impossível conhecermos, para o Onisciente. Ele está escutando e fazendo as coisas funcionarem à Sua maneira. *JDB*

Senhor, não precisamos saber o motivo de, às vezes, não responderes a nossa oração.
Ajuda-nos a esperar pelo Teu tempo, porque tu és bom.

Quando dobramos os nossos joelhos para orar, Deus se inclina para nos ouvir.

O Natal solitário

Em meio à pilha de correio pós-natalino, descobri um tesouro — um cartão de Natal feito à mão, pintado em cartolina reciclada. Traços simples de aquarela evocavam uma cena de colinas invernais animada por sempre-vivas. Centrada na parte inferior, emoldurada por azevinho vermelho-framboesa, estava essa mensagem impressa à mão: *Paz seja convosco!*

LEITURA:
2 Timóteo 4:9-18

...não cesso de dar graças por vós, fazendo menção de vós nas minhas orações. Efésios 1:16

O artista era um prisioneiro e amigo meu. Ao admirar sua obra, percebi que não lhe havia escrito em dois anos!

Muito tempo atrás, outro prisioneiro foi negligenciado enquanto esperava no cárcere. "Somente Lucas está comigo", escreveu o apóstolo Paulo a Timóteo (2 TIMÓTEO 4:11). E "...ninguém foi a meu favor; antes, todos me abandonaram..." (v.16). Mas Paulo encontrou encorajamento até na prisão e escreveu: "...o Senhor me assistiu e me deu forças..." (v.17). Mas, com certeza, Paulo sentiu a solitária dor do abandono.

No verso daquele maravilhoso cartão de Natal, meu amigo escreveu: "Que a paz, a alegria, a esperança e o amor trazidos pelo nascimento de Jesus estejam com você e os seus." Ele assinou: "Seu irmão em Cristo." Coloquei o cartão em minha parede como um lembrete para orar por ele. E, em seguida, lhe escrevi.

Ao longo do próximo ano, estendamos as nossas mãos aos mais solitários de nossos irmãos e irmãs.

TG

Quais as pessoas solitárias que me vêm à mente neste momento? O que posso fazer para tocar o coração de cada uma delas?

Seja amigo das pessoas e encoraje os que estão sós.

Lembretes sonoros

A **torre do** relógio de Westminster, que contém o sino conhecido como *Big Ben*, é um marco icônico de Londres, Inglaterra. Tradicionalmente, acredita-se que a melodia dos sinos da torre foi tomada da sinfonia do Messias de Händel: "Eu sei que o meu Redentor vive." Com o tempo foi acrescentada a letra e colocada em exposição na sala do relógio:

Senhor, neste momento, sê o nosso guia; para que pelo Teu poder nenhum pé vacile.

Essas palavras fazem alusão ao Salmo 37: "O SENHOR firma os passos do homem bom e no seu caminho se compraz; se cair, não ficará prostrado, porque o SENHOR o segura pela mão" (vv.23,24). Perceba como Deus está intimamente envolvido com a vida dos Seus filhos: "...no seu caminho se compraz" (v.23). "No coração, tem ele a lei do seu Deus; os seus passos não vacilarão" (v.31).

LEITURA:
Salmo 37:21-31

...se cair, não ficará prostrado, porque o SENHOR o segura pela mão. v.24

Que extraordinário! O Criador do Universo não só nos sustenta e nos ajuda, mas também se preocupa profundamente com cada momento que vivemos. Não admira o apóstolo Pedro ter sido capaz de nos convidar com confiança a lançar "...sobre ele toda a vossa ansiedade, porque ele tem cuidado de vós" (1 PEDRO 5:7). À medida que a segurança de estar sob Seus cuidados ressoa em nosso coração, encontramos coragem para enfrentar o que vier a acontecer.

WEC

Agradeço-te, Pai, porque a minha vida interessa a ti.
Encoraja-me em minhas lutas para que
eu possa refletir o Teu amor e honrar o Teu nome.

Ninguém está mais seguro do que quem é sustentado pela mão de Deus.

Começando rio acima

Minha casa fica junto a um riacho, à sombra de uma grande montanha. No degelo da primavera e após as chuvas fortes, o riacho se enche, parecendo um rio. Pessoas já se afogaram nele. Descobri que sua origem fica no topo da montanha. De lá, a neve derretida começa a longa viagem montanha abaixo, unindo-se a outros córregos.

LEITURA:
Mateus 6:5-10

...o vosso Pai sabe o de que tendes necessidade, antes que lho peçais. v.8

Quanto à oração, na maior parte do tempo eu inverto a direção. Começo rio abaixo com as minhas preocupações e as levo a Deus. E as informo ao Senhor, como se Ele já não soubesse. Rogo a Deus, como que esperando mudar Sua mente e vencer Sua divina relutância. Entretanto, eu deveria começar rio acima, onde o fluxo começa.

Quando mudamos a direção, percebemos que Deus já cuida, mais do que nós, de nossas preocupações — o câncer de um ente querido, uma família destruída, um adolescente rebelde. O nosso Pai sabe "o de que" temos necessidade (MATEUS 6:8).

Como a água, a graça desce até a parte mais baixa. Fluem correntes de misericórdia. Começamos com Deus e lhe perguntamos que papel podemos desempenhar em Sua obra na Terra. Com esse novo ponto de partida para as nossas petições, nossas percepções mudam. Olhamos para a natureza e vemos a assinatura do grande Artista. Olhamos para os seres humanos e vemos indivíduos de destino eterno feitos à imagem de Deus. A gratidão e o louvor se levantam a Ele como uma reação natural.

PDY

Senhor, o que eu faria sem ti?

A oração direciona a provisão de Deus às nossas necessidades.

O melhor tipo de felicidade

Q**uando eu** era mais jovem, a expressão "todos fazem isso" parecia um argumento imbatível, mas não era. Meus pais nunca cederam, por mais desesperada que eu estivesse pela permissão para fazer algo que eles consideravam inseguro ou imprudente.

LEITURA:
João 8:31-38

...Se vós permanecerdes na minha palavra, [...] conhecereis a verdade, e a verdade vos libertará. vv.31,32

À medida que envelhecemos, somamos desculpas e racionalizações aos nossos argumentos para fazer ao nosso modo: "Ninguém se ferirá." "Não é ilegal." "Ele me fez isso primeiro." "Ela não descobrirá." Cada argumento diz que o que queremos é o mais importante de tudo.

Com o tempo, esta maneira errônea de pensar acaba se tornando a base para as nossas crenças sobre Deus. Uma das mentiras em que, por vezes, acreditamos, é que o centro do universo somos nós, não Deus. Pensamos que só seremos despreocupados e felizes quando reordenarmos o mundo segundo os nossos desejos. Esta mentira é convincente porque promete uma maneira mais fácil e rápida de conseguirmos o que queremos. Ela argumenta: "Deus é amor, portanto Ele quer que eu faça o que me fará feliz." Mas este modo de pensar leva ao pesar, não à felicidade.

Jesus disse, aos que creram nele, que a verdade os libertaria verdadeiramente (JOÃO 8:31,32). E também advertiu: "...Todo o que comete pecado é escravo do pecado" (v.34).

O melhor tipo de felicidade vem da liberdade ao aceitar a verdade de que Jesus é o caminho para uma vida plena e satisfatória.

JAL

Pai, quero obedecer-te.

Não há atalhos para a verdadeira felicidade.

Fontes de salvação

Quando as pessoas fazem perfurações profundas na terra, normalmente é para extrair amostras de rocha, acessar petróleo ou encontrar água.

Em Isaías 12, aprendemos que Deus queria que o Seu povo, que estava vivendo num deserto espiritual e também geográfico, descobrisse Suas "fontes da salvação". O profeta Isaías comparou a salvação de Deus a uma fonte da qual pode ser tirada a mais refrescante de todas as águas. Depois de muitos anos virando as costas para Deus, a nação de Judá estava destinada ao exílio, pois Deus permitira que os invasores estrangeiros conquistassem o país, dispersando o povo. Contudo, disse o profeta Isaías, um remanescente acabaria retornando à sua terra natal como sinal de que Deus estava com eles (ISAÍAS 11:11,12).

LEITURA:
Isaías 12

Vós, com alegria, tirareis água das fontes da salvação. v.3

Isaías 12 é um hino que louva a Deus por Sua fidelidade em cumprir as Suas promessas, especialmente a promessa de salvação. O profeta encorajou o povo dizendo que, no fundo das "fontes da salvação" de Deus, eles experimentariam a água fresca da graça, força e alegria do Senhor (vv.1-3). Ela refrescaria e fortaleceria seus corações e produziria louvor e gratidão a Deus (vv.4-6).

O Senhor quer que cada um de nós descubra, por meio de confissão e arrependimento, as águas profundas do vigor e alegria encontrados na fonte eterna de Sua salvação.

MLW

O que você fará para buscar
na fonte divina a alegria, vigor e força?

Os poços da salvação do Senhor nunca secam.

Verdadeiro abrigo

Em março de 2014, um conflito tribal irrompeu na região de minha cidade natal, forçando a família de meu pai e outros refugiados a se abrigarem na capital daquele estado. Ao longo da história, pessoas que se sentiram inseguras em suas pátrias viajaram para outros lugares em busca de segurança e algo melhor.

LEITURA:
Josué 20:1-9

Torre forte é o nome do SENHOR, à qual o justo se acolhe e está seguro. Provérbios 18:10

Ao visitar e conversar com aquelas pessoas, pensei nas cidades de refúgio de Josué 20:1-9. Elas eram cidades designadas como locais de segurança para os fugitivos de "parentes em busca de vingança" no caso de morte acidental (v.3). Elas ofereciam paz e proteção.

Hoje, as pessoas ainda procuram locais de refúgio, embora por uma variedade de motivos. Mas por mais necessários que sejam esses santuários, fornecendo abrigo e alimento, eles não podem atender totalmente às necessidades dos refugiados e fugitivos. Esse descanso é encontrado somente em Deus. Aqueles que andam com Deus encontram nele o verdadeiro abrigo e a proteção mais segura. Quando o antigo Israel foi enviado para o exílio, o Senhor disse: "...lhes servirei de santuário [abrigo seguro] [...] nas terras para onde foram" (EZEQUIEL 11:16).

Com o salmista, podemos dizer com confiança ao Senhor: "Tu és o meu esconderijo; tu me preservas da tribulação e me cercas de alegres cantos de livramento" (32:7).

LD

Pai, faz-nos lembrar que até mesmo na mais escura noite, tu és a nossa torre forte.

Nada consegue abalar os que estão seguros nas mãos de Deus.

Você tem valor

Após a morte de minha sogra, minha esposa e eu descobrimos um esconderijo de moedas de um centavo em uma gaveta da cômoda, em seu apartamento. Ela não era uma colecionadora de moedas propriamente dita, mas viveu no tempo em que elas estavam em circulação e acumulou algumas.

LEITURA:
Romanos 5:6-11

...fostes comprados por preço...
1 Coríntios 6:20

Algumas dessas moedas estão em excelente condição; outras, não. Elas estão tão gastas e manchadas, que mal se vê o relevo. Todas estão estampadas "Um centavo" no verso. Embora nos dias de hoje um centavo tenha pouco valor e muitos os considerem inúteis, essa moeda de um centavo teria comprado um jornal em sua época. E colecionadores ainda encontram valor nelas, mesmo, as desgastadas e malconservadas.

Talvez você se sinta manchado, desgastado, velho ou fora de circulação. Mesmo assim, Deus encontra valor em você. O Criador do Universo quer você — não por sua mente, seu corpo, suas roupas, suas realizações, seu intelecto ou sua personalidade, mas porque você é quem é! Ele andaria qualquer distância e pagaria qualquer preço para possuí-lo (1 CORÍNTIOS 6:20).

De fato, Ele o fez. O Senhor veio do céu à terra e o comprou com o Seu próprio sangue (ROMANOS 5:6,8,9). Ele o ama muito, pois você é valioso aos Seus olhos.

DHR

Pai, **à** medida que reflito sobre o Teu amor por mim, surpreendo-me, com espanto, por me amares como sou, e por isso te louvo.

A morte de Cristo é a medida do amor de Deus por você.

Segure-se!

Um amigo meu, vaqueiro criado numa fazenda do interior, tem vários provérbios pitorescos. Um dos meus favoritos é: "Não é preciso muita água para fazer um bom café." E quando alguém laça um boi grande demais para lidar ou está com algum tipo de problema, meu amigo grita: "Segure tudo o que você tem!", significando "A ajuda está a caminho! Não solte!"

LEITURA:
Apocalipse 3:7-13

Venho sem demora. Conserva o que tens... v.11

No livro de Apocalipse, encontramos as cartas para "as sete igrejas da província da Ásia" (capítulos 2 e 3). Estas mensagens de Deus estão cheias de encorajamento, repreensão e desafio, e nos falam hoje como falaram aos seus destinatários no primeiro século.

Nessas cartas, encontramos duas vezes a frase "conserva o que tens". O Senhor disse à igreja de Tiatira: "...conservai o que tendes, até que eu venha" (2:25). E à igreja em Filadélfia Ele disse: "Venho sem demora. Conserva o que tens, para que ninguém tome a tua coroa" (3:11). Em meio a grandes provações e oposição, aqueles cristãos se agarraram às promessas de Deus e perseveraram na fé.

Quando as nossas circunstâncias são difíceis e as tristezas superam as alegrias, Jesus nos chama a atenção dizendo: "Segure tudo o que você tem! A ajuda está a caminho!" E com essa promessa, podemos nos manter com fé e nos alegrar. *DCM*

Senhor, apegamo-nos as Tuas promessas,
aguardamos a Tua vinda, e confiamos em ti ao clamar:
Vem Senhor Jesus!

A promessa da volta de Cristo nos inspira a perseverar na fé.

Portas do Paraíso

O artista italiano Lorenzo Ghiberti (1378–1455) passou anos esculpindo habilmente imagens da vida de Jesus nas portas de bronze do Batistério de Florença, na Itália. Estes relevos de bronze eram tão comoventes, que Michelangelo os chamou *Portas do Paraíso.*

LEITURA:
João 10:1-9

Eu sou a porta. Se alguém entrar por mim, será salvo... v.9

Como um tesouro artístico, as portas saúdam os visitantes com ecos da história do evangelho. Foi Jesus quem disse: "Eu sou a porta. Se alguém entrar por mim, será salvo..." (JOÃO 10:9). Na noite anterior à Sua crucificação, Ele disse aos Seus discípulos: "Eu sou o caminho, e a verdade, e a vida. Ninguém vem ao Pai senão por mim" (14:6). Dentro de poucas horas, Jesus diria a um dos criminosos que estavam sendo crucificados ao Seu lado: "... hoje estarás comigo no paraíso" (LUCAS 23:43).

Poucas semanas depois, o apóstolo Pedro proclamou com ousadia aos que haviam pedido pela morte de Jesus que "...abaixo do céu não existe nenhum outro nome [...] pelo qual importa que sejamos salvos" (ATOS 4:12). Anos mais tarde, o apóstolo Paulo escreveu que há apenas um único mediador entre Deus e a humanidade — o homem Jesus Cristo (1 TIMÓTEO 2:5).

As portas do paraíso se encontram no Salvador que oferece vida eterna a todos os que creem e vêm a Ele. Entre na alegria da Sua salvação.

HDF

Precisei de um Mediador por causa do meu pecado.
Obrigado, Jesus, por seres o caminho até o Pai,
por Tua morte e ressurreição. Serei sempre grato.

Jesus morreu em nosso lugar para nos dar a Sua paz.

Dizer adeus

É difícil dizer adeus a família e aos amigos, a um lugar favorito e familiar, a uma ocupação ou um meio de subsistência.

Em Lucas 9:57-62, nosso Senhor descreve o custo de ser Seu discípulo. Um pretenso seguidor diz a Jesus: "Seguir-te-ei, Senhor; mas deixa-me primeiro despedir-me dos de casa." Jesus responde: "...Ninguém que, tendo posto a mão no arado, olha para trás é apto para o reino de Deus" (vv.61,62). Será que Ele está pedindo aos Seus seguidores para dizerem adeus a tudo e a todo relacionamento considerado precioso?

LEITURA:
Lucas 9:57-62

...Ninguém que, tendo posto a mão no arado, olha para trás é apto para o reino de Deus. v.62

Na língua chinesa não há um equivalente direto à palavra adeus. Os dois caracteres chineses usados para traduzir essa palavra significam realmente "voltarei a vê-lo". Tornar-se discípulo de Cristo pode, por vezes, significar que outros nos rejeitarão, mas isso não significa que dizemos adeus às pessoas no sentido de que esqueceremos todos os nossos relacionamentos passados. Dizer adeus significa que o Senhor quer que nós o sigamos em Seus termos — de todo o coração. Então, voltaremos a ver as pessoas pela perspectiva correta.

Deus quer o melhor para nós, mas precisamos permitir que Ele tenha prioridade sobre todo o restante.

CPH

Querido Senhor, quero seguir-te de todo o coração.
Ajuda-me a não colocar qualquer circunstância
ou pessoa em Teu lugar.

Quando seguimos Jesus, ganhamos uma nova perspectiva.

O que há no banco?

Em 2009, um enorme avião de passageiros fez um pouso de emergência no rio Hudson, em Nova Iorque. Após o ocorrido, perguntaram ao piloto, capitão Chesley Sullenberger, que pousara o avião com segurança sem causar vítimas, sobre os momentos no ar em que se viu diante de uma decisão de vida ou morte. Ele respondeu: "Façamos de conta que durante 42 anos, eu venho fazendo pequenos depósitos regulares no banco da experiência, formação e treinamento. E, naquele dia, o saldo era suficiente para que eu pudesse fazer uma retirada muito grande."

LEITURA:
Efésios 2:4-7

Acheguemo-nos [...] junto ao trono da graça, a fim de recebermos misericórdia e acharmos graça...
Hebreus 4:16

A maioria de nós, em algum momento, enfrentará crises. Talvez seja a demissão do emprego, os resultados de um exame médico, a perda de um membro da família ou de um amigo precioso. Nesses momentos precisamos cavar fundo nas reservas de nossa conta bancária espiritual.

E o que encontraremos lá? Se tivermos desfrutado de um profundo relacionamento com Deus, teremos feito "depósitos" regulares de fé. Experimentamos a Sua graça (2 CORÍNTIOS 8:9; EFÉSIOS 2:4-7). Confiamos na promessa da Escritura, de que Deus é justo e fiel (DEUTERONÔMIO 32:4; 2 TESSALONICENSES 3:3).

O amor e a graça de Deus estão disponíveis quando os Seus filhos precisam fazer uma "retirada" (SALMO 9:10; HEBREUS 4:16). *CHK*

Agradeço-te, Senhor Deus, pois grande é a Tua fidelidade.
Todos os dias tens me concedido
as Tuas provisões e demonstrado a Tua misericórdia.

A lembrança da fidelidade de Deus no passado nos fortalece para o futuro.

Desejando crescimento

O **axolotle (pronuncia-se** axolotle) é um enigma biológico. Em vez de amadurecer para a forma adulta, essa salamandra mexicana, em perigo de extinção, mantém características de girino durante toda a vida. Os escritores e filósofos usaram o axolotle para simbolizar alguém que teme o crescimento.

LEITURA:
Hebreus 5:11-14

Ora, todo aquele que se alimenta de leite é inexperiente na palavra da justiça... v.13

Em Hebreus 5, aprendemos sobre os cristãos que estavam evitando o crescimento saudável, contentando-se com o "leite" espiritual destinado aos recém-convertidos. Talvez por medo de perseguição, eles não estavam crescendo no tipo de fidelidade a Cristo que lhes permitisse serem suficientemente fortes para sofrer com Ele pelo bem dos outros (vv.7-10). Em vez disso, corriam o perigo de não mais demonstrar as atitudes cristãs que haviam demonstrado anteriormente (6:9-11). Eles não estavam prontos para uma dieta sólida de sacrifício próprio (5:14). Por isso, o autor escreveu: "...temos muitas coisas que dizer e difíceis de explicar, porquanto vos tendes tornado tardios em ouvir" (v.11).

Os axolotles seguem o padrão natural que o seu Criador estabeleceu para eles. Mas os seguidores de Cristo foram criados para crescer em maturidade espiritual. Ao fazermos isso, descobrimos que crescer nele envolve mais do que a nossa própria paz e alegria. O crescimento à Sua semelhança honra a Deus enquanto, com altruísmo, encorajamos os outros.

KO

Senhor, ensina-me mais a cada dia para melhor servir-te.

Quanto mais nos nutrimos da Palavra de Deus, mais crescemos.

Um pedaço do céu

O **belo jardim** botânico em frente à nossa igreja foi o palco de uma reunião de todas as igrejas da comunidade. Enquanto caminhava pelos jardins, cumprimentando as pessoas que conheço há anos, trocando novidades com as que eu não havia visto recentemente e desfrutando dos belos entornos cuidados por quem conhece e ama plantas, percebi que aquela noite era rica em símbolos de como a igreja deve atuar — um pedaço do céu na terra.

LEITURA:
1 Coríntios 14:6-12,26

...também vós, visto que desejais dons espirituais, procurai progredir, para a edificação da igreja. v.12

Em um jardim, cada planta é colocada num ambiente no qual se desenvolverá. Os jardineiros preparam o solo, protegem as plantas contra as pragas e se certificam de cada uma receber o alimento, a água e a luz solar necessários. O resultado é um bonito, colorido e perfumado lugar para as pessoas desfrutarem.

Como um jardim, o propósito da igreja é ser um lugar onde todos trabalham juntos para a glória de Deus e o bem de todos; um lugar onde todos se desenvolvem porque vivem em um ambiente seguro; um lugar onde as pessoas são cuidadas segundo as suas necessidades; no qual cada um de nós faz o trabalho que amamos — algo que beneficie os outros (1 CORÍNTIOS 14:26).

Como plantas bem cuidadas, aqueles que crescem em um ambiente saudável exalam a doce fragrância que atrai as pessoas para Deus por mostrarem a beleza de Seu amor. A igreja não é perfeita, mas é realmente um pedaço do céu.

JAL

De que maneira você pode promover a saúde da sua igreja?

Os corações que exalam o amor de Cristo exibem a Sua beleza.

Ministro da reconciliação

O **Dr. Martin** Luther King Jr. lutou contra a tentação de retaliar contra uma sociedade rica em racismo ao pregar numa manhã de domingo, em 1957.

"De que maneira você ama os seus inimigos?", ele perguntou à congregação. "Comece com você mesmo... Quando surgir a oportunidade de derrotar o seu inimigo, esse é o momento em que você não deverá fazê-lo."

LEITURA:
2 Coríntios 5:16-21

Porque se nós, quando inimigos, fomos reconciliados com Deus mediante a morte do seu Filho... Romanos 5:10

Citando as palavras de Jesus, o Dr. King disse: "...amai os vossos inimigos e orai pelos que vos perseguem; para que vos torneis filhos do vosso Pai celeste..." (MATEUS 5:44,45).

Ao pensarmos sobre os que nos prejudicam, somos sábios em nos lembrarmos de nosso status anterior como inimigos de Deus (ROMANOS 5:10). Mas "...Deus [...] nos reconciliou consigo mesmo por meio de Cristo e nos deu o ministério da reconciliação", escreveu Paulo (2 CORÍNTIOS 5:18). Agora temos uma obrigação santa. "...[Deus] nos confiou a palavra da reconciliação" (v.19). Nós devemos levar essa mensagem ao mundo.

As tensões raciais e políticas não são novidade. Mas a atitude da igreja jamais deve alimentar as divisões. Não devemos atacar os que diferem de nossos opositores ou quem possui opiniões diferentes, nem mesmo os que buscam a nossa destruição. Temos um "ministério da reconciliação", que imita o coração de servo abnegado de Jesus.

TG

Pai, sabemos que para ti não há leste nem oeste, nem norte ou sul, mas uma grande comunhão de amor por toda a Terra.

O ódio destrói quem odeia tanto quanto quem é odiado.

MARTIN LUTHER KING JR.

A BÍBLIA em **UM ANO:**
GÊNESIS 46–48; MATEUS 13:1-30

Você primeiro!

O sherpa tibetano, Nawang Gombu, e o americano, Jim Whittaker, chegaram ao topo do monte Everest em 1.° de maio de 1963. Ao se aproximarem do pico, cada um considerou a honra de ser o primeiro dos dois a pisar no cume. Whittaker fez sinal a Gombu para ir à frente, mas este recusou-se, e disse sorrindo: "Você primeiro, Grande Jim!". Finalmente, decidiram pisar no cume ao mesmo tempo.

LEITURA:
Filipenses 2:1-11

[Jesus] a si mesmo se humilhou... v.8

Paulo incentivou os cristãos de Filipos a demonstrarem este tipo de humildade. Ele disse: "Não tenha cada um em vista o que é propriamente seu, senão também cada qual o que é dos outros" (FILIPENSES 2:4). O egoísmo e a superioridade podem dividir as pessoas, mas a humildade nos une, por ser a qualidade de sermos "unidos de alma, tendo o mesmo sentimento" (v.2).

Quando as brigas e os desentendimentos ocorrem, frequentemente podemos dispersá-los abrindo mão do nosso direito de estar certos. A humildade nos faz demonstrar graça e bondade, quando preferiríamos insistir em nossa vontade. Não faça por vanglória, "...mas por humildade, considerando cada um os outros superiores a si mesmo" (v.3).

Praticar a humildade nos ajuda a ficarmos mais semelhantes a Jesus, que, por nossa causa, "a si mesmo se humilhou, tornando-se obediente até à morte..." (vv.7,8). Seguir os passos de Jesus significa afastar-se do que é melhor para si e fazer o que é melhor para os outros.

JBS

Jesus, quero honrar-te sempre.

A humildade promove a unidade.

Pessoas reais, Deus verdadeiro

Vários anos atrás, recebi uma carta de um leitor de *Pão Diário* após eu ter escrito sobre uma tragédia familiar. "Quando você contou sua tragédia", escreveu esta pessoa, "percebi que os autores eram pessoas reais com problemas reais". Como isso é verdadeiro! Olho toda a lista de homens e mulheres que escrevem estes artigos e vejo câncer, filhos rebeldes, sonhos não realizados e muitos outros tipos de perda. Somos realmente apenas pessoas reais e comuns, escrevendo sobre um Deus verdadeiro, que entende os nossos problemas reais.

LEITURA:
Filipenses 3:17-21

Irmãos, sede imitadores meus e observai os que andam segundo o modelo que tendes em nós v.17

O apóstolo Paulo se destaca na *Galeria da Fama das Pessoas Reais*. Ele teve problemas físicos, legais, e precisou lidar com problemas de relacionamento interpessoal. E, em toda essa realidade confusa, ele estava nos dando um exemplo. Em Filipenses 3:17, Paulo nos aconselhou: "Irmãos, sede imitadores meus e observai os que andam segundo o modelo que tendes em nós."

Aqueles ao nosso redor que necessitam do evangelho — que necessitam de Jesus — estão à procura de pessoas críveis que possam conduzi-las ao nosso perfeito Salvador. E isso significa que precisamos ser verdadeiros.

JDB

Senhor, tu és perfeito, e nós somos imperfeitos.
No entanto, tu nos convidas a aceitar a Tua salvação.
Enviaste o Teu filho perfeito para morrer por nós.
Ajuda-nos a sermos verdadeiros e genuínos
em nosso propósito de conduzirmos outros a ti.

Se somos verdadeiros com Deus,
não seremos falsos com as pessoas.

Bem-vindo ao lar!

Quando passávamos por um momento particularmente difícil com nosso filho, um amigo me chamou de lado após uma reunião da igreja. "Quero que saiba que eu oro por você e seu filho todos os dias", disse ele. E acrescentou: "Sinto-me tão culpado."

"Por quê?", perguntei.

"Porque nunca tive de lidar com filhos esbanjadores", disse ele. "Meus filhos praticamente cumpriam as regras. Mas não foi por causa de algo que fiz ou deixei de fazer." Ele deu de ombros: "Os filhos fazem as suas próprias escolhas."

Eu quis abraçá-lo. Sua compaixão foi um lembrete, um presente de Deus, comunicando-me a compreensão do Pai por minha luta com meu filho.

LEITURA:
Lucas 15:11-24

...Vinha ele ainda longe, quando seu pai o avistou, e, compadecido dele, correndo, o abraçou... v.20

Ninguém entende a luta com os pródigos melhor do que o nosso Pai celestial. A história do filho pródigo, em Lucas 15, é a nossa história e a de Deus. Jesus a contou pelo bem de todos os pecadores que, tão desesperadamente, precisam voltar ao seu Criador e descobrir o calor de um relacionamento amoroso com Ele.

Jesus é Deus encarnado nos avistando ao longe e nos observando com compaixão. Ele é Deus correndo a nós e nos envolvendo em Seus braços. Ele é o beijo de boas-vindas do céu ao pecador arrependido (v.20).

Deus não apenas deixou a luz da varanda acesa para nós, mas está ali, observando, esperando, e nos chamando para casa. *JB*

Pedimos-te novamente, Senhor,
que os nossos pródigos voltem para o lar.

Nossos entes queridos [...] não têm chance contra as nossas orações.

J. SIDLOW BAXTER

Não mais prisioneiros

Um homem de meia-idade se aproximou de mim após eu conduzir uma *oficina* em seu local de trabalho e perguntou: "Tenho sido cristão quase toda a minha vida, mas constantemente me decepciono comigo mesmo. Por que sempre pareço continuar fazendo aquilo que gostaria de não ter feito e nunca pareço fazer o que sei que deveria? Deus não está ficando cansado de mim?" Dois homens de pé próximos a mim também pareciam ansiosos para ouvir a resposta.

LEITURA:
Romanos 7:15-25

...nem mesmo compreendo o meu próprio modo de agir, pois não faço o que prefiro, e sim o que detesto. v.15

Essa é uma luta comum que até o apóstolo Paulo experimentou. "...[nem] mesmo compreendo o meu próprio modo de agir", disse ele, "pois não faço o que prefiro, e sim o que detesto" (ROMANOS 7:15). Mas eis aqui uma boa notícia: Não temos de permanecer nessa armadilha de desânimo. Parafraseando Paulo ao escrever em Romanos 8, a chave é parar de preocupar-se com a lei e fixar os pensamentos em Jesus. Nada podemos fazer a respeito de nossa pecaminosidade por nossa própria força. A resposta não é "esforce-se mais para ser bom em cumprir as regras". Em vez disso, devemos nos focar naquele que nos mostra misericórdia e cooperar com o Espírito que nos transforma.

Quando nos fixamos na lei, somos constantemente lembrados de que nunca seremos suficientemente bons para merecer a graça de Deus. Mas quando nos firmamos em Jesus, tornamo-nos mais semelhantes a Ele.

RKK

Ajuda-me, Senhor, a depender da Tua graça e achegar-me a ti. Muda também o meu coração.

Firme-se na Rocha eterna — o Senhor Jesus.

Lições para os pequenos

Quando minha filha descreveu uma dificuldade que estava tendo no refeitório da escola, imediatamente me questionei como eu poderia resolver a questão para ela. Mas, em seguida outro pensamento me ocorreu. Talvez Deus permitira o problema para que ela pudesse vê-lo agindo e o conhecesse melhor. Em vez de correr para ajudá-la, decidi orar com ela. O problema foi esclarecido sem qualquer ajuda de minha parte!

LEITURA:
Provérbios 22:1-16

Ensina a criança no caminho em que deve andar... v.6

Esta situação mostrou à minha pequena que Deus se importa com ela, que Ele escuta quando ela ora e que Ele responde às orações. A Bíblia diz que há algo importante em aprender essas lições cedo na vida. Se "[ensinarmos] a criança no caminho em que deve andar, [...] quando for [velha], não se desviará dele" (PROVÉRBIOS 22:6). Quando, desde pequenos, os ensinamos sobre a presença de Jesus e de Seu poder, estamos lhes dando um lugar para voltarem, caso se desviem e uma base para o crescimento espiritual ao longo das suas vidas.

De que maneira você poderia promover a fé em uma criança? Ressalte o projeto de Deus na natureza, conte uma história de como Ele o ajudou ou convide outra criança a agradecer ao Senhor com você quando as coisas dão certo. Deus pode agir por seu intermédio para contar de Sua bondade por todas as gerações.

JBS

Querido Deus, oro para que tu levantes novos cristãos na próxima geração. Ensina-me a encorajar os jovens a confiar em ti.

Nós influenciamos as futuras gerações vivendo para Cristo hoje.

Honrando a Deus

O culto da igreja ainda estava em andamento; e tínhamos tido alguns visitantes naquela manhã. O orador estava apenas na metade do sermão quando notei uma de nossas visitantes saindo. Fiquei curioso e preocupado, então saí para falar com ela.

LEITURA:
João 15:1-5

[Jesus disse:] ... Quem permanece em mim, e eu, nele, esse dá muito fruto... v.5

"Você está indo embora tão cedo", disse eu, aproximando-me dela. "Há algum problema em que eu possa ajudar?" Ela foi franca e direta. "Sim", disse ela, "meu problema é esse sermão! Eu não aceito o que o pregador está dizendo." Ele havia dito que, independentemente do que realizemos na vida, o crédito e o louvor pertencem a Deus. A mulher lamentou: "No mínimo, eu mereço *algum* crédito por minhas conquistas!"

Expliquei-lhe o que o pastor queria dizer. As pessoas merecem sim o reconhecimento e apreço pelo que fazem. Contudo, até mesmo os nossos dons e talentos vêm de Deus, para que Ele receba a glória. Até mesmo Jesus, o Filho de Deus, disse: "...o Filho nada pode fazer de si mesmo, senão somente aquilo que vir fazer o Pai..." (JOÃO 5:19). Ele disse aos Seus seguidores: "...sem mim nada podeis fazer" (15:5).

Nós reconhecemos o Senhor como aquele que nos ajuda a realizar tudo. *LD*

Senhor, que eu não esqueça de reconhecer-te
por tudo que me fazes e me capacitas a fazer.

Os filhos de Deus cumprem a Sua vontade para a Sua glória.

Palavras descuidadas

Minha filha teve muitos problemas de saúde, e o marido dela tem sido carinhoso e apoiador. "Você tem um verdadeiro tesouro aí!", eu lhe disse.

"Você não pensava assim quando o conheci", disse ela com um sorriso.

LEITURA:
Tiago 3:1-12

...a língua, pequeno órgão, se gaba de grandes coisas... v.5

Ela estava certa. Quando Icilda e Felipe ficaram noivos, fiquei preocupada. Eles tinham personalidades muito diferentes. Temos uma família grande e barulhenta, e Felipe é mais reservado. E eu tinha compartilhado minhas apreensões com minha filha sem rodeios.

Fiquei horrorizada ao perceber que as críticas que eu tinha feito tão casualmente há 15 anos haviam ficado em sua memória e poderiam ter destruído um relacionamento que se provou tão certo e feliz. Isso me lembrou de quanto precisamos ter cautela com o que dizemos para os outros. Muitos de nós somos rápidos em destacar o que consideramos ser fraquezas em familiares, amigos ou colegas de trabalho, ou em nos restringirmos aos seus erros e não em seus sucessos. A língua é um "pequeno órgão", diz em Tiago 3:5. No entanto, as palavras que ela molda podem destruir relacionamentos ou trazer paz e harmonia a uma situação no local de trabalho, igreja ou família.

Talvez devêssemos fazer da oração de Davi a nossa própria ao começarmos cada dia: "Põe guarda, SENHOR, à minha boca; vigia a porta dos meus lábios" (SALMO 141:3).

MS

Pai, por favor, refreia e coloca um guarda à frente de minha língua, hoje e sempre.

Como maçãs de ouro em salvas de prata, assim é a palavra dita a seu tempo. PROVÉRBIOS 25:11

Quando restam perguntas

Em 2014, uma nave experimental em teste se desintegrou e caiu em área deserta. O copiloto morreu; o piloto sobreviveu milagrosamente. Os investigadores logo determinaram o que acontecera, mas não o porquê. O título de um artigo de jornal começava com: "Restam perguntas."

LEITURA:
Jó 23:1-12

Mas ele sabe o meu caminho; se ele me provasse, sairia eu como o ouro. v.10

Na vida, podemos ter pesares para os quais não há explicação adequada. Alguns são catástrofes com efeitos de longo alcance; outros, tragédias pessoais que alteram nossa vida individual e as famílias. Queremos saber o porquê, contudo encontramos mais perguntas do que respostas. No entanto, mesmo quando lutamos com o motivo, Deus nos alcança com Seu amor infalível.

Ao perder seus filhos e sua riqueza em um só dia (JÓ 1:13-19), Jó se afundou em raivosa depressão e resistiu a toda tentativa de explicação por parte de seus amigos. Contudo, manteve a esperança de, algum dia, ter uma resposta de Deus. Mesmo em trevas, Jó pôde dizer: "[Deus] sabe o meu caminho; se ele me provasse, sairia eu como o ouro" (23:10).

O autor Oswald Chambers disse: "Algum dia, virá um toque pessoal e direto de Deus, quando toda lágrima e perplexidade, opressão e angústia, sofrimento e dor, erro e injustiça terão explicação total, extensa e avassaladora."

Hoje, diante das perguntas não respondidas da vida, podemos encontrar ajuda e esperança no amor e nas promessas de Deus.

DCM

Senhor, ajuda-me a confiar e a me achegar somente a ti.

Diante de perguntas não respondidas, encontramos ajuda e esperança no amor de Deus.

O que é?

Minha mãe ensinou na Escola Dominical durante décadas. Certa semana, ela quis explicar como Deus forneceu alimento para os israelitas no deserto. Para dar vida à história, ela criou algo para representar o maná para as crianças de sua classe. Ela cortou pão em pedaços pequenos e os cobriu com mel. Sua receita foi inspirada na descrição bíblica do maná, que diz que ele tinha "sabor como bolos de mel" (ÊXODO 16:31).

LEITURA:
Êxodo 16:11-31

Vendo-a os filhos de Israel, disseram uns aos outros: Que é isto?... v.15.

Quando os israelitas encontraram pela primeira vez o pão de Deus que desceu do céu, ele apareceu no chão fora de suas tendas, como geada. "Vendo-a os filhos de Israel, disseram uns aos outros: Que é isto?..." (v.15). A palavra hebraica *man* significa "o quê"; por isso, eles o chamaram *maná*. Eles descobriram que poderiam moê-lo e fazer pães ou cozinhá-lo numa panela (NÚMEROS 11:7,8). Fosse o que fosse, a chegada do maná foi impressionante (ÊXODO 16:4,14), com consistência única (v.14) e curto prazo de validade (vv.19,20).

Às vezes, Deus nos provê de maneira surpreendente. Lembra-nos de que Ele não é limitado por nossas expectativas, e não podemos prever o que Ele decidirá fazer. Enquanto esperamos, concentrarmo-nos em quem Ele é, mais do que no que pensamos que Ele deveria fazer, nos ajudará a encontrar a alegria e a satisfação em nosso relacionamento com Ele.

JBS

Senhor, agradeço-te por Teu amor e Tuas provisões.

Aqueles que permitem que Deus os supra estarão sempre satisfeitos.

Antes do telefone

Como mãe de crianças pequenas, às vezes sou suscetível a entrar em pânico. Minha primeira reação é telefonar para minha mãe e perguntar-lhe o que fazer com a alergia de meu filho ou a tosse súbita de minha filha.

Mamãe é um grande recurso, mas, quando leio os salmos, lembro-me da frequência com que precisamos do tipo de ajuda que nenhum mortal pode prestar. Em Salmo 18, Davi estava em grande perigo. Amedrontado, perto da morte e angustiado, ele apelou ao Senhor.

LEITURA:
Salmo 18:1-6

Na minha angústia, invoquei o SENHOR... v.6

Davi pôde dizer "Eu te amo, ó SENHOR..." porque entendia que Deus era uma fortaleza, uma rocha e um libertador (vv.1,2). Deus era o seu escudo, a sua salvação e a sua fortaleza. Talvez não consigamos entender o louvor de Davi porque ainda não experimentamos a ajuda de Deus. Pode ser que perguntemos aos outros antes de buscar o conselho e a ajuda do Senhor.

Certamente, Deus coloca pessoas em nossa vida para nos dar ajuda e conforto. No entanto, lembremo-nos também de orar. Deus nos ouvirá. Como cantou Davi, "...Ele do seu templo ouviu a minha voz, e o meu clamor lhe penetrou os ouvidos" (v.6). Quando buscamos a Deus, nos juntamos à canção de Davi e temos no Pai Eterno a nossa rocha, nossa fortaleza e nosso libertador.

Da próxima vez em que você correr para o telefone, lembre-se também de orar.

KO

Querido Deus, ajuda-me a relembrar
que tu és o meu libertador e sempre ouves o meu clamor.

A oração é a ponte entre o pânico e a paz.

O jardim zoológico de seu pai

June Williams tinha apenas 4 anos quando seu pai comprou uma extensa área de terra para construir um jardim zoológico sem grades ou gaiolas. Agora adulta, ela se lembra de como seu pai era criativo na tentativa de ajudar os animais selvagens a se sentirem livres em confinamento. Hoje, o *Chester Zoo* é uma das atrações de vida selvagem mais populares da Inglaterra. É o abrigo de 12 mil animais. O zoológico reflete a preocupação de seu pai com o bem-estar dos animais, a educação e a conservação.

LEITURA:
1 Reis 4:29-34

O justo atenta para a vida dos seus animais, mas o coração dos perversos é cruel.
Provérbios 12:10

Salomão teve interesse semelhante pelas criaturas, grandes e pequenas. Ele estudou a vida selvagem do Oriente Médio, e importou animais exóticos, como gorilas e macacos, de terras distantes (1 REIS 10:22). Mas um de seus provérbios nos mostra que o seu conhecimento acerca da natureza ultrapassou a curiosidade intelectual. Ao expressar as implicações espirituais de como tratamos os nossos animais, ele espelhou algo do coração de nosso Criador: "O justo atenta para a vida dos seus animais, mas o coração dos perversos é cruel" (PROVÉRBIOS 12:10).

Com a sabedoria dada por Deus, Salomão viu que o nosso relacionamento com o nosso Criador afeta não só a maneira como tratamos as pessoas, mas também quanta consideração damos às criaturas sob o nosso cuidado.

MRD

Pai, ao refletirmos sobre a Tua criação,
pedimos que nos ajude a adorar-te, e ensina-nos
a cuidarmos daquilo que tu nos confiaste.

Deus é o verdadeiro Proprietário de todos nós.

A menção de Seu nome

Quando o solista começou a cantar durante nosso culto de domingo, a congregação lhe deu total e silenciosa atenção. Sua voz suave de barítono-baixo lhes trouxe as palavras pungentes de uma antiga canção de Gordon Jensen. O título da canção expressa uma verdade cada vez mais preciosa quanto mais velhos nos tornamos: *Ele está tão perto quanto a menção de Seu nome.*

LEITURA:
João 16:17-24

...outra vez vos verei; o vosso coração se alegrará, e a vossa alegria ninguém poderá tirar. v.22

Todos nós já tivemos algum tipo de separação de nossos entes queridos. Um filho que se casa e se muda para longe. Os pais são separados de nós por motivo de carreira ou saúde. Um filho vai estudar em outro estado ou país. É verdade, hoje temos mensagens de texto e *Skype*. Mas estamos *aqui* e eles estão *lá*. E depois há a separação da morte.

Mas como cremos em Cristo, temos a Sua promessa de que nunca estamos sozinhos. Embora possamos nos sentir sós, Ele não foi a lugar algum. Ele está bem aqui, agora mesmo, sempre e para sempre. Ao deixar esta terra, Ele disse aos Seus seguidores: "...eis que estou convosco todos os dias até a consumação dos séculos" (MATEUS 28:20). Ele também nos prometeu: "...De maneira alguma te deixarei, nunca jamais te abandonarei" (HEBREUS 13:5).

O apelo silencioso, o sussurro do Seu nome, e até mesmo o pensar nele nos traz consolo e segurança. "Ele está tão perto quanto a menção de Seu nome."

DCE

Jesus, obrigado por estares perto.
Preciso muito de Tua presença em meu viver.

Jesus nunca abandona ou esquece os que são Seus.

Ele veio por você

Em seus romances *O processo* e *O castelo*, Franz Kafka (1883–1924) retrata a vida como uma existência desumanizadora que transforma as pessoas num mar de rostos vazios, sem identidade ou valor. Kafka afirma que "a correia transportadora da vida o leva adiante, ninguém sabe aonde. A pessoa é mais um objeto, uma coisa, do que uma criatura viva."

LEITURA:
Lucas 4:14-21

O Espírito do Senhor está sobre mim, pelo que me ungiu para evangelizar os pobres... v.18

No início de Seu ministério, Jesus foi a uma sinagoga de Nazaré, levantou-se à frente da multidão e leu em Isaías: "O Espírito do Senhor está sobre mim, pelo que me ungiu para evangelizar os pobres; enviou-me para proclamar libertação aos cativos e restauração da vista aos cegos, para pôr em liberdade os oprimidos, e apregoar o ano aceitável do Senhor" (LUCAS 4:18,19).

Então, Cristo se sentou e declarou: "...Hoje, se cumpriu a Escritura que acabais de ouvir" (v.21). Séculos antes, o profeta Isaías havia proclamado essas palavras (ISAÍAS 61:1,2). Agora, Jesus anunciava que Ele era o cumprimento dessa promessa.

Perceba quem Jesus veio resgatar — os pobres, de coração partido, cativos, cegos e oprimidos. Ele veio pelas pessoas desumanizadas pelo pecado e sofrimento, quebrantamento e tristeza. Ele veio por nós!

WEC

Para aqueles que pecam e aqueles que sofrem.
Para os que sofrem por causa do pecado. Para os que
pecam para aliviar o sofrimento. Tem misericórdia de nós, Senhor.
Robert Gelinas, A oração de misericórdia.

Por mais impessoal que o mundo possa parecer,
Jesus ama a cada um de nós como se fôssemos Seu único filho.

Quando o Senhor restaurou

O Neguebe é uma região de Israel que, durante o verão, é muito seca. Mas, de repente, uma enxurrada de água desce ruidosa e se formam cachoeiras. Isso porque, como dizemos no sertão de Minas Gerais, enquanto o sol "derrete o juízo" dos habitantes do sul, no norte as geleiras do monte Hermom se derretem para transformar o deserto num oásis.

LEITURA:
Salmo 126

Restaura, SENHOR, a nossa sorte, como as torrentes no Neguebe. v.4

Precisamos orar para que Deus opere mudanças súbitas em nossa vida, como essas torrentes do Neguebe. Contudo, com frequência, cansamos de esperar pelas respostas de oração e durante esse tempo não demonstramos empatia pelo sofrimento do outro. O cantinho inflamado de minha unha dói mais para mim do que o câncer do meu vizinho. Em vez de pedirmos coisas para Deus, precisamos pedir que Ele nos faça mais parecidos com o Senhor Jesus.

Deus pode reverter as circunstâncias mais difíceis. O Senhor nos faz passar pelo deserto para ver se o obedecemos ou não (DEUTERONÔMIO 8:2). Não é que Ele não saiba, mas quer que descubramos quando não estamos guardando a Sua Palavra. Oramos mais quando a situação aperta.

Mesmo quando Deus não reverte as situações, Ele sabe o que é melhor para nós. Jesus precisou se tornar homem e compartilhar nossas fraquezas para que fôssemos salvos. Ore crendo que Deus reverte circunstâncias difíceis, mas entenda que quando Ele não o faz é porque está trabalhando em você.

JPS

Pai, ensina-me a orar com confiança e a submeter-me a Tua vontade.

Quando achamos que tudo acabou, Jesus vem e faz um fato novo!

Deixe um legado

Quando um supervisor de rodovias morreu num acidente, sua família, colegas de trabalho e comunidade sofreram enorme perda. Sua igreja rural não podia acomodar todos os enlutados; por isso, o culto foi transferido para um prédio muito maior. Os amigos e familiares lotaram o auditório! A mensagem era clara: Ele tocou muitas vidas de maneira singularmente sua. Muitos sentiriam saudade de sua bondade, senso de humor e entusiasmo pela vida.

LEITURA:
2 Crônicas 21:4-20

...o próprio Filho do Homem não veio para ser servido, mas para servir...
Marcos 10:45

Ao voltar do funeral, pensei sobre a vida do rei Jeorão. Que contraste! Seu breve reinado de terror é traçado em 2 Crônicas 21. Para solidificar seu poder, ele matou seus próprios irmãos e outros líderes (v.4). Depois, levou Judá a adorar ídolos. O registro diz: "...E se foi sem deixar de si saudades..." (v.20). Jeorão pensava que a força bruta garantiria o seu legado. E garantiu mesmo. Nas Escrituras, ele é sempre lembrado como um homem mau e líder egocêntrico.

Embora também fosse rei, Jesus veio à Terra para ser servo. Enquanto fazia o bem, suportava o ódio daqueles que se agarravam ao poder. No processo, esse Rei-Servo entregou a Sua própria vida.

Hoje, Jesus vive e o Seu legado permanece, o que inclui os que compreendem que a vida não diz respeito apenas a si mesmos. Ela diz respeito a Jesus — Aquele que anseia por envolver com Seus braços fortes e perdoadores qualquer um que se volte a Ele. *TG*

Senhor, ajuda-nos a servir aos outros.

Uma vida dedicada a Deus deixa um legado duradouro.

Treinamento para a vida

Recentemente, conheci uma mulher que levou seu corpo e mente ao limite. Ela escalou montanhas, enfrentou a morte e até quebrou um recorde mundial do *Guinness*. Agora, ela está engajada num desafio diferente — criar seu filho com necessidades especiais. A coragem e fé que empregou nas escaladas das montanhas, ela agora derrama na maternidade.

LEITURA:
1 Coríntios 9:24-27

...esmurro o meu corpo e o reduzo à escravidão, para que [...] não venha eu mesmo a ser desqualificado. v.27

Em 1 Coríntios 8–9, o apóstolo Paulo fala de um corredor competindo numa corrida. Após instar uma igreja encantada com seus direitos a terem consideração uns pelos outros, ele explica como vê os desafios de amor e altruísmo como uma maratona de resistência. Como seguidores de Jesus, eles devem abrir mão dos seus direitos em obediência a Ele.

Assim como os atletas treinam seus corpos para poderem ganhar a coroa, nós também treinamos nosso corpo e mente para a nossa alma florescer. Ao pedirmos ao Espírito Santo para nos transformar, momento a momento, deixamos nosso velho homem para trás. Fortalecidos por Deus, deixamos de proferir aquela palavra cruel. Pomos de lado nosso dispositivo eletrônico e permanecemos presentes com nossos amigos. Não temos de dar a última palavra em um desentendimento.

Ao treinarmos para correr no Espírito de Cristo, de que maneira Deus poderia querer moldar-nos hoje?

ABP

Senhor, não permita que eu exija os meus direitos,
mas que treine para receber o prêmio que dura para sempre.

O treinamento conduz à transformação.

Tesouro escondido

Meu marido e eu lemos de maneiras diferentes. Como o inglês é o segundo idioma dele, a tendência é que ele leia lentamente, palavra por palavra. Muitas vezes, leio rapidamente passando os olhos pelo texto. Mas Tom retém mais do que eu. Ele consegue facilmente citar algo que leu uma semana antes, enquanto minha retenção pode evaporar-se segundos após eu me afastar da tela ou do livro.

LEITURA:
Provérbios 2:1-5

Se buscares a sabedoria como a prata e como a tesouros escondidos a procurares... v.4

Quando leio a Bíblia, o ler por alto também é um problema — não apenas as genealogias. Minha tendência é passar por cima de passagens conhecidas, histórias que ouvi desde criança ou um salmo que faça parte de um coro conhecido.

Provérbios 2 nos encoraja a nos esforçarmos para conhecer melhor a Deus buscando cuidadosamente um coração sábio. Quando lemos a Bíblia com atenção e investimos tempo memorizando a Escritura, absorvemos suas verdades mais profundamente (vv.1,2). Às vezes, ler a Palavra em voz alta nos ajuda a ouvir e a entender mais plenamente a sabedoria de Deus. E, quando oramos as palavras da Escritura ao falarmos com Deus e lhe pedimos por "...inteligência, e [...] entendimento..." (v.3), desfrutamos de uma conversa com o Autor.

Passamos a conhecer a Deus e Sua sabedoria quando o procuramos com todo o nosso coração. Encontramos sabedoria quando a buscamos como prata e a procuramos como um tesouro escondido.

CHK

Querido Pai, ajuda-me a compreender o que me ensinas em Tua Palavra.

Leia a Bíblia com atenção e estude-a em oração.

Um líder servo

Nas sociedades tradicionais africanas, a sucessão da liderança é uma decisão séria. Após o falecimento de um rei, toma-se grande cuidado ao selecionar o próximo governante. Além de vir de uma família real, o sucessor precisa ser forte, destemido e sensato. Os candidatos são questionados para se determinar se eles servirão ao povo ou se regerão com mão pesada. O sucessor do rei precisa ser alguém que lidere, mas também sirva.

LEITURA:
1 Reis 12:1-15

...quem quiser tornar-se grande entre vós, será esse o que vos sirva.
Mateus 20:26

Embora tenha feito suas próprias más escolhas, Salomão se preocupou com o seu sucessor. "E quem pode dizer se será sábio ou estulto? Contudo, ele terá domínio sobre todo o ganho das minhas fadigas e sabedoria..." (ECLESIASTES 2:19). Seu filho Roboão foi esse sucessor. Ele demonstrou sua falta de bom senso e acabou concretizando o pior medo de seu pai.

Quando o povo pediu condições de trabalho mais humanas, Roboão teve a oportunidade de demonstrar uma liderança serva. "...Se, hoje, te tornares servo deste povo, e o servires...", aconselharam os anciãos, "...eles se farão teus servos para sempre" (1 REIS 12:7). Mas ele rejeitou o conselho deles. Roboão não buscou a Deus. Sua dura resposta ao povo dividiu o reino e acelerou o declínio espiritual do povo de Deus (12:14-19).

Na família, no trabalho, na igreja ou em nosso bairro — necessitamos da Sua sabedoria para termos a humildade de servir em vez de ser servidos.

LD

Senhor, concede-me um coração humilde.

Um bom líder é um bom servo.

O que será

Nós temos algo em comum. Vivemos num mundo confuso, manchado e não conhecemos realidade diferente dessa. Adão e Eva, porém, conseguiam lembrar-se de como era a vida antes da maldição. Conseguiam recordar-se do mundo como Deus pretendia que ele fosse — sem morte, sofrimento e dor (GÊNESIS 3:16-19). Antes da queda, não havia fome, desemprego e doença no Éden. Ninguém questionava o poder criativo de Deus ou o Seu plano para os relacionamentos humanos.

LEITURA:
Apocalipse 22:1-5

Nunca mais haverá qualquer maldição... v.3

O mundo que herdamos é apenas ligeiramente semelhante ao jardim perfeito de Deus. Para citar C. S. Lewis, "Este é um mundo bom que deu errado, mas ainda mantém a memória do que deveria ter sido." Felizmente, a memória turva do que a terra deveria ter sido é também um vislumbre profético da eternidade. Ali, assim como Adão e Eva caminhavam e conversavam com Deus, os cristãos verão Sua face e o servirão diretamente. Nada haverá entre nós e Deus. "Nunca mais haverá qualquer maldição..." (APOCALIPSE 22:3). Não haverá pecado, medo, vergonha.

O passado e suas consequências podem lançar uma sombra sobre o hoje, mas o destino do cristão carrega a promessa de algo melhor — vida em um lugar tão perfeito quanto o Éden.

JBS

Querido Deus, ajuda-me a lembrar de que
apesar deste mundo não estar conforme o Teu plano original,
há muito que apreciar e fazer para ti e pelos outros.
Obrigado pela promessa de vida contigo num lugar perfeito.

Algum dia, Deus endireitará tudo.

A fábrica de tristeza

Como fã do meu time de futebol durante toda a vida, cresci conhecendo minha cota de decepção. Apesar de ser um time que nunca apareceu na primeira divisão do campeonato nacional, ainda assim têm uma base leal de fãs que não abandona o time ano após ano. Mas como os torcedores geralmente se decepcionam, muitos deles agora se referem ao estádio do time como a "Fábrica de Tristeza".

LEITURA:
João 16:28-33

[Deus] lhes enxugará dos olhos toda lágrima... Apocalipse 21:4

O mundo sofrido em que vivemos também pode ser uma "fábrica de tristeza". Parece haver um infindável suprimento de mágoa e decepção, seja por nossas próprias escolhas ou por coisas sobre as quais não temos controle.

Contudo, o seguidor de Cristo tem esperança — não só na vida futura, mas para o dia de hoje. Jesus disse: "Estas coisas vos tenho dito para que tenhais paz em mim. No mundo, passais por aflições; mas tende bom ânimo; eu venci o mundo" (JOÃO 16:33). Observe que, sem minimizar as lutas ou a tristeza que poderemos enfrentar, Cristo opõe a elas as Suas promessas de paz, alegria e vitória final.

Uma enorme paz está disponível em Cristo, e ela é mais do que suficiente para nos ajudar a navegar pelo que quer que a vida jogue em nós.

WEC

Se paz a mais doce me deres gozar. Se dor a mais forte
eu sentir. Oh! Seja o que for, tu me fazes saber.
Que feliz com Jesus sempre sou. HORATIO G. SPATFORD, (CC 398).

Nossa esperança e paz se encontram em Jesus.

O que está feito está feito

LEITURA:
Gálatas 5:13-26

Mas o fruto do Espírito é [...] mansidão, domínio próprio... vv.22,23

Eu não poderia desfazer meus atos. Uma mulher havia estacionado seu carro e bloqueado meu acesso à bomba de combustível. Ela saiu do carro para deixar alguns recicláveis e eu não estava a fim de esperar, então buzinei para ela. Irritada, engatei a marcha-à-ré e entrei pelo outro lado. Imediatamente, senti-me mal por ser impaciente e não querer esperar 30 segundos (no máximo) para ela sair. Pedi perdão a Deus. Sim, ela devia ter estacionado na área reservada, mas eu poderia ter espalhado bondade e paciência em vez de aspereza. Infelizmente, era tarde demais para pedir-lhe perdão — ela havia ido embora.

Muitos provérbios nos desafiam a pensar sobre como reagir quando as pessoas atrapalham os nossos planos. Há aquele que diz: "A ira do insensato num instante se conhece..." (PROVÉRBIOS 12:16). E "Honroso é para o homem o desviar-se de contendas, mas todo insensato se mete em rixas" (20:3). Depois, há esse que vai direto ao coração: "O insensato expande toda a sua ira, mas o sábio afinal lha reprime" (29:11).

Às vezes, crescer em paciência e bondade parece bastante difícil. Mas o apóstolo Paulo diz que isso é obra de Deus, o "fruto do Espírito" (GÁLATAS 5:22,23). Ao cooperarmos com Ele e dependermos dele, Ele produz esse fruto em nós. Por favor, transforma-nos, Senhor.

AMC

Senhor, torna-me uma pessoa mais gentil
e concede-me um espírito de autocontrole e paciência.

Deus testa nossa paciência para ampliar o nosso coração.

Cardápio secreto

O ***X-Total*** **é** um sanduíche em camadas, com seis tipos de carne; peito de frango, *bacon*; dois queijos e muito mais. Deveria ser o destaque de um restaurante.

Mas ele não consta em qualquer cardápio publicado: representa uma tendência em itens fora do cardápio — conhecidos apenas por mídias sociais ou boca a boca. Parece que a concorrência está impulsionando os restaurantes de *fast food* a oferecerem um cardápio secreto aos clientes "que estão por dentro".

LEITURA:
João 4:31-34

...Uma comida tenho para comer, que vós não conheceis. v.32

Quando Jesus disse aos Seus discípulos que Ele tinha "...uma comida..." que eles não conheciam, deve ter parecido existir um cardápio secreto (JOÃO 4:32). Ele percebeu a confusão deles e explicou que a Sua comida era fazer a vontade do Pai e terminar a obra dada a Ele (v.34).

Jesus havia acabado de falar a uma samaritana, no poço de Jacó, sobre a água viva da qual ela nunca havia ouvido. Ele revelou-lhe uma compreensão sobrenatural da sede inextinguível dela pela vida. Ao revelar-lhe Sua identidade, ela largou o jarro de água e correu a perguntar aos vizinhos: "...Será este, porventura, o Cristo?!" (v.29).

Era segredo e agora pode ser oferecido a todos. Jesus nos convida a confiarmos em Sua capacidade de satisfazer as necessidades mais profundas de nosso coração. E descobriremos como viver não apenas por nossos apetites físicos, mas pelo Espírito do nosso Deus, que satisfaz a alma.

MRD

Senhor, por Teu espírito; ajuda-nos.

Somente Cristo, o Pão da Vida,
é capaz de satisfazer a fome espiritual do mundo.

Jesus acima de tudo

Certo dia, o filho de minha amiga decidiu usar uma camiseta de esporte sobre sua roupa da escola. Ele queria demonstrar apoio ao seu time favorito, que estaria disputando um jogo importante naquela noite. Antes de sair de casa, ele colocou algo em cima dessa camiseta — uma corrente com um pingente que dizia: "Jesus". Seu ato singelo ilustrou uma verdade mais profunda: Jesus merece o primeiríssimo lugar em nossa vida.

LEITURA:
Colossenses 1:15-20

Ele é antes de todas as coisas... v.17

Jesus está acima e sobre tudo. "Ele é antes de todas as coisas. Nele, tudo subsiste" (COLOSSENSES 1:17). Jesus é supremo sobre toda a criação (vv.15,16). Ele é "...a cabeça do corpo, da igreja..." (v.18). Por causa disso, Ele deve ter o primeiro lugar em todas as coisas.

Quando damos a Jesus o mais elevado lugar de honra em cada área de nossa vida, essa verdade se torna visível para as pessoas ao nosso redor. No trabalho, estamos trabalhando em primeiro lugar para Deus ou apenas para agradar o nosso empregador? (3:23). Como os padrões de Deus se mostram na maneira como tratamos os outros? (vv.12-14). Nós o colocamos em primeiro lugar ao vivermos nossa vida e buscarmos os nossos passatempos favoritos?

Quando Jesus for a nossa maior influência em toda a vida, Ele terá Seu legítimo lugar em nossos corações.

JBS

Querido Jesus, tu mereces o melhor do meu tempo, energia e afeição. Eu te coroo Rei do meu coração e Senhor de todos os meus atos.

Coloque Jesus em primeiro lugar.

Desligue o placar

Na recepção do casamento de seu filho, meu amigo Roberto deu conselhos e incentivo aos recém-casados. Em sua fala, ele contou sobre um treinador de futebol de uma cidade vizinha que, quando seu time perdia um jogo, mantinha a pontuação perdedora no placar durante toda a semana, para lembrar o time de seu fracasso. Embora essa possa ser uma boa estratégia no futebol, Roberto sabiamente advertiu que essa estratégia é terrível no casamento. Quando seu cônjuge o aborrece ou falha com você de alguma maneira, não fique chamando a atenção para o fracasso. Desligue o placar.

LEITURA:
Efésios 4:25-32

...perdoando-vos uns aos outros, como também Deus, em Cristo, vos perdoou. v.32

Que grande conselho! A Escritura é repleta de mandamentos para amarmos uns aos outros e relevar as falhas. Somos lembrados de que o amor "...não se ressente do mal" (1 CORÍNTIOS 13:5) e de que devemos estar prontos a perdoar uns aos outros "...como também Deus, em Cristo, [nos] perdoou" (EFÉSIOS 4:32).

Sou profundamente grato por Deus desligar o placar quando eu falho. Ele não apenas perdoa quando nos arrependemos; Ele remove os nossos pecados tanto quanto o leste dista do oeste (SALMO 103:12). Com Deus, o perdão significa que o nosso pecado está fora de vista *e* da lembrança. Que Ele nos conceda graça para estendermos o perdão aos que nos rodeiam.

JMS

Senhor, obrigado por perdoares os meus pecados dando-me uma segunda chance. Ajuda-me a perdoar aos outros, assim como livremente me perdoaste.

Perdoe como Deus perdoa você – e esqueça o placar.

Conhecimento não digerido

O **diplomata britânico** Lancelot Oliphant (1881-1965) observou que muitos alunos dão respostas corretas em provas, mas não põem essas lições em prática. Ele declarou: "O conhecimento não digerido tem pouca utilidade."

O autor Barnabas Piper percebeu um paralelo em sua própria vida: "Eu pensava estar próximo a Deus porque sabia todas as respostas", disse ele, "mas havia me enganado ao pensar que isso era o mesmo que *relacionamento* com Jesus".

LEITURA:
João 8:39-47

...Se vós permanecerdes na minha palavra, sois verdadeiramente meus discípulos. v.31

Certo dia, no templo, Jesus encontrou pessoas que pensavam ter todas as respostas corretas. Elas proclamavam orgulhosamente seu *status* de descendentes de Abraão, contudo se recusavam a crer no Filho de Deus.

Jesus lhes disse: "...Se sois filhos de Abraão, praticai as obras de Abraão" (JOÃO 8:39). Como? Abraão "...creu no SENHOR, e isso lhe foi imputado para justiça" (GÊNESIS 15:6). Ainda assim, os ouvintes de Jesus se recusaram a crer. "...[temos] um pai, que é Deus", disseram (JOÃO 8:41). Jesus respondeu: "Quem é de Deus ouve as palavras de Deus; por isso, não me dais ouvidos, porque não sois de Deus" (v.47).

Piper se lembra de como as coisas "desmoronaram" para ele antes de "encontrar a graça de Deus e a pessoa de Jesus de uma maneira profunda". Quando permitimos que a verdade de Deus transforme a nossa vida, ganhamos muito mais do que a resposta certa. Nós apresentamos o mundo para Jesus.

TG

Pai, obrigado por receberes os que têm fé.

Fé não é aceitar a existência de Deus, mas aceitar a vida que Ele oferece.

Flores nos flocos de gelo

W**ilson Bentley** tinha 15 anos, quando se sentiu cativado pela intrincada beleza dos flocos de neve. Ele os observava fascinado com um velho microscópio que sua mãe lhe havia dado e fez centenas de esboços de seus notáveis contornos, mas eles derretiam rápido demais para capturar seus detalhes. Vários anos depois, em 1885, ele acoplou uma câmera de fole ao microscópio e, depois de tentativas e erros, fotografou um floco de neve pela primeira vez. Bentley capturou 5 mil imagens de flocos de neve e cada um deles tinha um desenho único. Ele os descreveu como "pequenos milagres de beleza" e "flores de gelo".

LEITURA:
1 Coríntios 12:4-14

...os dons são diversos, mas o Espírito é o mesmo. v.4

Não há dois flocos de neve iguais, mas todos vêm da mesma fonte. Como seguidores de Cristo, todos nós vimos do mesmo Criador e Redentor, no entanto, somos diferentes. Em Seu glorioso plano, Deus escolheu reunir uma variedade de pessoas num todo unificado e nos deu dons diversos. Ao descrever a diversidade de dons aos cristãos, Paulo escreve: "...os dons são diversos, mas o Espírito é o mesmo. E também há diversidade nos serviços, mas o Senhor é o mesmo. E há diversidade nas realizações, mas o mesmo Deus é quem opera tudo em todos" (1 CORÍNTIOS 12:4-6).

Agradeça a Deus pela contribuição única que você pode oferecer ao ajudar e servir aos outros.

HDF

Senhor, agradeço-te pela forma única que me criaste.
Ajuda-me a utilizar os meus dons
para servir-te e também ao próximo.

Cada pessoa é uma expressão única do projeto amoroso de Deus.

A facilidade da ingratidão

C*hipe, chape.* Os limpadores de para-brisas iam e vinham tentando dar conta da chuva forte. Porém, só aumentavam minha irritação enquanto eu me adaptava a dirigir o carro usado que havia acabado de comprar — uma velha perua com mais de 130 mil km e sem *airbags* laterais para as crianças.

LEITURA:
Hebreus 12:18-29

...recebendo nós um reino inabalável, retenhamos a graça... v.28

Para comprar essa van e ter algum dinheiro muito necessário para mantimentos, eu tinha vendido o último "tesouro" que possuía: uma van Volvo 1992 com *airbags* laterais para as crianças. Naquele ponto, era o que nos restava. Nossa casa e nossas economias haviam desaparecido sob o peso de despesas médicas com doenças potencialmente fatais não cobertas pelo plano de saúde.

"Muito bem, Deus", eu disse em voz alta, "agora nem posso mais proteger meus filhos contra colisões laterais. Se alguma coisa acontecer a eles, deixe-me dizer-lhe o que farei..."

Chipe, chape. (Engoli seco).

Fiquei instantaneamente envergonhado. Nos dois anos anteriores, Deus havia poupado minha mulher e meu filho de morte quase certa, no entanto, ali estava eu me lamentando sobre "coisas" que havia perdido. Percebi rapidamente como eu poderia me tornar ingrato com Deus. O Pai amoroso, que não poupou *Seu* próprio Filho para que eu pudesse ser salvo, havia, de fato, poupado o *meu* filho de maneira milagrosa.

"Perdoa-me, Pai", orei. *Já perdoei, meu filho.*

RKK

Louvo-te Senhor, por Tua paciência e amor infinito e incondicional.

A alegria prospera no solo da gratidão.

A escolha de uma viúva

Quando uma boa amiga perdeu o marido repentinamente por ataque cardíaco, nós nos juntamos a ela nessa dor. Como conselheira, ela havia confortado muitos outros. Agora, após 40 anos de casamento, enfrentava a indesejável perspectiva de voltar a uma casa vazia ao fim de cada dia.

LEITURA:
Salmo 34:15-22

Perto está o Senhor dos que têm o coração quebrantado... v.18

Em meio à sua dor, nossa amiga se apoiou naquele que está "...perto dos que têm o coração quebrantado...". À medida que Deus caminhava com ela em sua dor, nos disse que escolheria "usar o rótulo *viúva* com orgulho", porque sentia ser esse o título que Deus lhe havia dado.

Todo pesar é pessoal e outros podem senti-lo de maneira diferente. A resposta dela não diminuiu o seu sofrimento nem deixou sua casa menos vazia. Contudo, nos lembra de que, mesmo em meio às nossas piores tristezas, podemos confiar em nosso Deus soberano e amoroso.

Nosso Pai celestial sofreu, Ele mesmo, uma profunda separação. Quando estava na cruz, Jesus clamou: "...Deus meu, Deus meu, por que me desamparaste?" (MATEUS 27:46). No entanto, Ele suportou a dor e a separação da crucificação por nossos pecados, por amor a nós!

Ele compreende! E, porque "Perto está o Senhor dos que têm o coração quebrantado..." (SALMO 34:18), encontramos o conforto que precisamos. Ele está próximo.

JDB

Querido Pai celestial, em meio à tristeza te agradecemos por estares próximo quando o nosso coração está ferido.

Deus participa da nossa dor.

Escrita em nosso coração

Em meu bairro há uma abundância de inscrições religiosas— em placas, muros, portais, veículos comerciais e até mesmo como nomes registrados de empresas. *Pela Graça de Deus* está escrito em um micro-ônibus; *Livraria Favor Divino* adorna uma placa de loja. Outro dia, não pude deixar de sorrir dessa em um caminhão: *Afaste-se — Anjos a postos!*

LEITURA:
Deuteronômio 6:1-12

Estas palavras que, hoje, te ordeno estarão no teu coração. v.6

Mas as inscrições religiosas, seja em placas de parede, joias ou camisetas, não são um indicador confiável do amor de uma pessoa por Deus. O que conta não são as palavras exteriores, mas a verdade que levamos no interior que revela o nosso desejo de sermos transformados por Deus.

Lembro-me de um programa patrocinado por um ministério local que distribuía cartões com versículos da Bíblia escritos nos dois lados, que ajudavam as pessoas a memorizar a Palavra de Deus. Tal prática está em conformidade com as instruções de Moisés aos israelitas quando lhes disse para escreverem os mandamentos de Deus "...nos umbrais de tua casa e nas tuas portas" (DEUTERONÔMIO 6:9). Devemos guardar a Palavra de Deus em nosso coração (v.6), gravá-la em nossos filhos e falar sobre ela andando pelo caminho, ao nos deitarmos e ao nos levantarmos (v.7).

Que a nossa fé e compromisso sejam verdadeiros, para que assim possamos amar ao Senhor nosso Deus com todo o nosso coração, alma e força (v.5).

LD

Pai, obrigado pelos ensinamentos da Tua Palavra.

Quando a Palavra de Deus estiver em nosso coração, Seus caminhos se tornarão os nossos.

Portas que se abrem

Charlie Sifford é um nome importante nos esportes dos EUA. Ele se tornou o primeiro membro afro-americano, jogador do torneio da Associação de Golfistas Profissionais, a ingressar num esporte que, até 1961, tinha a cláusula de "somente para brancos" no estatuto social. Resistindo à injustiça racial e assédio, Sifford conquistou o seu lugar nos jogos de nível mais elevado, venceu dois torneios e, em 2004, foi o primeiro afro-americano a fazer parte da Galeria da Fama do Golfe Mundial. Ele abriu as portas do golfe profissional aos jogadores de todas as etnias.

LEITURA:
Mateus 28:16-20

Ide, portanto, fazei discípulos de todas as nações... v.19

A essência da missão evangélica também é "abrir portas". Jesus disse: "Ide, portanto, fazei discípulos de todas as nações, batizando-os em nome do Pai, e do Filho, e do Espírito Santo; ensinando-os a guardar todas as coisas que vos tenho ordenado. E eis que estou convosco todos os dias até à consumação do século" (MATEUS 28:19,20).

A palavra *nações* (v.19) vem da palavra grega *ethnos*, — a fonte da palavra *étnico*. Em outras palavras, "Ide e fazei discípulos de todas as etnias". A obra de Jesus na cruz abriu a todos o caminho para o Pai.

Agora temos o privilégio de cuidar dos outros como Deus cuidou de nós. Podemos abrir a porta para alguém que nunca sonhou que seria acolhido pessoalmente na casa e família de Deus. *WEC*

Senhor, ajuda-me a ser sensível a quem encontrar hoje.
Dá-me as palavras para lhes falar de ti.

Jesus abriu as portas da salvação a todos os que crerem.

Solidão e serviço

O **comediante Fred** Allen disse: "Uma celebridade é uma pessoa que trabalha duro toda a sua vida para se tornar conhecida e, depois, usa óculos escuros para evitar ser reconhecida." Frequentemente, a fama traz perda de privacidade com um inexorável frenesi de atenção.

LEITURA:
Lucas 9:1-2,10-17

...Acolhendo-as, falava-lhes a respeito do reino de Deus e socorria os que tinham necessidade de cura. v.11

Quando começou Seu ministério público de ensino e cura, Jesus foi lançado à exposição pública e cercado por pessoas procurando ajuda. As multidões o seguiam aonde quer que Ele fosse. Mas Jesus sabia que ter um tempo regular a sós com Deus era essencial para manter a força e a perspectiva.

Após os doze discípulos de Jesus voltarem de sua bem-sucedida missão de "...pregar o reino de Deus e a curar os enfermos", Ele os levou a um lugar tranquilo para descansar (LUCAS 9:2,10). Logo, porém, multidões os encontraram e Jesus as acolheu. Ele "...falava-lhes a respeito do reino de Deus e socorria os que tinham necessidade de cura" (v.11). Em vez de mandá-las embora para encontrar comida, o Senhor lhes proporcionou um piquenique ao ar livre para 5 mil pessoas! (vv.12-17).

Jesus não era imune à pressão de curiosos e sofredores, mas mantinha o equilíbrio entre serviço público e a solitude dedicando tempo para descansar e orar a sós com o Seu Pai (LUCAS 5:16).

Que possamos seguir o exemplo de nosso Senhor ao servirmos aos outros em Seu nome.

DCM

Querido pai, queremos seguir o exemplo de Jesus em nosso viver diário.

Investir tempo em solitude permite que escutemos a voz de Deus.

A voz da fé

A notícia foi entorpecedora. As lágrimas vieram tão rapidamente que ela não conseguiu evitá-las. Sua mente se encheu de perguntas e o medo ameaçou dominá-la. A vida estava indo tão bem, quando foi abruptamente interrompida e mudou para sempre sem aviso.

LEITURA:
Habacuque 3:16-19

Ainda que a figueira não floresça, [...] eu me alegro no SENHOR... VV.17,18

A tragédia pode se apresentar de várias formas — a perda de um ente querido, uma doença, a perda de riqueza ou de nossa subsistência. E isso pode acontecer a qualquer pessoa, a qualquer momento.

Embora o profeta Habacuque soubesse que a tragédia estava por vir, ainda assim, trazia medo em seu coração. Enquanto esperava pelo dia em que a Babilônia invadiria o reino de Judá, seu coração batia forte, seus lábios e suas pernas tremiam (HABACUQUE 3:16).

O medo é uma emoção legítima em face de tragédia, mas não deve nos imobilizar. Quando não compreendemos as provações por que estamos passando, podemos rever como Deus operou na história (VV.3-15). Foi o que Habacuque fez. Isso não dissipou seu medo, mas lhe deu a coragem para seguir em frente escolhendo louvar o Senhor (V.18).

Nosso Deus, que se provou fiel ao longo dos anos, está sempre conosco. Pelo fato de o Seu caráter não mudar, quando amedrontados podemos dizer, com a confiante voz da fé: "O SENHOR Deus é a minha fortaleza..." (V.19).

PFC

Querido Senhor, mesmo em meio às turbulências, ajuda-me a confiar em ti. Tu tens sido sempre fiel a mim!

Podemos aprender a lição da confiança na escola da provação.

Quatro maneiras de olhar

Joana enfrentava problemas difíceis com os filhos, quando se sentou para participar do culto. Exausta, queria "renunciar" à maternidade. Então, o pregador começou a ministrar encorajamento aos que desejam desistir. Os quatro tópicos que ela ouviu naquela manhã a ajudaram a seguir em frente:

LEITURA:
Salmo 77:1-15

Considero também nas tuas obras todas e cogito dos teus prodígios. v.12

Olhe para cima e ore. Asafe orou a noite toda e até expressou o sentimento de que Deus o tinha esquecido e rejeitado (SALMO 77:9,10). Podemos dizer tudo a Deus e ser honestos sobre os nossos sentimentos. Podemos pedir-lhe qualquer coisa. Sua resposta pode não vir imediatamente ou na forma que queremos ou esperamos, mas Ele não nos criticará por pedir.

Lembre-se do que Deus já fez por você e por outros. Asafe não falou a Deus apenas sobre a dor; também relembrou Seu poder e grandes obras por ele e pelo povo de Deus. E escreveu: "Recordo os feitos do SENHOR, pois me lembro das tuas maravilhas da antiguidade" (v.11).

Aguarde com expectativa. Pense sobre o bem que poderá decorrer da situação. O que você poderá aprender? O que Deus quer fazer? O que você sabe que Ele fará, porque os Seus caminhos são perfeitos? (v.13).

Olhe novamente. Desta vez, olhe para as suas circunstâncias com os olhos de fé. Lembre-se de que Ele é o Deus de grandes maravilhas e podemos confiar nele (v.14).

Que essas ideias nos ajudem a ganhar perspectiva e a avançar em nossa caminhada de fé com Jesus.

AMC

Senhor, não posso deixar de ver meus problemas. Ajuda-me a ver-te.

Nossos problemas são as oportunidades que temos para descobrir as soluções de Deus.

A vista da montanha

No vale onde moro pode ser muito frio no inverno. As nuvens e o nevoeiro isolam o chão, mantendo o ar gelado sob as camadas mais quentes acima. Mas você pode subir desse vale. Há uma estrada próxima que acaba ao lado de uma montanha de 2.286 metros que se eleva nessa região. A poucos minutos de carro, você sai do nevoeiro e emerge no calor e brilho de um dia ensolarado. Você pode olhar para baixo e ver as nuvens que encobrem o vale abaixo, e vê-lo por um ponto de vista diferente.

LEITURA:
Filipenses 4:8-13

Portanto, se fostes ressuscitados juntamente com Cristo, buscai as coisas lá do alto...
Colossenses 3:1

Às vezes, a vida é assim. As circunstâncias parecem nos cercar de um nevoeiro que a luz solar não consegue penetrar. Contudo, a *fé* é a nossa maneira de subir o vale — os meios pelos quais "[buscamos] as coisas lá do alto..." (COLOSSENSES 3:1). Ao fazermos isso, o Senhor nos capacita a superar nossas circunstâncias e encontrar coragem e tranquilidade para o dia. Como escreveu o apóstolo Paulo: "...aprendi a viver contente em toda e qualquer situação" (FILIPENSES 4:11).

Podemos sair de nossa angústia e tristeza. Podemos sentar um pouco na encosta da montanha e, por meio de Cristo, que nos dá força (v.13), obter uma perspectiva diferente.

DHR

Pai, apesar de não poder ver sempre onde estás,
nem o que estás fazendo, descanso em Teu amor por mim.

A fé pode elevá-lo acima dos seus medos.

Aquiete-se

A**nos atrás,** eu respondia às cartas dentro de poucas semanas e mantinha meus correspondentes felizes. Depois veio o aparelho de fax e eles pareciam contentes em receber uma resposta dentro de poucos dias. Hoje, com e-mail, mensagens instantâneas e telefones celulares, espera-se uma resposta no mesmo dia!

LEITURA:
Salmo 46

Aquietai-vos e sabei que eu sou Deus... v.10

"Aquietai-vos e sabei que eu sou Deus...". Neste conhecido versículo do Salmo 46, leio dois mandamentos de igual importância. Em primeiro lugar, precisamos nos aquietar, algo contra o qual a vida moderna conspira. Neste mundo agitado e fervilhante, nem mesmo alguns momentos de quietude nos vêm naturalmente. E a quietude nos prepara para o segundo mandamento: "...sabei que eu sou Deus; sou exaltado entre as nações, sou exaltado na terra". Em meio a um mundo que conspira para suprimir Deus, e não o exaltar, como garimpar tempo e permitir que Ele nutra minha vida interior?

A oração é um "hábito" que exercemos e envolve tudo o que existe. Ah, oração!... Um hábito que exige a nossa atenção. *Aquietai-vos e sabei.* O primeiro passo na oração é reconhecer ou "saber" que Deus é Deus. E, nessa atenção, nesse foco, tudo o mais entra em perspectiva. A oração nos permite admitir nossas falhas, fraquezas e limitações Àquele que responde à vulnerabilidade humana com infinita misericórdia.

PDY

Querido Senhor, ajuda-me a aquietar-me.
Alimenta a minha alma quando
invisto o meu tempo contigo em oração.

Na oração, Deus pode aquietar as nossas mentes.

Uma visão melhor

Quando criança, eu gostava de subir em árvores. Quanto mais alto subia, mais podia ver. Ocasionalmente, em busca de uma visão melhor, eu subia num galho até senti-lo dobrar sob o meu peso. Não surpreende que os meus dias de escalada de árvores estejam encerrados. Suponho não ser muito seguro — ou digno.

LEITURA:
Lucas 19:1-10

...não podia, por causa da multidão, por ser ele de pequena estatura. v.3

Zaqueu, um homem rico, deixou de lado a sua dignidade (e talvez ignorou sua segurança) certo dia, ao subir em uma árvore em Jericó. Jesus estava passando pela cidade e Zaqueu queria vê-lo. Porém, "...não podia, por causa da multidão, por ser ele de pequena estatura" (LUCAS 19:3). Felizmente, isso não o impediu de ver e até mesmo conversar com Cristo. O plano de Zaqueu funcionou! E, quando conheceu Jesus, sua vida mudou para sempre: "...houve salvação nesta casa...", disse Jesus Cristo (v.9).

Nós também podemos ser impedidos de ver Jesus. O orgulho pode impedir que o vejamos como o Maravilhoso Conselheiro. A ansiedade pode impedir de o conhecermos como o Príncipe da Paz (ISAÍAS 9:6). O anseio por *status* e posses pode nos impedir de vê-lo como a verdadeira fonte de satisfação — o Pão da Vida (JOÃO 6:48).

O que você está disposto a fazer para ter uma visão melhor de Jesus? Qualquer esforço sincero para chegar mais perto dele terá um bom resultado. Deus recompensa os que o buscam com sinceridade (HEBREUS 11:6).

JBS

Obrigado Jesus, por tudo que és.
Revela-te a mim quando leio a Tua Palavra.

Para fortalecer a sua fé em Deus, busque a Sua face.

Olhar à frente

Quando o grande pintor holandês Rembrandt morreu inesperadamente aos 63 anos, uma pintura inacabada foi encontrada em seu cavalete. Ela retrata bem a emoção de Simeão ao segurar o bebê Jesus quando Ele foi levado ao templo de Jerusalém, 40 dias após o Seu nascimento. No entanto, o cenário e os detalhes habituais permanecem inacabados. Alguns especialistas em arte acreditam que Rembrandt pressentia que o fim de sua vida estava próximo e — como Simeão — estava pronto para despedir-se (LUCAS 2:29).

LEITURA:
Lucas 2:21-35

...Simeão [era] justo e piedoso [...] e o Espírito Santo estava sobre ele. v.25

O Espírito Santo estava sobre Simeão (v.25), de modo que não foi coincidência ele estar no templo quando Maria e José apresentaram o seu filho primogênito a Deus. Simeão, que vinha procurando o Messias prometido, tomou o bebê em seus braços e louvou a Deus, dizendo: "Agora, Senhor, podes despedir em paz o teu servo, segundo a tua palavra; porque os meus olhos já viram a tua salvação, a qual preparaste diante de todos os povos: luz para revelação aos gentios, e para glória do teu povo de Israel" (vv.29-32).

Simeão não estava com saudades dos dias de glória da história de Israel, mas olhando à frente para o Messias prometido, que viria para redimir todas as nações.

Como Simeão, podemos ter um olhar à frente, de expectativa na vida, porque sabemos que, algum dia, veremos o Senhor. *DCM*

Pai, que possamos, como Simeão,
estar sempre na expectativa de ver o Senhor Jesus.

...Vem, Senhor Jesus! APOCALIPSE 22:20

Febre do partir

Em 1986, após cinco atrasos motivados pelo clima, o ônibus espacial *Challenger* subiu ao céu numa estrondosa sinfonia de ruído e chamas. Apenas 73 segundos mais tarde, uma falha no sistema o despedaçou e os sete tripulantes morreram.

LEITURA:
Números 14:39-45

Descansa no SENHOR e espera nele...
Salmo 37:7

O desastre foi atribuído a um anel de vedação sabidamente vulnerável. Os especialistas referiram-se a esse erro fatal como "a febre do partir" — a tendência de ignorar as precauções vitais na corrida por uma meta grandiosa.

Nossa ambiciosa natureza humana sempre nos tenta a fazer escolhas imprudentes. Entretanto, somos também propensos a um medo que pode nos tornar excessivamente cautelosos. Os israelitas demonstravam os dois traços. Quando os 12 batedores voltaram de espiar a Terra Prometida, dez deles só viam obstáculos (NÚMEROS 13:26-33). "...Não poderemos subir contra aquele povo, porque é mais forte do que nós", disseram eles (v.31). Após uma temerosa rebelião contra o Senhor, que levou à morte dos dez, de repente o povo sucumbiu à "febre do partir". Eles disseram: "...Eis-nos aqui e subiremos ao lugar que o SENHOR tem prometido..." (14:40). Sem Deus, a invasão inoportuna falhou miseravelmente (vv.41-45).

Quando tiramos os nossos olhos do Senhor, deslizamos para um de dois extremos. Avançaremos impacientemente sem Ele ou nos acovardaremos e nos queixaremos amedrontados. Focar-se em Cristo traz coragem temperada com Sua sabedoria. *TG*

Ore sempre antes de ir!

Um momento de paciência pode evitar um enorme desastre.

Como envelhecer

"Como você está hoje, Mama?", perguntei casualmente. Minha amiga de 84 anos, apontando para dores em suas articulações, sussurrou: "A velhice é difícil!" Depois, acrescentou com sinceridade: "Mas Deus tem sido bom para comigo".

LEITURA:
Isaías 46:4-13

...carregar-vos-ei e vos salvarei. v.4

"Envelhecer foi a maior surpresa de minha vida", diz Billy Graham em seu livro *A caminho de casa*. (Ed. Europa, 2011). "Sou um homem velho e, acreditem, não é fácil." Todavia, Graham observa: "Embora a Bíblia não encubra os problemas que enfrentamos à medida que envelhecemos, ela também não pinta a velhice como um tempo a ser desprezado ou um fardo a ser suportado com os dentes cerrados." A seguir, ele menciona algumas das perguntas com que foi forçado a lidar ao envelhecer, tais como: "Como podemos não só aprender a lidar com os medos, as lutas e as crescentes limitações que enfrentamos, mas também realmente nos fortalecermos interiormente em meio a essas dificuldades?"

Em Isaías 46, temos a garantia de Deus: "Até à vossa velhice, eu serei o mesmo e, ainda até às cãs, eu vos carregarei; já o tenho feito; levar-vos-ei, pois, carregar-vos-ei e vos salvarei" (v.4).

Não sabemos quantos anos viveremos nesta terra ou o que poderemos enfrentar ao envelhecermos. Mas uma coisa é certa: Deus cuidará de nós durante toda a nossa vida.

LD

Senhor, por favor, ensina-nos a contar os nossos dias,
para que alcancemos coração sábio. SALMO 90:12

Não tenha medo de envelhecer; Deus está com você!

Percebendo

Quando limpo minha casa para um evento especial, fico desanimada por pensar que os convidados não perceberão o que limpei, apenas o que deixei de limpar. Isto traz à mente uma questão filosófica e espiritual mais ampla: Por que os seres humanos veem mais rapidamente o que está errado do que o que está certo? Somos mais propensos a lembrar-nos da grosseria do que da gentileza. Os crimes parecem receber mais atenção do que os atos de generosidade. E os desastres chamam nossa atenção mais rapidamente do que a profunda beleza à nossa volta.

LEITURA:
Jó 40:1-14

Onde estavas tu, quando eu lançava os fundamentos da terra?... 38:4

Mas, então, percebo que faço o mesmo em relação a Deus. Tendo a concentrar-me no que Ele não fez e não no que Ele fez, no que eu não tenho ao invés do que tenho, nas situações que Ele ainda não resolveu, em vez das muitas que Ele já resolveu.

Quando leio o livro de Jó, lembro-me de que o Senhor não gosta disso mais do que eu. Após anos de prosperidade, Jó sofreu uma série de reveses. De repente, eles se tornaram o foco de sua vida e suas conversas. Finalmente, Deus interveio e fez a Jó algumas perguntas difíceis, lembrando-o de Sua soberania e de tudo que Jó não sabia e não havia visto (JÓ 38–40).

Sempre que começar a concentrar-me no negativo, espero lembrar-me de parar, considerar a vida de Jó e perceber todas as maravilhas que Deus fez e continua a fazer.

JAL

Conte as bênçãos,
conte-as quantas são — diariamente.

Quando você pensar em tudo o que é bom, agradeça a Deus.

Crescendo

Assistir meu neto e seus amigos jogarem *uma pelada de futebol* é divertido. Frequentemente, os jogadores mirins ou se dispersam ou correm todos juntos na mesma direção, não sabendo como repassar a bola quando conseguem pegá-la. Se estivéssemos assistindo a um jogo profissional, esses erros não seriam tão engraçados.

Tudo é uma questão de maturidade.

Não é um grande problema o fato de os atletas jovens terem dificuldades — não saber o que fazer ou não acertar exatamente tudo. Eles estão tentando e aprendendo. Assim, nós os orientamos e, pacientemente, os guiamos em direção à maturidade. Em seguida, comemoramos o sucesso deles, quando, mais tarde, jogam com habilidade em equipe.

LEITURA:
Efésios 4:1-16

...de quem todo o corpo [...] efetua o seu próprio aumento para a edificação de si mesmo em amor. v.16

Algo semelhante acontece na vida daqueles que seguem a Jesus. Paulo destacou que a igreja precisa de pessoas que serão"...[longânimes, suportando] uns aos outros em amor..." (EFÉSIOS 4:2). E precisamos de uma variedade de "treinadores" (pastores, professores, mentores espirituais) para ajudar todos nós a avançarmos em direção à "...unidade da fé..." enquanto nos esforçamos para amadurecer (v.13).

O objetivo ao ouvirmos a pregação e o ensino e desfrutarmos de uma vida juntos na igreja é crescer até a maturidade em Cristo (v.15). Cada um de nós está nessa caminhada e podemos incentivar uns aos outros no caminho para a maturidade em Jesus. *JDB*

Senhor, mostra-me a quem posso encorajar hoje.

Há alegria na caminhada quando prosseguimos juntos.

Jesus, o Servo

Durante Seu ministério Jesus expressou, de maneira direta ou indireta, na teoria ou na prática, quão importante é, entre Seus discípulos, a disposição para servir. O Senhor trata desse assunto a começar pelo Sermão do Monte, no qual destacou a importância que devemos dar aos outros, a preocupação e o cuidado com o próximo e a humildade que deve caracterizar aqueles que o servem.

LEITURA:
Mateus 20:20-28

...e quem quiser ser o primeiro entre vós será vosso servo... v.27

Nos versículos de hoje, Cristo lembra o fato de que na sociedade, as pessoas mais importantes são servidas, enquanto o mais indigno serve. No entanto, declarou que entre Seus seguidores não seria assim. Enquanto eles disputavam qual deles seria o maiorial, o Mestre declarou: "...quem quiser ser o primeiro entre vós será vosso servo..." (v.27).

Jesus ainda lhes ofereceu uma aula adicional. Ilustra Seu ensino cingindo-se de uma toalha para lavar-lhes os pés: o Filho de Deus curvado diante de homens simples, realizando a tarefa atribuída ao escravo mais humilde.

A última aula foi ministrada enquanto Ele estava pendurado no madeiro. Ali, deixa claro a intensidade e a profundidade de Suas palavras: "...o Filho do Homem não veio para ser servido, mas para servir e dar a sua vida em resgate por muitos" (v.28).

Que nós possamos ter a mesma atitude de nosso Senhor que "...a si mesmo se esvaziou, assumindo a forma de servo..." (FILIPENSES 2:7). Só assim, poderemos ser considerados Seus verdadeiros discípulos.

NSL

Pai, ajuda-me a entender que quanto mais eu tiver a atitude de servo, mais glorificarei Teu nome.

O critério de importância no reino de Deus não é o status, mas a utilidade do servo.

Leões à espreita

Quando eu era criança, meu pai nos assustava "escondendo-se" no mato e rosnando como um leão. Mesmo na década de 1960, era quase impossível um leão se esconder numa área rural de Gana, África. Meu irmão e eu ríamos e procurávamos a origem do ruído, alegres por chegar a hora de brincar com papai.

LEITURA:
Números 14:1-9

...O Senhor é conosco. Não os temais. v.9

Certo dia, uma amiga veio nos visitar. Enquanto brincávamos, ouvimos o rugido conhecido. Ela gritou e correu. Meu irmão e eu conhecíamos a voz de papai — qualquer "perigo" era simplesmente o leão fantasma —, mas dessa vez, foi engraçado, corremos com ela. Meu pai se sentiu mal por ela ter ficado assustada, e meu irmão e eu aprendemos a não sermos influenciados pelo pânico alheio.

Calebe e Josué se destacam como homens indiferentes ao pânico alheio. Quando Israel estava prestes a entrar na Terra Prometida, Moisés enviou 12 homens para espiar a região. Todos viram um belo território, mas 10 se focaram nos obstáculos e desanimaram toda a nação (NÚMEROS 13:27-33). No processo, eles entraram em pânico (14:1-4). Só Calebe e Josué avaliaram a situação com precisão (vv.6-9). Eles conheciam a história de seu Pai e confiavam no sucesso que Ele traria.

Alguns "leões" representam ameaça genuína, outros são fantasmas. Não importa, como cristãos, a nossa confiança está naquele cuja voz e ações conhecemos e confiamos.

TG

Senhor, ajuda-nos a distinguir
entre o perigo e as falsas ameaças.

Fogem os perversos, sem que ninguém os persiga;
mas o justo é intrépido como o leão. PROVÉRBIOS 28:1

A receita de vovó

Muitas famílias têm uma receita secreta, um jeito especial de preparar um prato, que o torna especialmente saboroso. Para nós, Hakkas (meu grupo étnico chinês), há um prato tradicional chamado *contas-de-ábaco*, devido à sua aparência. Você precisa experimentar!

LEITURA:
Salmo 145:1-13

Lembra-te dos dias da antiguidade, [...] pergunta a teu pai, e ele te informará... Dt 32:7

É claro que vovó tinha a melhor receita. A cada Ano Novo Chinês, no jantar da família, dizíamos a nós mesmos: "Deveríamos, realmente aprender a cozinhar assim." Mas nunca chegamos a pedir a receita. Agora, ela não está mais entre nós e sua receita secreta se foi com ela.

Temos saudades dela e é triste ter perdido a sua receita. Seria muito mais trágico se tivéssemos de deixar de preservar o legado de fé que nos foi confiado. Deus quer que todas as gerações contem à próxima os atos poderosos de Deus. "Uma geração louvará [Deus] a outra geração...", disse o salmista (145:4), ecoando as instruções anteriores de Moisés: "Lembra-te dos dias da antiguidade [...] pergunta a teu pai e ele te informará, aos teus anciãos, e eles to dirão" (DEUTERONÔMIO 32:7).

À medida que compartilhamos nossas histórias de como recebemos a salvação e as maneiras como o Senhor nos ajudou a enfrentar desafios, encorajamos uns aos outros e o honramos. Ele nos projetou para desfrutarmos de família e comunidade, e de nos beneficiarmos uns dos outros.

PFC

O que você pode aprender
em relação a fé com a geração anterior?

O que ensinamos hoje aos nossos filhos influenciará o mundo de amanhã.

Durante o Seu tempo

Quando o pastor sul-africano Andrew Murray visitava a Inglaterra em 1895, ele começou a sofrer a dor de uma antiga lesão nas costas. Enquanto se recuperava, sua anfitriã lhe falou de uma mulher que estava em grande dificuldade e queria saber se ele tinha algum conselho para ela. Murray lhe disse: "Dê-lhe este papel que tenho escrito para o meu próprio encorajamento. Talvez ela o considere útil." Isso foi o que Murray escreveu:

LEITURA:
Tiago 1:2-4

Nas tuas mãos, estão os meus dias...
Salmo 31:15

"Em tempo de angústia, diga:

Primeiro — Deus me trouxe aqui. É por Sua vontade que estou assim. Nisso descansarei.

A seguir — Ele me guardará em Seu amor e me dará graça nesta provação para eu agir como Seu filho.

Depois — Ele fará desta provação uma bênção, ensinando-me o que desejar que eu aprenda, e operando em mim a graça que Ele pretende conceder.

E por último — No Seu tempo perfeito, Ele pode me restaurar — como e quando, Ele sabe.

Estou aqui — por determinação de Deus, guardado por Ele, sob a Sua instrução, durante o Seu tempo."

Queremos a solução imediata, a correção rápida, mas algumas coisas não podem ser eliminadas tão facilmente; elas só podem ser aceitas. Deus nos guardará em Seu amor. Por Sua graça, podemos descansar nele.

DHR

Querido Senhor, é difícil suportar as doenças e o sofrimento. Consola-me e ajuda-me a confiar em ti.

Quando Deus permite o sofrimento, Ele também proporciona o conforto.

Encaminhe a Deus

Antes de existirem telefones, e-mails e telefones celulares, o telegrama era, habitualmente, o meio mais rápido de comunicação. Mas só as notícias importantes eram enviadas via telegrama, e estas costumavam ser ruins. Daí o ditado "O entregador de telegramas sempre traz más notícias."

LEITURA:
2 Reis 19:9-20

Inclina, ó SENHOR, o ouvido e ouve; abre, SENHOR, os olhos e vê... v.16

Era tempo de guerra em Israel quando Ezequias era o rei de Judá. Senaqueribe, rei da Assíria, havia invadido e capturado as cidades de Judá. Na sequência, ele enviou uma carta a Ezequias, um "telegrama" de más notícias, instando-o à rendição. Ezequias descreveu o momento como "...dia de angústia, de disciplina e de opróbrio..." (2 REIS 19:3).

Com provocações e zombarias, Senaqueribe se gabava de suas campanhas militares passadas, menosprezando o Deus de Israel e ameaçando de caos (vv.11-13). Naquele momento terrível, o rei Ezequias fez algo incomum com a carta de más notícias: "...subiu à Casa do SENHOR, estendeu-a perante o SENHOR" (v.14). Ele orou fervorosamente, reconhecendo o poder de Deus sobre a situação sombria deles (vv.15-19). Deus interveio de maneira poderosa (vv.35,36).

As más notícias podem nos atingir a qualquer hora. Nesses momentos, o ato de Ezequias é um bom exemplo a seguir. Estenda a notícia diante do Senhor em oração e ouça a Sua garantia: "...Eu te ouvi" (v.20).

LD

Pai celestial, confiamos em ti e te amamos. Defende-nos hoje. Ensina-nos a voltarmos para ti, não ao nosso "eu".

A oração é o grito impotente do filho ao ouvido atento do Pai.

O poder da música de Deus

A *Noviça Rebelde*, um dos filmes musicais de maior sucesso já produzidos, foi lançado nos cinemas em 1965. Ele ganhou muitos elogios, incluindo cinco prêmios "Oscar" por ter cativado os corações e as vozes de pessoas do mundo todo. Mais de meio século depois, as pessoas ainda assistem a exibições especiais do filme. Os espectadores vestem-se como seu personagem favorito e cantam junto durante a apresentação.

LEITURA:
Colossenses 3:12-17

Habite, ricamente, em vós a palavra de Cristo [...] em toda a sabedoria [...] com salmos, e hinos... v.16

A música está profundamente enraizada em nossa alma. E, para os seguidores de Jesus, é um meio poderoso de nos encorajarmos uns aos outros ao longo da jornada de fé. Paulo exortou os cristãos de Colossos: "Habite, ricamente, em vós a palavra de Cristo; instruí-vos e aconselhai-vos mutuamente em toda a sabedoria, louvando a Deus, com salmos, e hinos, e cânticos espirituais, com gratidão, em vosso coração" (COLOSSENSES 3:16).

Cantar juntos para o Senhor introduz a mensagem do Seu amor em nossa mente e alma. Esse ministério de ensino e encorajamento que compartilhamos é poderoso. Quer os nossos corações clamem "Cria em mim, ó Deus, um coração puro..." (SALMO 51:10) ou gritem com alegria "...e ele reinará pelos séculos dos séculos" (APOCALIPSE 11:15), o poder da música que exalta Deus eleva o nosso espírito e nos concede paz.

Cantemos ao Senhor hoje.

DCM

Obrigado, Senhor, por Tua dádiva da música.
Louvamos-te e aprendemos mais de Teu amor e poder.

A música lava da alma a poeira do dia a dia.

Com respeito

Os cidadãos de Israel estavam tendo alguns problemas com o governo. Era o fim do século 6.º a.C. e o povo judeu estava ansioso por finalizar o seu templo que havia sido destruído em 586 a.C. pela Babilônia. Todavia, o governador de sua região não tendo a certeza de que eles deveriam estar fazendo aquilo, enviou uma nota ao rei Dario (ESDRAS 5:6-17).

LEITURA:
Esdras 5:6-17

...se parece bem ao rei, que se busque nos arquivos reais [...] se é verdade haver uma ordem do rei Ciro... v.17

Na carta, o governador diz que encontrou os judeus trabalhando no templo e pergunta ao rei se eles tinham permissão para isso. A carta também registra a resposta respeitosa dos judeus, de que eles realmente haviam recebido autorização de um rei anterior (Ciro) para a reconstrução. Ao verificar a história deles, o rei descobriu ser verdadeira: o rei Ciro havia dito que eles poderiam construir o templo. Então, Dario não só lhes dera permissão para reconstruir, mas também financiou a obra! (6:1-12). Após terminarem a construção do templo, os judeus "celebraram [...] com regozijo...", porque sabiam que Deus havia "...[mudado] o coração do rei..." (6:22).

Quando vemos uma situação que precisa ser tratada, honramos a Deus quando pleiteamos nossa causa de maneira respeitosa, confiamos que Ele está no controle de todas as situações e expressamos gratidão pelo resultado.

JDB

Senhor, ajuda-nos a sermos respeitosos em relação às situações que nos cercam. Precisamos de Tua sabedoria. Que possamos sempre honrar e louvar-te.

O respeito à autoridade glorifica a Deus.

Suprimento abundante

Temos um alimentador de beija-flores no jardim e gostamos de ver os passarinhos virem beber de sua água açucarada. Recentemente, porém, saímos para uma curta viagem e nos esquecemos de reabastecê-lo. Quando voltamos, ele estava totalmente seco. *Pobres pássaros!* — pensei. *Por causa do meu esquecimento, eles ficaram sem alimento.* Em seguida, lembrei-me de que quem os alimenta não sou eu: é Deus.

LEITURA:
Salmo 36:5-12

...na torrente das tuas delícias lhes dás de beber. v.8

Às vezes, podemos sentir que todas as exigências da vida esgotaram a nossa força e que não há quem possa reabastecê-la. Mas os outros não alimentam a nossa alma: Deus o faz.

No Salmo 36, lemos sobre a misericórdia de Deus. Ele descreve aqueles que depositam sua confiança no Senhor e são abundantemente satisfeitos. Deus lhes dá água da Sua "...torrente [de] delícias..." (v.8). Ele é a fonte da vida!

Podemos buscar a Deus todos os dias para suprir as nossas necessidades. Como escreveu Charles Spurgeon: "As fontes da minha fé e de todas as minhas graças; as fontes da minha vida e de todos os meus prazeres; as fontes da minha atividade e todos os seus atos corretos; as fontes da minha esperança, e todas as suas expectativas celestiais, todas estão em ti, meu Senhor."

Que nos fartemos de Seu suprimento abundante. Sua fonte nunca secará.

KO

Senhor, venho a ti com a confiança
de que tu irás me suprir as necessidades.

O amor de Deus é abundante.

Por favor, entre

A casa de Janete fica em uma estradinha rural, muito utilizada nos horários de maior tráfego por motoristas que querem evitar as rodovias principais próximas e os semáforos. Semanas atrás, os operários chegaram para reparar a superfície bastante danificada da estrada, trazendo grandes barreiras móveis e placas de "Não Entre". "Fiquei realmente preocupada no início", disse ela, "pensando que não conseguiria tirar o meu carro da garagem até que a obra estivesse concluída. Mas daí, fui olhar as placas mais atentamente e percebi que diziam: 'Não Entre: Acesso somente para residentes'. Não havia barreira para mim. Eu tinha o direito de entrar e sair sempre que quisesse, porque morava lá. Senti-me muito especial!"

LEITURA:
Hebreus 10:19-25

Aproximemo-nos [de Deus] [...] em plena certeza de fé... v.22

No Antigo Testamento, o acesso a Deus no tabernáculo e no templo era estritamente limitado. Somente o sumo sacerdote podia entrar pela cortina e oferecer sacrifícios no Santíssimo Lugar, uma vez por ano (LEVÍTICO 16:2-20; HEBREUS 9:25,26). Mas, no exato momento em que Jesus morreu, o véu do templo foi rasgado em dois de cima abaixo, mostrando que a barreira entre o homem e Deus fora destruída para sempre (MARCOS 15:38).

Devido ao sacrifício de Cristo pelos nossos pecados, todos os que o amam e o seguem podem entrar em Sua presença a qualquer momento. Ele nos deu o direito de acesso. *MS*

Obrigado Senhor, pelo preço que pagaste
para eu ter acesso à Tua presença.

O acesso ao trono de Deus está sempre liberado.

Forasteiros e estrangeiros

LEITURA:
Hebreus 11:8-16

...[Abraão] aguardava a cidade que tem fundamentos, da qual Deus é o arquiteto e edificador. v.10

Estacionei minha bicicleta, folheando o mapa de Cambridge para localizar-me. Com pouca habilidade para orientar-me, seria fácil eu me perder no labirinto de ruas repletas de edifícios históricos.

A vida deveria parecer idílica, porque eu acabara de me casar com um inglês e mudar para o Reino Unido, mas sentia-me à deriva. De boca fechada eu parecia comum, mas, ao falar, sentia-me imediatamente marcada como turista americana. Eu ainda não tinha me familiarizado com minha nova situação e logo percebi que juntar duas pessoas teimosas para compartilhar o cotidiano era mais difícil do que eu imaginava.

Eu me identificava com Abraão, que deixou tudo que conhecia ao obedecer ao chamado do Senhor para viver como estrangeiro e forasteiro em uma nova terra (GÊNESIS 12:1). Ele enfrentou os desafios culturais, guardando a fé em Deus e, 2 mil anos depois, o escritor de Hebreus o chamou de herói (11:9). Assim como os outros homens e mulheres citados neste capítulo, Abraão viveu por fé, ansiando pelas promessas, desejando e esperando por seu lar celestial.

Talvez você tenha vivido sempre na mesma cidade, mas como seguidores de Cristo, somos todos estrangeiros e forasteiros nesta terra. Por fé avançamos, sabendo que Deus nos conduzirá e guiará, e por fé cremos que Ele nunca nos deixará nem abandonará. Por fé, ansiamos pelo nosso lar.

ABP

Pai, eu te peço, aumenta a minha fé.

Deus nos chama a viver por fé, crendo que Ele cumprirá as Suas promessas.

Não desista!

Em 1952, Florence Chadwick tentou nadar 42 quilômetros entre a costa da Califórnia e a Ilha de Catalina. Após 15 horas, um denso nevoeiro começou a bloquear a sua visão, ela ficou desorientada e desistiu. Para seu desgosto, Chadwick descobriu ter desistido a pouco mais de 1,5 quilômetro do seu destino.

LEITURA:
Hebreus 12:1-11

...corramos, com perseverança, [...] olhando firmemente para o Autor e Consumador da fé, Jesus... vv.1,2

Dois meses depois, Chadwick tentou uma segunda vez nadar o mesmo percurso. Novamente, uma espessa neblina se instalou, mas desta vez, ela chegou ao seu destino, tornando-se a primeira mulher a atravessar a nado o Canal de Catalina. A atleta afirmou que guardou a imagem da linha da costa em sua mente, mesmo quando não podia vê-la.

Quando os problemas da vida anuviam a nossa visão, temos a oportunidade de aprender a ver o nosso objetivo com os olhos da fé. A carta aos Hebreus, no Novo Testamento, nos exorta a correr "...com perseverança, a carreira que nos está proposta, olhando firmemente para o Autor e Consumador da fé, Jesus..." (12:1,2).

Quando sentimos vontade de desistir, esse é o nosso sinal: lembrar-se não só do que Jesus sofreu por nós, mas do que Ele agora nos ajuda a suportar — até o dia em que o veremos face a face.

HDF

Querido Pai, algumas vezes, os desafios da vida parecem instransponíveis. Ajuda-me a confiar e a fixar os meus olhos em ti. Estou agradecido por cumprires os Teus bons propósitos em mim.

Podemos terminar fortalecidos, quando nos focamos em Cristo.

O lembrete de Abigail

Davi e 400 dos seus guerreiros percorreram a terra em busca de Nabal, um próspero brutamontes que rudemente lhes recusara ajuda. Se Davi não tivesse encontrado Abigail, mulher de Nabal, ele o teria assassinado. Ela embalou comida suficiente para alimentar um exército e foi ao encontro das tropas, esperando impedir um desastre. Respeitosamente, relembrou Davi de que a culpa o assombraria se ele mantivesse seu plano de vingança (1 SAMUEL 25:31). Davi percebeu que ela estava certa e a abençoou por seu bom juízo.

LEITURA:
1 Samuel 25:14-33

Sendo o caminho dos homens agradável ao SENHOR, este reconcilia com eles os seus inimigos.
Provérbios 16:7

A raiva de Davi era legítima — ele protegera os pastores de Nabal no deserto (vv.14-17) e recebera o mal por bem. Entretanto, sua raiva estava levando-o a pecar. Seu primeiro instinto foi matar Nabal a espada, mesmo sabendo que Deus não aprovava o assassinato e a vingança (ÊXODO 20:13; LEVÍTICO 19:18).

Quando somos ofendidos, é bom comparar os nossos instintos com o desejo de Deus para o comportamento humano. Podemos nos predispor a atacar as pessoas verbalmente, nos isolarmos ou escaparmos de várias maneiras. Porém, escolher uma reação graciosa nos ajudará a evitar o arrependimento e, mais importante, agradará a Deus. Quando nosso desejo é honrá-lo em nossos relacionamentos, Ele é capaz de fazer até mesmo os nossos inimigos estarem em paz conosco (VER PROVÉRBIOS 16:7).

JBS

Ajuda-me a caminhar em Teu Espírito,
para que as minhas ações te agradem sempre.

Conseguimos suportar as injustiças da vida porque sabemos que Deus endireitará tudo.

Cuidado pessoal

Após meu marido submeter-se a uma cirurgia cardíaca, passei uma noite ansiosa ao seu lado. Pela manhã, lembrei-me que tinha agendado um corte de cabelo. "Terei de cancelar", disse, passando distraída os dedos pelo cabelo desgrenhado.

"Mãe, lave o rosto e vá ao seu compromisso", disse minha filha.

"Não, não", insisti. "Não faz mal. Preciso estar *aqui*."

"Eu ficarei", disse minha filha. "Cuidado *pessoal*, mãe. Você será mais útil ao papai se cuidar de si mesma."

LEITURA:
Êxodo 18:14-24

...Vinde repousar um pouco, à parte, num lugar deserto...
Marcos 6:31

Moisés estava se desgastando por ser o único juiz dos israelitas. Seu sogro Jetro o advertiu: "Sem dúvida, desfalecerás [...] pois isto é pesado demais para ti; tu só não o podes fazer" (ÊXODO 18:18). E lhe explicou maneiras de delegar o seu trabalho e compartilhar sua carga pesada com outros.

Embora possa parecer paradoxal para o cristão, o cuidado pessoal é essencial para uma vida saudável (MATEUS 22:37-39; EFÉSIOS 5:29,30). Sim, precisamos amar a Deus em primeiro lugar e aos outros, mas também precisamos de descanso suficiente para renovar o nosso corpo e espírito. Às vezes, o cuidado pessoal significa afastar-se e, graciosamente, permitir que nos ajudem com os nossos fardos.

Frequentemente, Jesus se retirava para descansar e orar (MARCOS 6:30-32). Quando seguirmos o Seu exemplo, seremos mais eficazes em nossos relacionamentos e mais capazes de cuidar dos outros.

CHK

Querido Senhor, obrigado por Teu amor e cuidado.

Não tente fazer tudo — dedique tempo a revigorar seu corpo e espírito.

Meu espaço individual

Em certa conferência, uma designer industrial foi desafiada a encontrar uma nova solução para um problema comum, utilizando apenas objetos simples. Ela criou um traje para impedir alguém de ter o seu espaço pessoal invadido, enquanto viaja nos trens e ônibus públicos lotados. O traje foi coberto com longos espetos plásticos flexíveis, normalmente utilizados para manter pássaros e gatos longe das plantas.

LEITURA:
Lucas 8:40-48

...não temos sumo sacerdote que não possa compadecer-se das nossas fraquezas...
Hebreus 4:15

Jesus sabia o que era perder o Seu espaço pessoal na comoção das multidões desesperadas por ver e tocá-lo. Uma mulher que sofria de hemorragia constante havia 12 anos sem encontrar cura tocou na orla do Seu manto. Imediatamente, seu sangramento parou (LUCAS 8:43,44).

A pergunta de Jesus: "...Quem me tocou?..." (v.45), não é tão estranha quanto parece. Ele sentiu que dele saiu poder (v.46). Aquele toque foi diferente dos que eram meramente acidentais.

Embora tenhamos de admitir que, às vezes, desejamos manter o nosso espaço pessoal e privacidade, a única maneira de ajudar muitas pessoas feridas é permitir que se aproximem o bastante para serem tocadas pelo encorajamento, conforto e graça de Cristo em nós.

CPH

Senhor Jesus, quero estar perto de ti e conhecer-te, para que quando eu estiver em contato com os outros, estes possam ver-te em mim.

A vida de um cristão é a janela através da qual os outros conseguem ver Jesus.

Olhando para cima

Um artigo da revista *Surgical Technology International* diz que manusear o *smartphone* com a cabeça inclinada é o equivalente a ter um peso de 27 quilos em seu pescoço. Quando consideramos que milhões de pessoas em todo o mundo gastam uma média de 2 a 4 horas por dia lendo e escrevendo mensagens de texto, o prejuízo para o pescoço e coluna vertebral se torna um problema de saúde crescente.

LEITURA:
Salmo 146:1-10

...o SENHOR levanta os abatidos... v.8

Também é fácil encurvar-se espiritualmente pelos fardos da vida. Com que frequência desanimamos pelos problemas que enfrentamos e pelas necessidades daqueles que amamos. O salmista compreendeu esse peso da preocupação, mas viu esperança, como escreveu: "...Deus, que fez os céus e a terra, o mar e tudo o que neles há e mantém para sempre a sua fidelidade. Que faz justiça aos oprimidos e dá pão aos que têm fome. O SENHOR liberta os encarcerados. O SENHOR abre os olhos aos cegos, o SENHOR levanta os abatidos, o SENHOR ama os justos" (SALMO 146:5-8).

Quando consideramos o cuidado de Deus, Seu grande poder e Seu coração amoroso, podemos começar a olhar para cima e louvá-lo. Podemos atravessar cada dia sabendo que "o SENHOR reina para sempre [...] de geração em geração" (v.10).

Ele nos levanta quando estamos abatidos. Louve o Senhor! *DCM*

Senhor, abre os nossos olhos para vermos o Teu poder e amor; para que possamos elevar a nossa mente e coração em gratidão e louvor a ti.

A fé na bondade de Deus coloca uma canção em seu coração.

Profundamente amado

Anos atrás, tive um escritório bem defronte a um cemitério histórico, onde jazem muitos destacados heróis americanos. Ali é possível encontrar as lápides de pessoas que marcaram a sua trajetória fazendo a história de seu país.

Mas ninguém sabe realmente *onde* nesse cemitério cada corpo está enterrado, porque as lápides foram movidas muitas vezes — às vezes para deixar os gramados mais pitorescos, outras para que os jardineiros pudessem passar entre elas. Embora esse cemitério tenha aproximadamente 2.300 lápides, quase 5 mil pessoas estão enterradas lá! Ao que parece, mesmo na morte, algumas pessoas não são totalmente conhecidas.

LEITURA:
Mateus 6:25-34

...vosso Pai celeste as sustenta. Porventura, não valeis vós muito mais do que as aves? v.26

Pode haver momentos em que nos sentimos como esses moradores não identificados: desconhecidos e invisíveis. A solidão pode nos fazer sentir invisíveis aos outros — e, talvez, até mesmo por Deus. Mas precisamos nos lembrar de que, mesmo podendo nos sentir esquecidos pelo nosso Criador, não o somos. Deus não só nos criou à Sua imagem (GÊNESIS 1:26,27), como também valoriza cada um de nós individualmente e enviou Seu Filho para nos salvar (JOÃO 3:16).

Mesmo em nossas horas mais sombrias, podemos descansar sabendo que nunca estamos sós, pois o nosso Deus amoroso está conosco.

RKK

Senhor, que eu possa reconhecer a Tua presença
e compartilhar esse conforto com os que se sentem sós.

Somos importantes porque Deus nos ama.

Repetição positiva

Um jornalista tinha o hábito peculiar de não usar canetas azuis. Então, quando seu colega lhe perguntou se ele precisava de algo da loja, ele pediu algumas canetas. "Mas não azuis", disse. "Não quero canetas azuis. Não gosto de azul. Esta cor é pesada demais. Por favor, compre 12 canetas esferográficas para mim — tudo, menos azul!" No dia seguinte, seu colega lhe entregou as canetas — e todas eram azuis. E explicou: "Você não parava de dizer 'azul, azul'. Essa foi a palavra que deixou a impressão mais profunda!" O uso da repetição pelo jornalista teve um efeito, mas não o esperado.

LEITURA:
Dt 30:11-20

...hoje te ordeno, que ames o SENHOR, teu Deus, andes nos seus caminhos... v.16

Moisés, o legislador de Israel, também usou repetições em suas solicitações ao seu povo. Mais de 30 vezes, exortou seu povo a permanecer fiel à lei do Deus deles. Contudo, o resultado era o oposto do que ele pedia. Disse-lhes que a obediência os levaria a vida e prosperidade, mas a desobediência os levaria à destruição (DEUTERONÔMIO 30:15-18).

Quando amamos a Deus, queremos andar em Seus caminhos — não por temermos as consequências, mas porque é nossa alegria agradar Àquele a quem amamos. Essa é uma boa palavra para recordar.

PFC

Pai, que o Teu Espirito seja o nosso Mestre.
Ajuda-nos a permanecer no caminho da obediência,
à medida que ouvimos a voz do Teu coração.

O amor a Deus fará você viver para o Senhor.

Quando se afastar

Ao tornar-se cristão já idoso, meu pai me fascinou com seu plano para vencer a tentação. Às vezes, ele simplesmente se afastava! Por exemplo, quando um desacordo com um vizinho começava a degenerar em briga, meu pai se afastava durante algum tempo, em vez de continuar a discussão.

LEITURA:
Gênesis 39:1-12

...Deus é fiel e não permitirá que sejais tentados além das vossas forças...
1 Coríntios 10:13

Certo dia, ele encontrou alguns amigos que pediram *pito* (uma cerveja de fabricação local). Meu pai lutara com alcoolismo no passado e havia decidido ficar longe dele. Ele simplesmente levantou-se, despediu-se e deixou para outro dia a reunião com os velhos amigos.

Em Gênesis, lemos como a esposa de Potifar tentou José. Ele reconheceu imediatamente que ceder o levaria a pecar "...contra Deus", então fugiu (GÊNESIS 39:9-12).

A tentação bate muitas vezes à nossa porta. Por vezes, ela vem dos nossos próprios desejos; por outras, por meio das situações e pessoas que encontramos. Como disse Paulo aos coríntios: "Não vos sobreveio tentação que não fosse humana...". Mas ele também escreveu: "....Deus é fiel e não permitirá que sejais tentados além das vossas forças; pelo contrário, juntamente com a tentação, vos proverá livramento, de sorte que a possais suportar" (1 CORÍNTIOS 10:13).

A "saída" pode incluir remover os objetos de tentação ou fugir deles. A melhor atitude a ser tomada poder ser simplesmente afastar-se.

LD

Senhor, dá-me a sabedoria e a força para saber quando e como devo afastar-me do mal.

Toda tentação é uma oportunidade para buscar a Deus.

Pare de ignorar

Não sei como estas pessoas me encontram, mas recebo pelo correio mais e mais folhetos de gente me pedindo para ir aos seus eventos para aprender sobre os benefícios de aposentadoria. Isso começou há vários anos, quando comecei a receber convites para participar de uma organização que trabalha em prol dos aposentados. Todos esses lembretes servem para dizer: "Você está ficando mais velho. Prepare-se!"

LEITURA:
Filipenses 1:27-30

...o mandamento do SENHOR é puro e ilumina os olhos.
Salmo 19:8

Eu os ignorei o tempo todo, mas em breve, terei de ceder e ir a uma das suas reuniões. Eu realmente deverei tomar algumas medidas, quanto às suas sugestões.

Às vezes, ouço um lembrete semelhante na sabedoria da Escritura. Sabemos que o que a passagem diz se aplica a nós, mas não estamos prontos a reagir. Talvez seja uma passagem como Romanos 14:13, que diz: "Não nos julguemos mais uns aos outros...". Ou o lembrete em 2 Coríntios 9:6, que nos diz: "...o que semeia com fartura com abundância também ceifará". Ou este lembrete em Filipenses 1: "[estejais] firmes em um só espírito, como uma só alma, lutando juntos pela fé evangélica; e que em nada [estejais] intimidados" (vv.27,28).

Ao lermos a Palavra de Deus, recebemos os lembretes vitais. Vamos levá-los a sério, pois vêm do coração do Pai que sabe o que o honra e o que é o melhor para nós.

JDB

Senhor, obrigado pelos lembretes encontrados em Tua palavra.
Ajuda-nos a crescer em maturidade cristã
e a fazer o que lhe traz honra.

A santidade é, simplesmente, Cristo em nós cumprindo a vontade e os mandamentos do Pai.

Surpreendido pela graça

Certa mulher adormeceu no sofá após seu marido ir para a cama. Um intruso passou pela porta deslizante, que o casal havia se esquecido de fechar, e entrou na casa. Ele foi ao quarto onde o marido estava dormindo e pegou o televisor. O homem adormecido acordou, viu uma figura em pé e sussurrou: "Querida, venha para a cama." O ladrão entrou em pânico, deixou a TV, pegou uma pilha de dinheiro na cômoda e correu para fora.

LEITURA:
Atos 9:1-19

...fui constituído ministro conforme o dom da graça de Deus... Efésios 3:7

O ladrão teria uma grande surpresa! Aqueles papéis eram panfletos cristãos parecidos com uma nota de 100 reais em um lado e, no anverso, uma explicação sobre o amor e o perdão que Deus concede às pessoas que se opõem a Cristo. Em vez do dinheiro que esperava, o intruso recebeu a história do amor de Deus por ele.

Fico imaginando: o que Saulo esperou ao perceber que era Jesus que lhe apareceu no caminho para Damasco, dado que ele havia perseguido e até matado os Seus seguidores? (ATOS 9:1-9). Saulo, mais tarde chamado Paulo, deve ter sido surpreendido pela graça de Deus para com ele, a qual ele chamou "um presente": "...fui constituído ministro conforme o dom da graça de Deus a mim concedida segundo a força operante do seu poder" (EFÉSIOS 3:7).

Você é surpreendido pelo dom da graça de Deus em sua vida à medida que Ele lhe mostra o Seu amor e perdão?

AMC

Deus, Tua graça é surpreendente.
Agradeço-te, pois apesar do meu pecado, me ofereces o perdão.

Nunca meça o poder ilimitado de Deus pelas suas expectativas limitadas.

Sol pleno

Eu sei, mas ainda continuo tentando. As instruções no rótulo são claras: "Necessita de sol pleno". A maior parte do nosso quintal fica principalmente à sombra, não sendo adequado para plantas que precisam de muito sol. Mas eu gosto da planta. Gosto de sua cor, da forma das folhas, do tamanho, do perfume. Então, eu a compro, levo para casa, planto e cuido muito bem dela. Mas a planta não está feliz na minha casa. Meu cuidado e atenção não são suficientes. Ela precisa de luz solar, que não posso dar. Pensei que poderia compensar a falta de luz dando à planta algum outro tipo de atenção. Mas não é assim que funciona. As plantas precisam do que precisam.

LEITURA:
Efésios 5:1-16

...andai como filhos da luz. v.8

O mesmo acontece com as pessoas. Embora possamos sobreviver algum tempo em condições abaixo das ideais, não conseguimos prosperar. Além das nossas necessidades físicas básicas, também temos necessidades espirituais que não podem ser supridas por qualquer substituto.

As Escrituras afirmam que os cristãos são filhos da luz. Isso significa que precisamos viver em plena luz da presença de Deus para prosperar (SALMO 89:15). Se tentarmos viver na escuridão, produziremos nada além de "obras infrutíferas" (EFÉSIOS 5:3,4,11). Mas, se vivermos à luz de Jesus, a Luz do mundo, produziremos o fruto de Sua luz, que é bom, fiel e verdadeiro.

JAL

Querido Senhor, obrigado por Tua redenção.
Ajuda-me a viver a viver como um filho da Luz.

Os filhos da luz andam na Sua luz.

Escolhas

Certa vez um amigo me disse: "Joe, descobri que minha vida não consiste dos sonhos que tenho, mas das escolhas que faço."

Pode contar com isso: você terá muitas escolhas a fazer em sua vida. E, geralmente, resumem-se a escolher entre "O que eu quero?" e "O que é melhor para os outros?"

LEITURA:
Rute 1:11-18

...o teu povo é o meu povo, o teu Deus é o meu Deus. v.16

Depois que os maridos de Rute e Orfa morreram, elas precisaram decidir estrategicamente (RUTE 1:11). Noemi, a sogra de ambas, lhes disse que elas deveriam voltar para sua parentela. A sogra não queria que as noras sentissem qualquer obrigação para com ela, apesar de a sua perda ter sido muito maior. Noemi havia perdido seu marido e seus dois filhos.

Orfa e Rute poderiam ir para casa e começar uma nova vida, ou ficar com Noemi para ajudá-la em uma época de grande necessidade. Elas sabiam muito bem que a última opção provavelmente significaria viver numa terra estrangeira, como viúvas, para o resto de suas vidas, uma vez que poucos homens judeus iriam querer casar-se com uma mulher estrangeira.

Rute decidiu atender as necessidades de Noemi ao invés de servir a si mesma. Orfa optou por deixar Noemi para levar uma vida que achava que seria melhor. Rute passou a desempenhar um papel significativo na história judaica e tornou-se uma ascendente de Jesus (MATEUS 1:5).

Faça a melhor escolha. Escolha servir os outros.

JMS

Pai querido, orienta-me em minhas escolhas, pois quero servir-te.

Sirva a Deus servindo aos outros.

Histórias em uma cabana

A cabana de troncos em estilo antigo era digna de capa de revista. Mas a sua estrutura era apenas metade do tesouro. Dentro, heranças de família pendiam das paredes, enchendo-a de lembranças. Na mesa havia um cesto de ovos feito à mão, uma antiga travessa de biscoitos e uma lamparina a óleo. Um chapéu surrado ficava acima da porta da frente. "Há uma história por trás de cada coisa", disse o proprietário.

LEITURA:
Hebreus 9:11-15

...veio Cristo [...] mediante o maior e mais perfeito tabernáculo, não feito por mãos, quer dizer, não desta criação. v.11

Quando Deus instruiu Moisés a construir o tabernáculo, havia uma "história" por trás de cada coisa (ÊXODO 25–27). Ele tinha uma só entrada, como nós temos um único caminho para Deus (ATOS 4:12). A espessa cortina interna separava as pessoas do Santo dos Santos, onde a presença de Deus habitava. Nosso pecado nos separa de Deus. Dentro dele ficava a arca da aliança, que simbolizava a presença do Senhor. O sumo sacerdote era um precursor do Sacerdote superior vindouro — o próprio Jesus. O sangue dos sacrifícios prenunciava o sacrifício perfeito de Cristo: "...[Ele] entrou no Santo dos Santos, uma vez por todas, tendo obtido eterna redenção" (HEBREUS 9:12).

Tudo isso contava a história de Cristo e a obra que Ele realizaria em nosso favor. Ele o fez para que "...recebam a promessa da eterna herança aqueles que têm sido chamados" (v.15). Jesus nos convida a ser uma parte da Sua história.

TG

As minhas histórias podem levar as pessoas para Jesus?

Jesus tomou sobre si o nosso pecado para que possamos ter a salvação.

O lagar de azeite

Se você visitar a aldeia de Cafarnaum, junto ao mar da Galileia, encontrará uma exposição de lagares antigos. Formado por rocha basáltica, o lagar de azeite compõe-se de duas partes: uma base e uma mó. A base é grande e redonda, com uma calha entalhada. As azeitonas eram colocadas nessa calha e, em seguida, a mó; um disco de moer, também feita de pedra pesada, era rolada sobre as azeitonas para extrair o óleo.

LEITURA:
Marcos 14:32-39

...foram a um lugar chamado Getsêmani... v.32

Na noite antes da Sua morte, Jesus foi para o Monte das Oliveiras, de onde se vê a cidade de Jerusalém. Ali, no jardim chamado Getsêmani, Ele orou ao Pai, sabendo o que lhe esperava.

A palavra *Getsêmani* significa "lugar do lagar de azeite" — e isso descreve perfeitamente as primeiras horas esmagadoras do sofrimento de Cristo por nós. Ali, "...em agonia, orava [...] o seu suor se tornou como gotas de sangue caindo sobre a terra" (LUCAS 22:44).

Jesus, o Filho, sofreu e morreu para tirar "...o pecado do mundo" (JOÃO 1:29) e restaurar o nosso relacionamento rompido com Deus o Pai. "Certamente, ele tomou sobre si as nossas enfermidades e as nossas dores levou sobre si [...]. Ele foi traspassado pelas nossas transgressões e moído pelas nossas iniquidades; o castigo que nos traz a paz estava sobre ele, e pelas suas pisaduras fomos sarados" (ISAÍAS 53:4,5).

Nossos corações clamam em adoração e gratidão. *WEC*

Pai, ajuda-me a compreender
o que o Teu filho sofreu por mim.

Foram-se as minhas transgressões e agora sou livre [...] porque Jesus foi ferido por mim. W. G. OVENS

Quando a água corou

Por que Jesus veio ao mundo antes da invenção da fotografia e do vídeo? Ele não poderia ter alcançado mais pessoas se todos pudessem vê-lo? Afinal, uma imagem vale mais do que mil palavras.

"Não", diz Ravi Zacharias, que afirma que uma palavra pode valer "mil imagens". Como prova, ele cita o magnífico poeta Richard Crashaw: "A água consciente viu seu Mestre e corou." Em uma simples linha, Crashaw captura a essência do primeiro milagre de Jesus (JOÃO 2:1-11). A própria criação reconhece Jesus como o Criador. Um mero carpinteiro não poderia transformar a água em vinho.

LEITURA:
João 1:1-14

No princípio era o verbo [...]. Todas as coisas foram feitas por intermédio dele... vv.1,3

Outra vez, quando Cristo acalmou uma tempestade com as palavras "Acalma-te, emudece!", Seus discípulos, atordoados, perguntaram: "Quem é este que até o vento e o mar lhe obedecem?" (MARCOS 4:39,41). Mais tarde, Jesus disse aos fariseus que se a multidão não o louvasse, "...as próprias pedras" clamariam (LUCAS 19:40). Até as pedras sabem quem Ele é.

João nos diz: "E o Verbo se fez carne e habitou entre nós [...] e vimos a sua glória..." (JOÃO 1:14). Devido a essa experiência como testemunha ocular, João também escreveu: "O que era desde o princípio, o que temos ouvido, o que temos visto [...] Verbo da vida" (1 JOÃO 1:1). Como João, podemos usar as nossas palavras para apresentar outros a Jesus, a quem vento e água obedecem. *TG*

Jesus, perdoa-nos por te manter a distância.
Hoje escolhemos conhecer-te mais e mais.

A Palavra escrita revela a Palavra Viva.

Nunca abandonados

O escritor russo Fiódor Dostoiévski disse: "O grau de civilização de uma sociedade pode ser julgado entrando-se nas suas prisões". Com isso em mente, li na internet um artigo que descrevia "As 8 prisões mais mortais do mundo." Em uma dessas prisões, *todos* os prisioneiros são mantidos em confinamento solitário.

LEITURA:
Salmo 22:1-10

...clamou Jesus em alta voz [...] Deus meu, Deus meu, por que me desamparaste?
Mateus 27:46

Espera-se que vivamos e nos identifiquemos em relacionamentos e comunidade, não em isolamento. É isto o que torna o confinamento solitário um castigo tão severo.

Cristo sofreu a agonia do isolamento quando o Seu relacionamento eterno com o Pai foi rompido na cruz. Ouvimos isso em Seu grito, registrado em Mateus 27:46: "Por volta da hora nona, clamou Jesus em alta voz, dizendo: *Eli, Eli, lamá sabactâni?* O que quer dizer: Deus meu, Deus meu, por que me desamparaste?" Ao sofrer e morrer sob o fardo dos nossos pecados, Cristo ficou subitamente sozinho, abandonado, isolado afastado do Seu relacionamento com o Pai. Contudo, o Seu sofrimento em isolamento nos garantiu a promessa do Pai: "De maneira alguma te deixarei, nunca jamais te abandonarei" (HEBREUS 13:5).

Cristo suportou a agonia e o abandono da cruz por nós, para que nunca estejamos sozinhos ou abandonados pelo nosso Deus. Jamais.

WEC

Serei sempre grato pelo preço que Jesus pagou
para possibilitar a reconciliação com o Pai.
Sou grato pela promessa de que nunca me abandonarás.

Aqueles que conhecem Jesus nunca estão sozinhos.

A galeria de Deus

O Salmo 100 é como uma obra de arte que nos ajuda a celebrar o nosso Deus invisível. Embora o foco da nossa adoração esteja além da vista, o Seu povo o torna conhecido.

Imagine o artista com pincel e paleta criando as palavras coloridas deste salmo em uma tela. O que surge diante de nossos olhos é um mundo — "toda a terra" — bradando de alegria ao Senhor (v.1). Alegria. Porque a alegria do nosso Deus é redimir-nos da morte. "Em troca da alegria que lhe estava proposta...", Jesus suportou a cruz (HEBREUS 12:2).

LEITURA:
Salmo 100

...o SENHOR é bom, a sua misericórdia dura para sempre... v.5

À medida que nossos olhos se movem pela tela, vemos um coral internacional de incontáveis membros cantando "...com alegria..." e "...com cântico" (SALMO 100:2). O coração do nosso Pai celestial se agrada quando o Seu povo o adora por quem Ele é e pelo que Ele tem feito.

Depois, vemos imagens de nós mesmos, formados a partir de pó nas mãos do nosso Criador e conduzidos como ovelhas a verdes pastos (v.3). Nós, o Seu povo, temos um Pastor amoroso.

Finalmente, vemos o grande e glorioso lugar de habitação de Deus — e as portas pelas quais o Seu povo resgatado entra em Sua presença invisível, dando-lhe graças e louvor (v.4).

Que quadro, inspirado por nosso Deus. Nosso Deus: bom, amoroso e fiel. Não é de admirar que demorará toda a eternidade para desfrutarmos da Sua grandeza! *JDB*

Grande Deus da eternidade, ajuda-nos a viver com admiração por Teu poder em nossa vida.

Nada é mais tremendo do que conhecer a Deus.

Surpresos!

Michelangelo Merisi da Caravaggio (1571–1610), era um artista italiano, conhecido por seu temperamento ardente e técnica não convencional. Ele usava trabalhadores comuns como modelos para os seus santos e conseguiu fazer os espectadores das suas pinturas sentirem-se como se fizessem parte da cena. *A Ceia em Emaús* mostra um estalajadeiro em pé enquanto Jesus e dois dos Seus seguidores estão sentados à mesa quando eles o reconhecem como o Senhor ressuscitado (LUCAS 24:31). Um discípulo está se pondo em posição ereta, enquanto os braços do outro estão estendidos e as mãos, abertas de espanto.

LEITURA:
Lucas 24:13-35

Então, se lhes abriram os olhos, e o reconheceram... v.31

Lucas, que registra esses eventos em seu evangelho, nos diz que os dois homens voltaram imediatamente a Jerusalém, onde encontraram os 11 discípulos e outros reunidos e dizendo: "O Senhor ressuscitou e já apareceu a Simão. Então os dois contaram o que lhes acontecera no caminho e como fora por eles reconhecido no partir do pão" (vv.33-35).

O autor Oswald Chambers disse: "Raramente Jesus vem onde nós o esperamos; Ele aparece onde menos o esperamos, e sempre nas conexões mais ilógicas. A única maneira de um obreiro manter-se fiel a Deus é estar pronto para visitas surpresas do Senhor."

Seja qual for o caminho em que estivermos hoje, que possamos estar prontos para que Jesus se manifeste a nós de maneiras novas e surpreendentes.

DCM

Jesus, abre os nossos olhos para ver-te.

Para encontrar o Senhor Jesus Cristo, precisamos estar dispostos a buscá-lo.

Deus da minha força

Ninguém confundiria os soldados babilônicos com cavalheiros. Implacáveis, resilientes e perversos, eles atacavam as nações como uma águia arrebata sua presa. Além de poderosos, eram orgulhosos e praticamente adoravam suas próprias habilidades de combate. A Bíblia diz que o seu "...poder [era] o seu deus" (HABACUQUE 1:11).

LEITURA:
Juízes 7:1-8

...eu te fortaleço, e te ajudo... Isaías 41:10

Deus não queria que essa autossuficiência contaminasse as forças de Israel em preparo para combater os midianitas. Assim, disse a Gideão, líder do exército de Israel: "É demais o povo que está contigo, para eu entregar os midianitas em suas mãos; Israel poderia se gloriar contra mim, dizendo: A minha própria mão me livrou" (JUÍZES 7:2). Por esse motivo, Gideão dispensou os medrosos. E 22 mil homens partiram, ficando só 10 mil. Deus continuou a reduzir o exército até restarem apenas 300 homens (vv.3-7).

Com menos tropas, Israel estava em enorme desvantagem — seus inimigos, que povoavam um vale próximo, eram como "...gafanhotos em multidão..." (v.12). Apesar disso, Deus deu a vitória a Gideão.

Às vezes, Deus pode permitir que os nossos recursos diminuam para que possamos contar com a Sua força para continuar. Nossas necessidades mostram o Seu poder, mas Ele é Aquele que diz: "...eu te fortaleço, e te ajudo, e te sustento com a minha destra fiel" (ISAÍAS 41:10).

JBS

Pai, obrigado por Tua força e ajuda-me
a entregar-te o crédito das minhas vitórias.

Deus quer que dependamos da Sua força, não da nossa.

Obituário de três palavras

Antes de morrer, Stig Kernell disse à agência funerária local que não queria um obituário tradicional. Em vez disso, o sueco os instruiu a publicar apenas três palavras como nota do seu falecimento: "Eu estou morto." Quando o Sr. Kernell morreu aos 92 anos, foi exatamente isso o que apareceu. A audácia e simplicidade de sua nota de falecimento incomum chamou a atenção dos jornais de todo o mundo. Numa estranha reviravolta, a curiosidade internacional sobre o homem com o obituário de três palavras causou mais atenção à sua morte do que ele pretendia.

LEITURA:
Romanos 8:28-39

...É Cristo Jesus quem morreu ou, antes, quem ressuscitou, o qual está à direita de Deus... v.34

Quando Jesus foi crucificado, o obituário do Senhor poderia ter sido: "Ele está morto." — mas, depois de três dias, teria sido alterado para notícia de primeira página, dizendo: "Ele ressuscitou!" Grande parte do Novo Testamento é dedicado a proclamar e explicar os resultados da ressurreição de Cristo. "...É Cristo Jesus quem morreu ou, antes, quem ressuscitou, o qual está à direita de Deus e também intercede por nós. Quem nos separará do amor de Cristo? [...] somos mais que vencedores, por meio daquele que nos amou" (ROMANOS 8:34-37).

O obituário de três palavras de Jesus, "Ele está morto", foi transformado em um eterno hino de louvor ao nosso Salvador. Ele ressuscitou! Ele ressuscitou verdadeiramente!

DCM

Senhor, regozijamo-nos em Tua vitória sobre o pecado por meio da ressurreição. Que vivamos sob a Tua luz diariamente.

Jesus sacrificou a vida dele pela nossa.

Segue-me

As academias oferecem muitos programas para quem quer perder peso e ficar saudável. Uma delas atende apenas quem quer perder pelo menos 25 quilos e desenvolver um estilo de vida saudável. Uma cliente diz ter saído da sua academia anterior, porque sentia que as pessoas magras e em forma olhavam para ela e julgavam seu corpo fora de forma. Agora, ela malha 5 dias por semana e está conseguindo uma perda de peso saudável em um ambiente positivo e acolhedor.

LEITURA:
Marcos 2:13-17

...Os sãos não precisam de médico, e sim os doentes... v.17

Há 2 mil anos, Jesus veio chamar os espiritualmente "fora de forma" a segui-lo. Levi era uma dessas pessoas. Jesus o viu sentado em sua sala de coletor de impostos e disse: "...Segue-me!..." (MARCOS 2:14). Suas palavras cativaram o coração de Levi, e ele seguiu Jesus. Os cobradores de impostos eram, frequentemente, gananciosos e desonestos em suas transações, e considerados religiosamente imundos. Quando os líderes religiosos viram Jesus ceando na casa de Levi com outros coletores de impostos, perguntaram: "...Por que come e bebe ele com os publicanos e pecadores?" (2:16). Jesus respondeu: "...não vim chamar justos, e sim pecadores" (2:17).

Jesus veio salvar pecadores, que incluem todos nós. Ele nos ama, nos acolhe à Sua presença e nos chama a segui-lo. À medida que caminhamos com Ele, ficamos cada vez mais em forma espiritualmente.

MLW

De que maneira você pode alcançar os que precisam do Salvador?

Os braços acolhedores de Jesus estão sempre abertos.

Início de Páscoa

Algo na história da Páscoa sempre me intrigou. Por que Jesus permaneceu com as cicatrizes da Sua crucificação? Ele poderia ter tido qualquer corpo ressuscitado que quisesse; ainda assim, escolheu um identificável principalmente por cicatrizes que poderiam ser vistas e tocadas. Por quê?

LEITURA:
João 20:24-31

...chega também a mão e põe-na no meu lado; não sejas incrédulo, mas crente. v.27

A história da Páscoa seria incompleta sem as cicatrizes nas mãos, nos pés e no flanco de Jesus (JOÃO 20:27). Sonhamos com dentes brancos e alinhados, pele sem rugas e corpo ideal. Sonhamos com um estado antinatural: o corpo perfeito. Mas, para Jesus, ser confinado em esqueleto e pele humanos *era* o estado antinatural. As cicatrizes são um lembrete permanente dos Seus dias de confinamento e sofrimento em nosso planeta.

Pela perspectiva celestial, essas cicatrizes representam o evento mais horrível da história do Universo. Porém, até mesmo esse evento se transformou em memória. Devido à Páscoa, podemos esperar que as lágrimas que derramamos, as lutas que enfrentamos, a dor emocional, a tristeza por amigos e entes queridos perdidos — se tornarão memórias, como as cicatrizes de Jesus. As cicatrizes nunca desaparecem completamente, mas também não doem mais. Algum dia, teremos o nosso corpo transformado e um novo céu e uma nova terra (APOCALIPSE 21:4). Teremos um novo início, um início de Páscoa.

PDY

Agradeço-te, Senhor,
pela esperança que a Tua ressurreição me concede.

Perto demais

Cresci num lugar onde o mau tempo é comum do início da primavera ao fim do verão. Lembro-me de uma noite de céu cheio de nuvens escuras, em que a TV alertou sobre a aproximação de um tornado e a energia elétrica acabou. Rapidamente, meus pais, minha irmã e eu descemos a escada de madeira até o porão atrás da casa, feito para nos protegermos das tempestades, e ficamos lá até a tempestade passar.

LEITURA:
Provérbios 3:1-18

Reconhece-o em todos os teus caminhos, e ele endireitará as tuas veredas. v.6

Hoje, "caçar tempestades" se tornou um *hobby* para muitas pessoas e um negócio rentável para outras. O objetivo é chegar o mais próximo possível de um tornado sem se ferir. Muitos caçadores de tempestades são meteorologistas com informações precisas, mas não me inscreverei tão cedo em uma excursão para vivenciar um tornado.

Em áreas morais e espirituais da minha vida, porém, posso perseguir tolamente coisas perigosas que Deus me diz para evitar devido ao Seu amor por mim, sempre crendo que não serei atingido. É mais sábio ler o livro de Provérbios, que contém muitas maneiras positivas de como evitarmos estas armadilhas da vida.

"Confia no SENHOR de todo o teu coração e não te estribes no teu próprio entendimento", escreveu Salomão. "Reconhece-o em todos os teus caminhos, e ele endireitará as tuas veredas" (PROVÉRBIOS 3:5,6).

O nosso Senhor é o mestre da aventura de viver; seguir a Sua sabedoria nos traz a plenitude de vida.

DCM

Senhor, a Tua sabedoria nos orienta nos caminhos da vida.

Toda tentação é uma ocasião para confiar em Deus.

O ferreiro e o rei

Em 1878, ao chegar à atual Uganda, o missionário escocês Alexander Mackay instalou uma forja na tribo do rei Mutesa. Os moradores se reuniram em torno daquele estranho que trabalhava com as mãos, perplexos porque todos "sabiam" que trabalho era para mulheres. Naquele tempo, os homens ugandenses nunca trabalhavam com as mãos. Eles invadiam outras aldeias para capturar escravos e vendê-los para forasteiros. Contudo, ali estava aquele estrangeiro forjando ferramentas agrícolas.

LEITURA:
Êxodo 31:1-11

Tudo quanto fizerdes, fazei-o de todo o coração, como para o Senhor e não para homens.
Colossenses 3:23

A ética e a vida de trabalho de Mackay resultaram em relacionamentos com os nativos e ele conseguiu uma audiência com o rei. Mackay desafiou o rei Mutesa a acabar com o comércio de escravos, e ele o fez.

Na Bíblia, lemos sobre Bezalel e Aoliabe, escolhidos e dotados por Deus para trabalhos manuais ao projetar a tenda da congregação e todos os seus móveis para a adoração (ÊXODO 31:1-11). Como Mackay, eles honravam e serviam a Deus com o seu talento e trabalho.

Nossa tendência é classificar o nosso trabalho como eclesiástico ou secular. Na verdade, não há distinção. Deus projeta cada um de nós de maneiras que tornam as nossas contribuições ao reino únicas e significativas. Mesmo quando temos pouca escolha sobre onde e como trabalhamos, Deus nos chama a conhecê-lo mais plenamente — e Ele nos mostrará como servi-lo — agora mesmo.

RKK

Pai, concede-me a percepção de meu lugar em Tua obra.

Deus nos mostrará como servi-lo — onde estivermos.

Sabedoria e graça

Em 4 de abril de 1968, o líder norte-americano dos direitos civis Martin Luther King Jr. foi assassinado, deixando milhões de pessoas iradas e desiludidas. Em Indianápolis, uma multidão majoritariamente afro-americana se reuniu para ouvir Robert F. Kennedy falar. Muitos ainda não sabiam da morte de King: Kennedy teve de dar a trágica notícia. Ele pediu calma, reconhecendo não apenas a dor deles, mas seu próprio pesar permanente pelo assassinato de seu irmão, o presidente John F. Kennedy.

LEITURA:
Tiago 1:1-8

Se [...] algum de vós necessita de sabedoria, peça-a a Deus, que a todos dá liberalmente [...]: e ser-lhe-á concedida. v.5

Então, ele citou uma variação de um antigo poema de Ésquilo (526–456 a.C.): *Mesmo em nosso sono, uma dor inesquecível goteja sobre o coração até que, em nosso próprio desespero, contra a nossa vontade, vem a sabedoria por meio da formidável graça de Deus.*

Essa declaração é notável. E diz que a graça de Deus nos enche de temor e nos dá a oportunidade de crescer em sabedoria nos momentos mais difíceis da vida.

Tiago escreveu: "Se [...] algum de vós necessita de sabedoria, peça-a a Deus, que a todos dá liberalmente e nada lhes impropera: e ser-lhe-á concedida" (1:5). E afirma que essa sabedoria é cultivada no solo da dificuldade (vv.2-4), pois ali não só aprendemos da sabedoria de Deus, mas descansamos *em* Sua graça (2 CORÍNTIOS 12:9). Nos momentos mais sombrios da vida, encontramos o que precisamos nele.

WEC

Pai, instrui-nos em nossas provações
e segura-nos em Teus braços quando estamos sobrecarregados.

As trevas das provações só fazem a graça de Deus resplandecer ainda mais.

Não desista

Em 1986, John Piper quase deixou de ser ministro de uma grande igreja. Na época, admitiu em seu diário: "Estou tão desanimado. Tão vazio. É como se houvesse adversários por todos os lados." Mas ele não desistiu e Deus o usou para liderar um ministério próspero que se expandiu muito além da sua igreja.

LEITURA:
Jeremias 1:4-9

...antes que saísses da madre, te consagrei... v.5

Embora *sucesso* seja uma palavra facilmente mal compreendida, poderíamos chamar Piper de bem-sucedido. Mas, e se o seu ministério nunca tivesse crescido?

Deus fez um chamado direto a Jeremias: "Antes que eu te formasse no ventre materno, eu te conheci, e, antes que saísses da madre, te consagrei..." (1:5). Deus o encorajou a não temer seus inimigos "...porque eu sou contigo para te livrar..." (v.8).

Apesar do seu chamado pré-natal, mais tarde Jeremias se lamentou, irônico: "Ai de mim, minha mãe! Pois me deste à luz homem de rixa e homem de contendas para toda a terra!..." (15:10).

Deus protegeu Jeremias, mas o seu ministério nunca prosperou. O povo nunca se arrependeu. O Senhor viu ele ser massacrado, escravizado e dispersado. Porém, apesar de uma vida de desânimo e rejeição, ele nunca desistiu. Sabia que Deus não o chamara ao sucesso, mas à fidelidade. Ele confiou no Deus que o chamou. A viva compaixão de Jeremias nos mostra o coração do Pai, que anseia que todos se voltem a Ele.

TG

Como você define o sucesso
e qual a sua reação ao experimentá-lo?

Evite desistir cedo demais. Nossas emoções não são guias confiáveis. JOHN PIPER

A cruz nas colinas de Hollywood

Uma das imagens mais reconhecíveis dos EUA é o placar "HOLLYWOOD", no sul da Califórnia. Pessoas do mundo todo vão a "Tinseltown" para observar as pegadas de astros no cimento e, talvez, ver alguma celebridade de passagem. É difícil os visitantes não verem o cartaz ancorado no sopé das colinas próximas.

LEITURA:
1 Coríntios 1:18-31

...longe esteja de mim gloriar-me, senão na cruz de nosso Senhor Jesus Cristo... Gálatas 6:14

Menos conhecido nas colinas de Hollywood é outro símbolo facilmente reconhecível, que possui importância eterna. É uma cruz de 9,75 metros que se projeta sobre a cidade. A cruz foi colocada lá em memória de uma rica herdeira que, em 1920, estabeleceu um notável teatro naquela localidade. Esse local serviu de palco para a apresentação de um drama sobre Cristo.

Esses dois ícones exibem um interessante contraste. Filmes bons e ruins vêm e vão. Seu valor de entretenimento, contribuições artísticas e relevância são, na melhor hipótese, temporários.

A cruz, porém, nos lembra de um drama de abrangência eterna. A obra de Cristo é a história do Deus amoroso que nos busca e nos convida a aceitar a Sua oferta de completo perdão. O grande drama da morte de Jesus está enraizado na história. Sua ressurreição venceu a morte e tem impacto eterno para todos nós. A cruz nunca perderá seu significado e poder. *HDF*

Obrigado, Pai, pelo significado da cruz.
Ajuda-nos a compreender e a apreciar o amor que motivou
o Teu Filho a morrer na cruz em nosso lugar.

Para conhecer o significado da cruz, você deve conhecer Aquele que ali morreu em seu lugar.

Os planos dele ou os nossos?

Aos 18 anos, meu marido começou um negócio de limpeza de carros. Ele alugou uma garagem, contratou ajudantes e criou folhetos publicitários. O negócio prosperou. Sua intenção era vendê-lo e usar a receita para pagar a faculdade; por isso, ficou empolgado quando um comprador manifestou interesse. Após algumas negociações, parecia que a transação iria ocorrer. Mas, no último minuto, o acordo desmoronou. Passaram-se vários meses até o seu plano de vender o negócio ter sucesso.

LEITURA:
1 Crônicas 17:1-20

...Quem sou eu, SENHOR Deus, [...] para que me tenhas trazido até aqui? v.16

É normal ficar desapontado quando o tempo e o projeto de Deus para a nossa vida não corresponde às nossas expectativas. Quando Davi quis construir o templo do Senhor, ele tinha a motivação correta, a capacidade de liderança e os recursos. Contudo, Deus disse que ele não poderia realizar o projeto porque havia matado pessoas demais em batalhas (1 CRÔNICAS 22:8).

Davi poderia ter brandido o punho para o céu com raiva. Poderia ter feito beicinho ou seguido em frente com os seus próprios planos. Porém, humildemente, disse: "...Quem sou eu, SENHOR Deus, [...] para que me tenhas trazido até aqui?" (17:16). Davi passou a louvar a Deus e a declarar sua devoção a Ele. Valorizava mais o seu relacionamento com Deus do que a sua ambição.

O que é mais importante — realizar nossas esperanças e sonhos, ou nosso amor a Deus?

JBS

Querido, Pai. Entrego os meus planos a ti.
Obrigado por Tua direção até o momento.

A verdadeira satisfação é encontrada em nos rendermos à vontade de Deus.

Em transição

Em Gana, as pessoas publicam obituários em quadros de avisos e sobre as paredes de concreto regularmente. Manchetes como: *Partiu cedo, Celebração da vida* ou: *Que choque*! anunciam o falecimento de entes queridos e os planos para os funerais. Um que li — *Em transição* — destaca a vida que teremos após a morte.

LEITURA:
João 11:17-27

...estaremos para sempre com o Senhor.
1 Tessalonicenses 4:17

Quando um parente ou amigo próximo morre, ficamos tristes como Maria e Marta por seu irmão Lázaro (JOÃO 11:17-27). Sentimos tanta falta de quem partiu, e os nossos corações se partem e choramos, como Jesus chorou pelo falecimento do seu amigo (v.35).

Entretanto, foi nesse momento triste que Jesus fez uma agradável declaração sobre a vida após a morte e lhes disse: "...Eu sou a ressurreição e a vida. Quem crê em mim, ainda que morra, viverá; e todo o que vive e crê em mim não morrerá, eternamente. Crês isto?" (vv.25,26).

Com base nisso, damos aos cristãos falecidos apenas uma despedida temporária, porque "...estaremos para sempre com o Senhor", enfatiza Paulo (1 TESSALONICENSES 4:17). É claro que as despedidas são dolorosas, mas podemos ter a certeza de que eles estão nas mãos seguras do Senhor.

Em transição sugere que estamos apenas mudando de uma situação para outra. Embora a vida na Terra termine para nós, continuaremos a viver para sempre e melhor na próxima vida onde Jesus está. "Consolai-vos, pois, uns aos outros com estas palavras" (v.18).

LD

Somos gratos, pois tu és o nosso Consolador.

Por Jesus, temos a esperança e a certeza de que podemos viver eternamente.

Não desanime!

Eu gosto de observar os pássaros brincando; por isso, anos atrás, construí um pequeno santuário em nosso quintal para atraí-los. Durante vários meses, desfrutei da visão dos meus amigos emplumados se alimentando e sobrevoando ao redor — até um falcão achar que o meu refúgio de pássaros era a sua reserva particular de caça.

LEITURA:
2 Coríntios 4:8-18

...No mundo, passais por aflições; mas tende bom ânimo; eu venci o mundo.
João 16:33

Assim é a vida: Bem quando nos assentamos para descansar, algo ou alguém vem para perturbar os nossos ninhos. Por que, perguntamos, a vida precisa ser um vale de lágrimas?

Ouvi muitas respostas a essa antiga pergunta, mas ultimamente, me satisfaço com apenas uma: "Toda a disciplina do mundo é fazer [de nós] filhos, para que Deus possa ser revelado a [nós]" (George MacDonald). Quando nos tornamos como crianças, começamos a confiar, descansando unicamente no amor do nosso Pai celestial, procurando conhecê-lo e ser como Ele.

Preocupações e tristezas podem nos seguir todos os dias de nossa vida, mas "...não desanimamos [...] porque a nossa leve e momentânea tribulação produz para nós eterno peso de glória, acima de toda comparação, não atentando nós nas coisas que se veem, mas nas que se não veem; porque as que se veem são temporais, e as que se não veem são eternas" (2 CORÍNTIOS 4:16-18).

Então, como não nos regozijarmos com tal fim em vista?

DHR

Senhor, confiamos em Teu nome e te amamos.

As delícias do céu excederão em muito as dificuldades deste mundo.

Doces lembretes

Ao ser descoberta em 1922, a tumba do rei egípcio Tutancâmon estava cheia de coisas que os antigos egípcios acreditavam ser necessárias na vida após a morte. Entre santuários de ouro, joias, roupas, móveis e armas havia um pote cheio de mel — ainda comestível após 3.200 anos!

LEITURA:
Êxodo 3:7-17

Palavras agradáveis são como favo de mel: doces para a alma e medicina para o corpo.
Provérbios 16:24

Hoje, pensamos em mel primariamente como adoçante, mas no mundo antigo ele tinha muitos outros usos. O mel é um dos únicos alimentos que contêm todos os nutrientes necessários para sustentar a vida; por isso, era ingerido como nutrição. Além disso, tem valor medicinal, pois é um dos mais antigos curativos conhecidos para feridas, por ter propriedades anti-infecciosas.

Ao tirar os filhos de Israel do cativeiro egípcio, Deus prometeu levá-los a uma "...terra que mana leite e mel" (ÊXODO 3:8,17), uma metáfora para abundância. Quando a viagem foi estendida devido ao pecado, Deus os alimentou com pão (maná), que tinha o sabor de mel (16:31). Os israelitas murmuraram por ter de comer o mesmo alimento durante tanto tempo, mas é provável que Deus os estivesse lembrando gentilmente do que eles desfrutariam na Terra Prometida.

Deus ainda usa mel para nos lembrar de que os Seus caminhos e palavras são mais doces do que o mel (SALMO 19:10). Assim, as palavras que falamos também devem ser como o mel que comemos — doces e curativas.

JAL

Invista o tempo contando as suas bênçãos, em vez de queixando-se.

Para quem estou trabalhando?

Henry trabalhava 70 horas por semana. Ele amava seu trabalho e seu bom salário proporcionava coisas boas à sua família. Sempre teve planos de desacelerar, mas nunca o fez. Certa noite, voltou a casa com uma ótima notícia — fora promovido ao cargo mais alto de sua empresa. Mas ninguém estava em casa. Ao longo dos anos, seus filhos cresceram e se mudaram, sua esposa encontrou uma carreira para si e, agora, a casa estava vazia. Não havia com quem compartilhar a boa notícia.

LEITURA:
Eclesiastes 4:4-16

...Para quem trabalho eu, se nego à minha alma os bens da vida?... v.8

Salomão escreveu sobre a necessidade de manter um equilíbrio entre a vida e o nosso trabalho: "O tolo cruza os braços e come a própria carne..." (ECLESIASTES 4:5). Não queremos ir ao extremo de ser preguiçosos, mas também não queremos cair na armadilha de sermos *viciados em trabalho*. "Melhor é um punhado de descanso do que ambas as mãos cheias de trabalho e correr atrás do vento" (v.6). Em outras palavras, é melhor ter menos e aproveitar mais. Sacrificar os relacionamentos pelo sucesso é insensato. A conquista é passageira, mas os relacionamentos tornam a nossa vida significativa, gratificante e agradável (vv.7-12).

Podemos aprender a trabalhar para viver, e não viver para trabalhar, escolhendo repartir o tempo com sabedoria. O Senhor pode nos dar essa sabedoria quando o buscamos e confiamos nele para ser o nosso Provedor.

PFC

Obrigado Pai, pelo dom da família e dos amigos.

Para empregar o tempo com sabedoria, invista-o na eternidade.

Resistindo à armadilha

A **planta carnívora** *Vênus* pode digerir um inseto em cerca de 10 dias. O processo começa quando um inseto desavisado sente o cheiro do néctar das folhas que formam a armadilha. Ao investigar, ele se arrasta para dentro das mandíbulas da planta. As folhas se fecham em meio segundo e sucos digestivos dissolvem o inseto.

LEITURA:
Gênesis 4:1-8

...o pecado jaz à porta; o seu desejo será contra ti, mas a ti cumpre dominá-lo. v.7

Essa planta carnívora me lembra da maneira como o pecado pode nos devorar se formos atraídos a ele. O pecado tem fome de nós. Gênesis 4:7 diz: "...Se [...] procederes mal, eis que o pecado jaz à porta; o seu desejo será contra ti...". Deus disse essas palavras a Caim antes de este matar seu irmão Abel.

O pecado pode tentar nos seduzir apresentando-nos uma nova experiência aparentemente agradável, convencendo-nos de que viver corretamente não importa ou apelando aos nossos sentidos físicos. Todavia, há uma maneira de dominarmos o pecado em vez de deixá-lo consumir a nossa vida. A Bíblia diz: "...andai no Espírito e jamais satisfareis à concupiscência da carne" (GÁLATAS 5:16). Quando enfrentamos uma tentação, não a enfrentamos sozinhos. Temos ajuda sobrenatural. Confiar no Espírito de Deus fornece o poder para vivermos para Ele e para os outros.

JBS

Querido Deus, ajuda-me a escutar os Teus avisos e obedecer a Tua Palavra.

Caímos em tentação, quando não nos afastamos dela.

Exame do coração

Ao ir de trem até Chicago para trabalhar, sempre segui os "códigos de conduta não escritos", como não conversar com pessoas desconhecidas sentadas ao seu lado. Isso foi difícil para um sujeito como eu, para quem não há estranhos. Eu amo conversar com pessoas novas! Mesmo mantendo o código do silêncio, percebi que ainda podemos aprender sobre as pessoas com base na seção do jornal que elas leem. Então, eu observava o que elas liam primeiro: A seção de negócios? Esportes? Política? Eventos atuais? Suas escolhas revelavam os seus interesses.

LEITURA:
Lucas 12:22-34

...onde está o vosso tesouro, aí estará também o vosso coração. v.34

Nossas escolhas são sempre reveladoras. É claro que Deus não precisa esperar para vê-las para saber o que está em nosso coração. Mas o que ocupa nosso tempo e nossa atenção é revelador. Como Jesus disse, "...onde está o vosso tesouro, aí estará também o vosso coração" (LUCAS 12:34). Independentemente do que queremos que Ele pense de nós, a verdadeira condição do nosso coração se mostra pelo modo como usamos nosso tempo, dinheiro e talentos. Investirmos esses recursos nas coisas que importam a Deus revela que os nossos corações estão em sintonia com o dele.

O coração de Deus está com as necessidades das pessoas e o avanço do Seu reino. O que as suas escolhas revelam ao Senhor e aos outros sobre onde seu coração está?

JMS

Senhor, ensina-me sobre a alegria de investir o meu tempo em oportunidades que te louvem. Obrigado.

Onde está o seu tesouro?

Este é o dia

Em 1940, a Dra. Virginia Connally, de 27 anos, enfrentou oposição ao tornar-se a primeira médica mulher nos EUA. Poucos antes de completar 100 anos, em 2012, ela recebeu um prêmio de distinção por seus serviços, a maior honraria médica do seu estado. Entre esses dois momentos marcantes, ela difundiu com amor o evangelho ao redor do mundo, usando suas muitas viagens médicas missionárias enquanto servia a Deus e aos outros — um dia por vez.

LEITURA:
Salmo 118:19-29

Este é o dia que o SENHOR fez; regozijemo-nos e alegremo-nos nele. v.24

Seu pastor, afirmou: "Para ela, todos os dias são um presente." E lembrou-se de uma carta em que ela escreveu: "A cada missão, viagem, esforço, pergunto-me se este será o último e definitivo. Só Deus sabe. E isto é o suficiente."

O salmista escreveu: "Este é o dia que o SENHOR fez; regozijemo-nos e alegremo-nos nele" (SALMO 118:24). Com frequência, nos concentramos nas decepções de ontem ou nas incertezas de amanhã e perdemos a incomparável dádiva de Deus para nós: o hoje!

Sobre sua jornada com Cristo, ela disse: "Quando você vive uma vida de fé, não espera pelos resultados. Eu estava apenas fazendo o que Deus plantou em minha vida e em meu coração."

Deus fez o hoje. Vamos celebrar e aproveitar todas as oportunidades para servir ao próximo em Seu nome. *DCM*

Senhor, obrigado por este dia.
Que eu o celebre como uma dádiva da Tua fidelidade,
e que eu o viva completamente por ti.

Receba cada dia como um presente de Deus.

Grande sacrifício

W. **T. Stead,** jornalista inglês inovador da virada do século 20, era conhecido por escrever sobre questões sociais polêmicas. Dois de seus artigos trataram do perigo de os navios operarem com um número insuficiente de botes salva-vidas. Ironicamente, Stead estava a bordo do *Titanic* quando este colidiu com uma montanha de gelo em 15 de abril de 1912. Segundo um relato, após ter ajudado mulheres e crianças a entrarem em botes salva-vidas, ele sacrificou-se dando seu colete salva-vidas e lugar num dos botes para que outros pudessem ser resgatados.

LEITURA:
Hebreus 10:5-18

...nosso Senhor Jesus Cristo [...] se entregou a si mesmo pelos nossos pecados, para nos desarraigar...
Gálatas 1:3:4

Há algo muito tocante no altruísmo. O maior exemplo disso pode ser encontrado em Cristo. O escritor de Hebreus diz: "Jesus, porém, tendo oferecido, para sempre, um único sacrifício pelos pecados, assentou-se à destra de Deus [...]. Porque, com uma única oferta, aperfeiçoou para sempre quantos estão sendo santificados" (HEBREUS 10:12,14). Paulo iniciou sua carta aos Gálatas descrevendo esse grande sacrifício: "...nosso Senhor Jesus Cristo [...] se entregou a si mesmo pelos nossos pecados, para nos desarraigar deste mundo perverso..." (GÁLATAS 1:3,4).

A oferta de dar-se a si mesmo por nós é a medida do amor de Jesus. Esse sacrifício voluntário continua a resgatar homens e mulheres e a oferecer a garantia da eternidade com Ele. *WEC*

Deus de amor e graça, as palavras são insuficientes para expressar a grandeza do amor de Jesus por nós.

Jesus entregou a Sua vida para demonstrar o Seu amor por nós.

A menina do Seu olho

A **bebê de** uma amiga estava tendo convulsões; por isso, elas foram apressadamente de ambulância para o hospital. O coração da mãe batia disparadamente enquanto ela orava pela filha. Seu ardente amor por essa criança manifestava-se novamente, enquanto segurava os seus dedos minúsculos, lembrando-a também do quanto o Senhor nos ama e de como somos "a menina do Seu olho".

LEITURA:
Zacarias 2

...aquele que tocar em vós toca na menina do seu olho. v.8

O profeta Zacarias emprega essa frase em sua palavra ao povo de Deus que havia retornado a Jerusalém após seu cativeiro na Babilônia. Ele os chama ao arrependimento, a reconstruírem o templo e a renovarem seus corações com amor pelo Deus verdadeiro. Afinal, o Senhor ama profundamente o Seu povo; eles são a "menina do Seu olho".

Os estudiosos do idioma hebraico sugerem que essa frase de Zacarias 2 denota o reflexo de uma pessoa na pupila do olho de outra. Por serem preciosos e frágeis, os olhos precisam de proteção, e é assim que o Senhor quer amar e proteger o Seu povo — segurando-os perto do Seu coração.

O Senhor que habita em nosso meio derrama o Seu amor em nós — até mesmo, surpreendentemente, muito mais do que uma mãe amorosa que faz tudo que pode pelo seu filho doente. Nós somos a menina do Seu olho, amados por Ele.

ABP

Deus Pai, que recebamos o Teu amor neste dia e que nele vivamos.

O amor de um pai por um filho reflete o amor do nosso Pai por nós.

O rastejar do camaleão

Quando pensamos no camaleão, provavelmente pensamos na sua capacidade de mudar de cor conforme o ambiente ao seu redor. Mas esse lagarto tem outra característica interessante. Em várias ocasiões, ao ver um camaleão andar por um caminho, imaginei como ele chegou ao seu destino. Relutante, o camaleão estende uma perna, parece mudar de ideia, tenta novamente e, então, planta cuidadosamente um pé hesitante, como se temesse o chão desabar sob ele. Por isso, não pude deixar de rir quando ouvi alguém dizer: "Não seja um membro de igreja camaleão que diz: 'Vou à igreja hoje; não, irei na próxima semana; não, esperarei algum tempo!'"

LEITURA:
Atos 2:42-47

Diariamente perseveravam unânimes no templo... v.46

"A Casa do SENHOR", em Jerusalém, era o lugar de adoração do rei Davi, e ele estava longe de ser um adorador "camaleão". Em vez disso, ele se alegrou com aqueles que disseram: "...Vamos à Casa do SENHOR" (SALMO 122:1). O mesmo se aplicava aos cristãos da igreja primitiva. "E perseveravam na doutrina dos apóstolos e na comunhão, no partir do pão e nas orações [...]. Diariamente perseveravam unânimes no templo..." (ATOS 2:42,46).

Que alegria é unir-se a outros em adoração e comunhão! Orar e adorar juntos, estudar as Escrituras juntos, e cuidar um do outro são essenciais para nosso crescimento espiritual e unidade como cristãos.

LD

Diante do Teu trono Pai, colocamos nossas ardentes orações, temores e esperanças.

Adorar juntos traz força e alegria.

Tática não convencional

Em 1980, uma mulher tomou o metrô durante a maratona de Boston. Nada de mais, exceto por um pequeno detalhe: Ela deveria estar *correndo* a maratona! Mais tarde, testemunhas a viram voltar à corrida a um quilômetro da linha de chegada. Ela terminou bem à frente das outras corredoras e, estranhamente, não estava sem fôlego ou muito suada. Durante um breve momento, pareceu ser a vencedora.

LEITURA:
2 Crônicas 20:1-13

...não sabemos nós o que fazer; porém os nossos olhos estão postos em ti. v.12

Há muito tempo, um povo que perdia uma batalha encontrou um modo mais honroso de vencer. Quando disseram ao rei Josafá: "Grande multidão vem contra ti dalém do mar e da Síria...", ele ficou aterrorizado (2 CRÔNICAS 20:2,3). Mas, em vez de táticas militares, ele buscou a Deus. Reconheceu a supremacia de Deus e admitiu seu próprio medo e confusão. "...[Não] sabemos nós o que fazer; porém os nossos olhos estão postos em ti" (v.12). Então, mandou cantores liderarem o exército à batalha. Em vez de grito de guerra, eles cantaram sobre o amor de Deus (v.21). O resultado foi surpreendente. Seus inimigos lutaram entre si (vv.22-24). No fim, "...o reino de Josafá teve paz, porque Deus lhe dera repouso por todos os lados" (v.30).

A vida pode nos emboscar com desafios esmagadores. Contudo, nosso medo e incertezas nos dão a oportunidade de buscar o nosso Deus Todo-poderoso. Ele é especialista no não convencional.

TG

Senhor, encoraja-nos enquanto esperamos em ti.

Nosso Deus nunca é previsível, mas é infalivelmente confiável.

Deus, o doador da vida

O nome de Nezahualcoyotl (1402–72) pode ser difícil de pronunciar, mas é cheio de significado. Quer dizer: "Coiote Faminto", e os escritos desse homem demonstram uma fome espiritual. Como poeta e governante no México antes da chegada dos europeus, escreveu: "Em verdade, os deuses a quem adoro são ídolos de pedra que não falam nem sentem... Algum deus muito poderoso, oculto e desconhecido é o criador de todo o Universo. Ele é o único que pode me consolar em minha aflição e me ajudar na angústia que invade o meu coração; que ele seja o meu auxílio e proteção."

LEITURA:
Salmo 42

A minha alma tem sede de Deus, do Deus vivo... v.2

Não sabemos se Nezahualcoyotl encontrou o Doador da vida. Mas durante o seu reinado, ele construiu uma pirâmide ao "Deus que pinta as coisas com beleza" e proibiu os sacrifícios humanos em sua cidade.

Os escritores do Salmo 42 clamaram: "A minha alma tem sede de Deus, do Deus vivo..." (v.2). Todo ser humano deseja o verdadeiro Deus, assim como "...suspira a corça pelas correntes das águas..." (v.1).

Hoje existem muitos Coiotes Famintos que reconhecem que os ídolos: fama, dinheiro e relacionamentos não podem preencher o vazio de sua alma. O Deus vivo se revelou por meio de Jesus, o Único que nos concede significância e plenitude. Esta é uma boa notícia para os que estão com fome pelo Deus "que pinta as coisas com beleza".

KO

Senhor, o meu coração clama por ti, pois és o Único que me concedes significância e plenitude.

Na essência de nossos anseios há um profundo desejo por Deus.

O jeito de Deus

Tínhamos sido convidados a abrigar duas crianças por 3 meses, mas o futuro delas exigia uma decisão. Com três filhos mais velhos, adotá-los não parecia encaixar-se em nossa vida, e ver nossa família aumentar era difícil. Lendo um devocional da missionária Amy Carmichael nos levou a Números 7.

LEITURA:
Números 7:1-9

...a seu cargo estava o santuário, que deviam levar aos ombros. v.9

"Penso nos coatitas", escreveu Amy. "Os outros sacerdotes tinham carros de bois para transportar suas partes do tabernáculo no deserto. Mas os filhos de Coate tinham de marchar por trilhas rochosas e areia escaldante com as 'coisas santas pelas quais eram responsáveis' em seus ombros. Eles murmuraram sentindo que a tarefa dos outros era mais fácil? Talvez! Mas Deus sabe que há coisas preciosas demais para transportar em carro de bois; por isso, nos pede para levá-las em nossos ombros."

Vimos nisso a nossa resposta. Pensávamos muito em adotar uma criança de outro país, mas ainda não tínhamos feito isso. Teria sido mais fácil, como o carro de bois. Agora, tínhamos duas crianças carentes em casa para levar "nos ombros", porque eram muito preciosas para Jesus.

Deus tem planos diferentes para cada um de nós. Podemos sentir que os outros têm uma tarefa mais fácil ou um papel mais glamoroso a cumprir. Mas, se o nosso amoroso Pai nos escolheu a dedo para a nossa tarefa, quem somos nós para sussurrar: "Não consigo fazer isso?"

MS

Senhor, tu és a nossa fonte de força e paz.

Deus usa pessoas comuns para realizar os Seus planos extraordinários.

Atento e alerta

Minha escrivaninha fica perto de uma janela de onde se avista o nosso bairro. Desse local vantajoso, tenho o privilégio de observar os pássaros se empoleirarem nas árvores próximas. Alguns vêm à janela para comer insetos presos na tela.

LEITURA:
Gênesis 3:1-7

Sede vigilantes, permanecei firmes na fé... 1 Coríntios 16:13

Os pássaros checam se há perigos à sua volta, ouvindo atentamente enquanto olham. Somente quando estão certos de não haver ameaças eles pousam para alimentar-se. Mesmo assim, fazem uma pausa por alguns segundos para verificar a área.

A vigilância demonstrada por essas aves me lembra de que a Bíblia nos ensina a sermos cristãos vigilantes. Nosso mundo é repleto de tentações; e precisamos estar constantemente alertas e não nos esquecer dos perigos. Como Adão e Eva, facilmente nos envolvemos com atrativos que fazem as coisas deste mundo parecerem "...[boas] para se comer, [agradáveis] aos olhos e [desejáveis] para dar entendimento..." (GÊNESIS 3:6).

Paulo advertiu: "Sede vigilantes, permanecei firmes na fé..." (1 CORÍNTIOS 16:13). E Pedro alertou: "Sede sóbrios e vigilantes. O diabo, vosso adversário, anda em derredor, como leão que ruge procurando alguém para devorar" (1 PEDRO 5:8).

Ao trabalharmos pelo nosso sustento diário, estamos alertas ao que pode começar a nos consumir? Estamos atentos a qualquer indício de autoconfiança ou obstinação que poderá nos fazer desejar ter confiado em nosso Deus?

LD

Senhor, ajuda-nos a crescer em Cristo.

A melhor maneira de escapar da tentação é correr para Deus.

O Espírito entrega

Até recentemente, muitas comunidades rurais não usavam números em suas casas ou códigos postais. Por isso, se houvesse três José da Silva na localidade, o mais novo residente com esse nome não receberia a sua correspondência antes dos dois outros "José da Silva" que moravam lá há mais tempo. "Meus vizinhos recebiam primeiro", disse o José, mais novo. "Eles davam uma boa lida e diziam: 'Não, provavelmente não somos nós'." Para acabar com toda essa confusão de entrega de correio, eles instituíram recentemente o seu primeiro sistema de códigos postais, o qual garantirá a boa entrega da correspondência.

LEITURA:
Romanos 8:19-27

...o Espírito [...] nos assiste em nossa fraqueza [...] o mesmo Espírito intercede por nós... v.26

Às vezes, quando oramos, sentimos precisar de ajuda para entregar a Deus o que está em nosso coração. Podemos não saber as palavras certas a dizer ou como expressar os nossos profundos anseios. O apóstolo Paulo diz que o Espírito Santo nos ajuda e intercede por nós tomando os nossos "gemidos" inexprimíveis e apresentando-os ao Pai: "...não sabemos orar como convém, mas o mesmo Espírito intercede por nós sobremaneira, com gemidos inexprimíveis" (8:26). O Espírito sempre ora de acordo com a vontade de Deus e o Pai conhece a mente do Espírito.

Sinta-se encorajado com a certeza de que Deus nos ouve quando oramos e conhece as nossas necessidades mais profundas.

MLW

Obrigado, Pai, por me concederes o Teu Espírito para ajudar-me quando oro a ti.

Quando você não consegue expressar as suas orações, Deus ouve o seu coração.

A duradoura Palavra de Deus

No início da Segunda Guerra Mundial, bombardeios derrubaram boa parte de Varsóvia, na Polônia. Paredes, canos rompidos e cacos de vidro ficaram espalhados por toda a cidade. No centro, porém, a maior parte de um edifício danificado permanecia em pé. Era a sede polonesa da Sociedade Bíblica Britânica e Estrangeira. Em uma parede danificada ainda eram legíveis as palavras: "Passará o céu e a terra, porém as minhas palavras não passarão" (MATEUS 24:35).

LEITURA:
Salmo 119:89-96

Passará o céu e a terra, porém as minhas palavras não passarão. Mateus 24:35

Jesus disse isso para encorajar Seus discípulos quando eles lhe perguntaram sobre a "...consumação do século" (v.3). Mas as Suas palavras também nos encorajam em nossos conflitos atuais. De pé nos escombros dos nossos sonhos despedaçados, ainda podemos encontrar confiança no caráter, soberania e indestrutíveis promessas de Deus.

O salmista escreveu: "Para sempre, ó SENHOR, está firmada a tua palavra no céu" (SALMO 119:89). Isso é mais do que a palavra do Senhor: é o Seu próprio caráter. É por isso que o salmista também pôde dizer: "A tua fidelidade estende-se de geração em geração..." (v.90).

Ao enfrentarmos experiências devastadoras, podemos defini-las em termos de desespero ou de esperança. Porque Deus não nos abandonará às circunstâncias, podemos escolher confiantemente a esperança. Sua Palavra duradoura nos assegura do Seu amor infalível.

HDF

Senhor, ajuda-nos a crer e a sempre confiar
no que a Tua Palavra diz.

Podemos confiar na imutável Palavra de Deus.

Alívio para os atribulados

Uma das minhas cenas favoritas na literatura ocorre quando uma tia resoluta confronta um padrasto mau sobre o abuso de seu sobrinho, David Copperfield. Essa cena ocorre no romance de Charles Dickens que leva o nome do personagem principal.

LEITURA:
2 Ts 1:3-12

[Deus dará] a vós outros, que sois atribulados, alívio... v.7

Quando Copperfield aparece na casa de sua tia, seu padrasto chega pouco depois. Tia Betsy Trotwood não se agrada ao ver o mal-intencionado Sr. Murdstone. Ela elenca uma lista de infrações e não o deixa eximir-se da sua responsabilidade por seus atos de crueldade. Suas acusações são tão fortes e verdadeiras que o Sr. Murdstone — pessoa normalmente agressiva — acaba saindo sem dizer palavra. Pela força e bondade de caráter de Tia Betsy, Copperfield finalmente recebe o tratamento que merecia.

Há outro Alguém que é forte e bom e um dia corrigirá os erros do nosso mundo. Quando voltar, Jesus descerá do céu com um grupo de anjos poderosos. Ele dará "...a vós outros, que sois atribulados, alívio..." e não ignorará aqueles que criaram problemas para os Seus filhos (2 TESSALONICENSES 1:6,7). Até então, Jesus quer que nos mantenhamos firmes e tenhamos coragem. Independentemente do que tivermos de suportar na terra, estamos a salvo por toda a eternidade. *JBS*

Querido Deus, protege-nos e concede-nos sabedoria por Teu Espírito Santo. Ajuda-nos a sermos justos e leais em tudo que fizermos, para sermos leais e bons representantes do Teu amor.

Algum dia, Deus corrigirá todo o mal.

Maior do que o caos

Um dos principais temas do segundo livro de Samuel, do Antigo Testamento, poderia ser facilmente: "A vida é um caos!" Ele tem todos os elementos de uma minissérie de sucesso para a TV. Ao procurar estabelecer seu domínio como rei de Israel, Davi enfrentou desafios militares, intriga política, traição por amigos e membros da família. E, certamente, o próprio Davi não era inculpável, como mostrou claramente a sua relação com Bate-Seba (2 SAMUEL 11–12).

LEITURA:
2 Samuel 22:26-37

Tu, SENHOR, és a minha lâmpada; o SENHOR derrama luz nas minhas trevas. v.29

Contudo, perto do fim desse livro, encontramos o cântico de louvor de Davi a Deus por Sua misericórdia, amor e libertação. "Tu, SENHOR, és a minha lâmpada; o SENHOR derrama luz nas minhas trevas" (22:29).

Em muitas das suas dificuldades, Davi se voltou ao Senhor. "Pois contigo desbarato exércitos, com o meu Deus, salto muralhas" (v.30).

Talvez nos identifiquemos com as lutas de Davi porque, como nós, ele estava longe de ser perfeito. Contudo, Davi sabia que Deus estava além do que as partes mais caóticas da sua vida.

Podemos dizer com Davi: "O caminho de Deus é perfeito; a palavra do SENHOR é provada; ele é escudo para todos os que nele se refugiam" (v.31). E isso nos inclui!

Se a vida está confusa, o caminho de Deus é perfeito. *DCM*

Nunca é tarde para recomeçar com Deus.

Para ser entendido

Gosto de visitar museus como a Galeria Nacional, em Londres, e a Galeria Estatal Tretyakov, em Moscou. Embora a maioria das obras de arte seja de tirar o fôlego, algumas me confundem. Olho para os salpicos de cor aparentemente aleatórios sobre uma tela e percebo que não tenho a mínima ideia do que estou vendo, mesmo que o artista seja um mestre em seu ofício.

LEITURA:
Romanos 15:1-6

...tudo quanto, outrora, foi escrito para o nosso ensino... v.4

Às vezes, podemos sentir isso a respeito das Escrituras. Imaginamos: *Será sequer possível entendê-las? Por onde começo?* Talvez as palavras de Paulo possam nos dar alguma ajuda: "...tudo quanto, outrora, foi escrito para o nosso ensino foi escrito, a fim de que, pela paciência e pela consolação das Escrituras, tenhamos esperança" (ROMANOS 15:4).

Deus nos deu as Escrituras para nossa instrução e encorajamento. Ele também nos deu o Seu Espírito para nos ajudar a conhecer Sua mente. Jesus disse que enviaria o Espírito para nos guiar "...a toda a verdade..." (JOÃO 16:13). Paulo afirma isto em 1 Coríntios 2:12, dizendo: "...não temos recebido o espírito do mundo, e sim o Espírito que vem de Deus, para que conheçamos o que por Deus nos foi dado gratuitamente".

Com a ajuda do Espírito, podemos nos aproximar do texto da Bíblia com confiança, sabendo que, ao longo das suas páginas, Deus quer que conheçamos a Ele e aos Seus caminhos. *WEC*

Pai, obrigado por nos conceder as Escrituras, pois assim podemos conhecer-te melhor.

Leia a Bíblia para conhecer o seu Autor.

Tempestades no horizonte

Nosso filho é pescador profissional de salmão no distante Alasca. Algum tempo atrás, ele me enviou uma foto que tirou de uma pequena embarcação a algumas centenas de metros à frente de seu barco, avançando numa passagem estreita. Nuvens de tempestade ameaçadoras surgem no horizonte. Mas um arco-íris, o sinal da providência e do cuidado amoroso de Deus, se estende de um lado ao outro dessa estreita passagem, cercando o barquinho.

LEITURA:
Mateus 8:23-28

...Quem é este que até os ventos e o mar lhe obedecem? v.27

A fotografia reflete a nossa viagem terrena: Nós navegamos para um futuro incerto, mas somos rodeados pela fidelidade de Deus!

Os discípulos de Jesus foram cercados por uma tempestade e Ele usou a ocasião para ensiná-los sobre o poder e a fidelidade de Deus (MATEUS 8:23-27). Nós buscamos respostas para as incertezas da vida. Observamos o futuro se aproximando e imaginamos o que acontecerá conosco lá. O poeta puritano John Keble capturou isso em um de seus poemas, no qual ele via o futuro à medida que este se aproximava. Mas, enquanto observava, "esperava para ver o que Deus faria".

Jovens ou velhos, todos nós enfrentamos futuros incertos. O céu responde: o amor e a bondade de Deus nos envolvem, independentemente do que nos aguarda. Esperemos e vejamos o que Deus fará!

DHR

O que você precisa confiar a Deus ainda hoje?

Navegamos para o futuro incerto rodeados pela fidelidade de Deus!

Um amor surpreendente

Os principais atos históricos finais do Antigo Testamento são descritos em Esdras e Neemias, quando Deus permitiu ao povo de Israel voltar do exílio e reassentar-se em Jerusalém. A Cidade de Davi foi repovoada com famílias hebraicas, um novo templo foi construído e o muro foi reparado.

LEITURA:
Ml 1:1-10; 4:5,6

Eu vos tenho amado, diz o SENHOR...
Malaquias 1:2

Isso nos leva a Malaquias. Este profeta, provável contemporâneo de Neemias, encerra o Antigo Testamento. Note a primeira coisa que ele disse ao povo de Israel: "Eu vos tenho amado, diz o SENHOR..."; e a resposta deles: "...Em que nos tens amado?..." (1:2).

Incrível, não? Sua história havia provado a fidelidade de Deus, mas, após centenas de anos nos quais Deus proveu continuamente ao Seu povo escolhido, de maneiras milagrosas e também mundanas, eles questionavam como Ele tinha demonstrado o Seu amor. Na continuação do livro, Malaquias recorda o povo sobre a sua infidelidade (vv.6,8). Eles tinham um longo padrão histórico de provisão da Deus para eles, seguida de desobediência, e da disciplina de Deus.

O profeta sugere (MALAQUIAS 4:5,6) que em breve haveria um novo caminho. O Messias viria. Havia, adiante, a esperança por um Salvador que nos mostraria o Seu amor e pagaria, de uma vez por todas, a pena pelo nosso pecado.

O Messias realmente veio! A esperança de Malaquias tornou-se realidade em Jesus.

JDB

Somos-te gratos Senhor, por tudo o que tens feito por nós.

Quem confia em Jesus terá a vida eterna.

A fragrância de Cristo

Qual dos cinco sentidos suscita as suas memórias mais acentuadamente? Para mim, é definitivamente o sentido do olfato. Certo tipo de óleo bronzeador me leva imediatamente a uma praia francesa. O odor de frango temperado traz-me memórias das visitas à minha avó quando criança. Um leve aroma de pinho diz "Natal", e certo tipo de loção pós-barba traz de volta a adolescência de meu filho.

LEITURA:
2 Coríntios 2:14-17

...nós somos para com Deus o bom perfume de Cristo... v.15

Paulo relembrou aos coríntios que eles eram o aroma de Cristo: "...nós somos para com Deus o bom perfume de Cristo..." (2 CORÍNTIOS 2:15). Ele poderia estar se referindo às paradas das vitórias romanas. Os romanos se certificavam de que todos soubessem que eles haviam sido vitoriosos queimando incenso em altares ao longo da cidade. Para os vencedores, o aroma era agradável; para os presos, significava a certeza da escravidão ou morte. Então, como cristãos, somos soldados vitoriosos. E quando o evangelho de Cristo é pregado, torna-se uma fragrância agradável a Deus.

Como o aroma de Cristo, quais perfumes os cristãos trazem consigo ao entrarem num recinto? Não é algo que possa ser comprado num vidro ou frasco. Quando passamos muito tempo com alguém, começamos a pensar e agir como essa pessoa. Investir tempo com Jesus nos ajudará a espalhar uma fragrância agradável àqueles que nos rodeiam.

MS

Senhor, molda os meus pensamentos e ações
para que eu demonstre que estive em Tua presença.

***Quando caminharmos com Deus,
as pessoas perceberão.***

Fazendo o certo à vista de Deus

"Pedreiros picaretas" é um termo que muitos proprietários de imóveis usam para as pessoas que fazem obras de construção, reforma ou manutenção de má qualidade. O termo é usado com receio ou arrependimento, frequentemente devido às más experiências.

Sem dúvida, havia carpinteiros, pedreiros e canteiros desonestos nos tempos bíblicos, mas escondida na história da reparação do templo pelo rei Joás há uma linha escrita sobre a total honestidade daqueles que supervisionavam e faziam a obra (2 REIS 12:15).

LEITURA:
2 Reis 12:1-15

Fez Joás o que era reto [...] todos os dias em que o sacerdote Joiada o dirigia. v.2

Todavia, o rei Joás fazia "...o que era reto perante o SENHOR..." (v.2) *somente* quando o sacerdote Joiada o instruía. Como vemos em 2 Crônicas 24:17-27, após a morte de Joiada, Joás se afastou do Senhor e foi persuadido a adorar outros deuses.

O confuso legado de um rei que teve um período de fecundidade somente enquanto estava sob o aconselhamento espiritual de um sacerdote piedoso me faz parar e pensar. Quais serão os nossos legados? Continuaremos a crescer e nos desenvolver em nossa fé ao longo de nossa vida, produzindo bons frutos? Ou nos distrairemos com as coisas deste mundo e nos voltaremos aos ídolos modernos: conforto, materialismo e autopromoção? *ABP*

Como esta passagem se compara ao texto da carta de Jesus para a igreja de Éfeso em Apocalipse 2.
De que maneira estas passagens se aplicam a sua vida?

Viver bem, e fazer o que é certo perante o Senhor, exige perseverança e orientação espiritual.

Ridícula prepotência

LEITURA:
Tiago 4: 13-5:8

...devíeis dizer: Se o Senhor quiser, não só viveremos, como também faremos isto ou aquilo. v.15

No filme *Advogado do diabo* (1998) Kevin, um jovem advogado, movido por orgulho, vende sua alma ao diabo. Na cena final, a história volta ao começo, e Kevin decide que jamais se corromperia novamente, abrindo mão de vencer no tribunal. O diabo reaparece apelando para outro tipo de orgulho: o de fazer o certo; e Kevin cede. Ou seja, a natureza humana tende sempre à arrogância.

Nossa ridícula prepotência nos leva a nos esforçarmos para planejar as coisas achando que temos o controle. E essa arrogância, muitas vezes, se manifesta em forma de ansiedade.

Em Tiago 4:13, vemos alguém traçando um plano: quando viajaria, o prazo que ficaria fora, a estratégia e os resultados. Tiago afirma: nada disso está no seu controle. Ninguém sabe se estará vivo amanhã. Ele não é contra o planejamento, mas contra o pensamento de que nossos planos são finais.

A arrogância se agrava quando possuímos os instrumentos que nos fazem acreditar nesse controle (5:1-11), pois desconsideramos as coisas que são eternas. Porém, Tiago propõe que sejamos como o agricultor que reconhece não ter o controle sobre sua plantação e confia em Deus (5:7).

Descansemos na benignidade do Senhor. Ele é bom e tudo o que faz por nós é bom, inclusive nossas dores. Isso nos livra da ansiedade e da prepotência.

DCG

Pai, ajuda-nos a combater a prepotente arrogância de que temos o controle em nossas mãos.

A esperança e a confiança do que Deus vai fazer devem nos mover.

Resplandeça

LEITURA:
Mateus 5:13-16

...brilhe também a vossa luz diante dos homens... v.16

Certa garota imaginava sobre como um santo pode ser. A sua mãe a levou a uma enorme catedral para ver os lindos vitrais com cenas da Bíblia. Ao ver a beleza de tudo aquilo, ela gritou: "Agora sei o que são os santos. Eles são pessoas que deixam a luz resplandecer!"

Alguns de nós podemos pensar que os santos são pessoas do passado que viveram vidas perfeitas e fizeram milagres semelhantes aos de Jesus. Mas, quando uma tradução das Escrituras usa a palavra *santo*, ela se refere a qualquer pessoa que pertence a Deus por meio da fé em Cristo. Em outras palavras, os santos são pessoas como nós que têm o elevado chamado de servir a Deus enquanto refletimos o nosso relacionamento com Ele onde quer que estejamos e no que quer que façamos. É por isso que o apóstolo Paulo orou para que os olhos e a compreensão de seus leitores fossem abertos para pensarem em si mesmos como herança preciosa de Cristo e santos de Deus (EFÉSIOS 1:18).

Então, o que vemos no espelho? Não há halos ou vitrais. Mas se estivermos cumprindo o nosso chamado, nos pareceremos com pessoas que, talvez até mesmo sem perceber, resplandecem as ricas cores de amor, alegria, paz, longanimidade, benignidade, bondade, fidelidade e domínio próprio de Deus.

KO

Senhor, tu és a luz do mundo.
Obrigado por resplandeceres essa luz em nossa vida.
Purifica-me hoje para que eu possa deixar a Tua luz resplandecer.

Santos são pessoas por meio das quais a luz de Deus resplandece.

O que necessito

No centro de idosos, eu ouvia o coral da escola de minha filha cantar "Sou feliz com Jesus", e questionava por que ela, como diretora do coral, escolhera aquela canção, que havia sido tocada no funeral de sua irmã Melissa. Ela sabia como era difícil, para mim, ouvi-la sem me emocionar.

LEITURA:
2 Coríntios 1:3-7

[Deus] ...nos conforta em toda a nossa tribulação, para podermos consolar os que estiverem em [...] angústia... v.4

Parei de questionar-me, quando um homem se aproximou e disse: "Exatamente o que preciso ouvir." Apresentei-me e lhe perguntei a razão de ele precisar daquela canção. "Perdi o meu filho na semana passada em acidente de moto", disse ele.

Estava tão preocupado comigo mesmo que nem tinha pensado nas necessidades dos outros. Mas Deus estava usando aquela canção exatamente onde queria que fosse usada. Meu novo amigo, Marcos, trabalhava ali, e à parte, falamos sobre o cuidado de Deus naquele momento mais difícil da vida dele.

Em todo lugar, há pessoas necessitadas e, às vezes, temos de deixar de lado nossos sentimentos e planos, para ajudá-las. Uma maneira de fazermos isso é nos lembrarmos de como Deus nos confortou em nossas provações e dificuldades "...para podermos consolar [...] com a consolação com que nós mesmos somos contemplados por Deus" (v.4). Como é fácil enxergar só os próprios interesses e esquecer que alguém bem perto de nós possa precisar de uma oração, uma palavra de conforto, um abraço ou o dom da misericórdia em nome de Jesus.

JDB

Pai, ensina-me a compartilhar o Teu conforto.

O conforto que recebemos deve ser compartilhado.

Saindo das ruínas

No lado judeu de Jerusalém se encontra a Sinagoga *Tiferet Yisrael*. Construída no século 19, a sinagoga foi dinamitada durante a guerra árabe-israelense de 1948.

Durante anos, o local ficou em ruínas. Porém, em 2014, iniciou-se a reconstrução. Quando as autoridades municipais instalavam um pedaço de escombro como pedra angular, um deles citou Lamentações: "Converte-nos a ti, SENHOR, e seremos convertidos; renova os nossos dias como dantes" (5:21).

LEITURA:
Lamentações 5:8-22

...não nos desamparou o nosso Deus; antes, estendeu [...] misericórdia, [...], para restaurar as suas ruínas... Esdras 9:9

Lamentações é a canção fúnebre de Jeremias para Jerusalém. Com imagens vívidas, o profeta descreve o impacto da guerra sobre a sua cidade. O versículo 21 é a sua oração sincera para Deus intervir. Ainda assim, o profeta se questiona se isso é sequer possível. E conclui sua canção angustiada com a temerosa ressalva: "Por que nos rejeitarias totalmente? Por que te enfurecerias sobremaneira contra nós outros?" (v.22). Décadas depois, Deus respondeu a essa oração quando os exilados voltaram a Jerusalém.

A nossa vida também pode parecer estar em ruínas. Criamos problemas por nós mesmos e os conflitos que nos são inevitáveis podem nos deixar devastados. Mas temos um Pai que compreende. Suave e pacientemente, Ele limpa todo o entulho, lhe dá um novo propósito e constrói algo melhor. Isso leva tempo, mas podemos sempre confiar nele. Ele é especialista em projetos de reconstrução.

TG

Pai, obrigado por Teu amor, apesar do que somos.

Deus restaurará toda a beleza perdida anteriormente.

Maratona de oração

LEITURA:
1 Ts 5:16-28

Orai sem cessar. v.17

Você luta para manter uma vida de oração constante? Muitos de nós lutamos. Sabemos que a oração é importante, mas também pode ser francamente difícil. Temos momentos de profunda comunhão com Deus e, depois, momentos em que parecemos estar apenas passando pelos acontecimentos. Por que lutamos tanto em nossas orações?

A vida de fé é uma maratona. Os altos, os baixos e os platôs em nossa vida de oração são um reflexo desta corrida. E, assim como numa maratona precisamos nos manter correndo, do mesmo modo continuamos orando. O ponto é: Não desista!

Esse é também o encorajamento de Deus. O apóstolo Paulo disse: "orai sem cessar" (1 TESSALONICENSES 5:17), "...na oração, [sede] perseverantes" (ROMANOS 12:12) e "perseverai na oração..." (COLOSSENSES 4:2). Todas essas afirmações carregam a ideia de permanecer firmes e continuar na obra da oração.

E por Deus, nosso Pai celestial, ser uma Pessoa, podemos desenvolver um momento de comunhão íntima com Ele, como fazemos em nossos relacionamentos humanos. O pastor e autor A. W. Tozer afirma que, quando aprendemos a orar, nossa vida de oração pode crescer: "do arranhão inicial mais casual até a comunhão mais plena e íntima de que a alma humana é capaz". E isso é o que realmente queremos: profunda comunicação com Deus. Isso acontece quando oramos sem cessar.

PFC

Pai, ajuda-nos a sermos mais
sensíveis à Tua bondade e presença.

A oração é uma necessidade diária.

Não há alegria maior

LEITURA:
3 João 1:1-8

Não tenho maior alegria do que esta, a de ouvir que meus filhos andam na verdade. v.4

Conheci um jovem casal que gostava de diversão e tinha três filhos pequenos quando sua vida tomou um rumo novo e maravilhoso. Em 1956, eles participaram de uma conferência evangelística e entregaram-se a Cristo. Pouco depois, no intuito de alcançar outros para compartilhar sua fé e a verdade acerca de Cristo, abriram a sua casa todas as noites de sábado para os alunos de Ensino Médio e universitários que desejassem estudar a Bíblia. Um amigo me convidou e tornei-me um frequentador dessa casa.

Aquele era um estudo bíblico sério, que incluía a preparação da aula e memorização da Escritura. Cercados por uma atmosfera de amizade, alegria e riso, desafiávamo-nos mutuamente e o Senhor transformou a nossa vida naqueles dias.

Permaneci em contato com o casal ao longo dos anos e recebi muitos cartões e cartas deles assinadas com estas palavras: "Não tenho maior alegria do que esta, a de ouvir que meus filhos andam na verdade" (3 JOÃO 1:4). Como João escrevendo ao seu "...amado Gaio..." (v.1), Roberto encorajava todos os que cruzavam seu caminho a continuarem caminhando com o Senhor.

Há alguns anos, participei de um culto em sua memória. Foi uma ocasião alegre, cheia de pessoas que percorrem o caminho da fé, por causa desse jovem casal que abriu sua casa e seu coração para ajudar os outros a encontrarem o Senhor.

DCM

Pai, desejo honrar-te sendo de auxílio a muitos outros.

Seja uma voz de incentivo a alguém hoje.

O espírito prometido

Eliseu era tenaz e audacioso. Tendo passado tempos com Elias, ele testemunhou o Senhor operar por meio do profeta realizando milagres e falando a verdade em um tempo de mentiras. Em 2 Reis 2:1 nos diz que Elias está prestes a ser tomado "...ao céu..." e Eliseu não quer sua partida.

LEITURA:
2 Reis 2:5-12

...Disse Eliseu: Peço-te que me toque por herança porção dobrada do teu espírito. v.9

Chegou o momento da temida separação; Eliseu sabia que precisava do que Elias tinha para continuar o ministério com sucesso. Então, fez uma exigência ousada: "...Peço-te que me toque por herança porção dobrada do teu espírito" (2 REIS 2:9). Seu pedido foi uma referência à dupla porção dada ao primogênito ou herdeiro pela lei (DEUTERONÔMIO 21:17). Eliseu queria ser reconhecido como herdeiro de Elias. E Deus disse sim.

Recentemente, uma de minhas mentoras, faleceu. Ela difundia as boas-novas do Senhor Jesus. Após lutar com má saúde durante anos, ela estava pronta para desfrutar de sua festa eterna com o Senhor. Os que a amavam ficaram gratos ao pensar em sua recém-descoberta libertação da dor e por ela poder desfrutar da presença de Deus, mas entristecidos pela perda de seu amor e exemplo. Apesar de sua partida, não estamos sós. Nós também temos a contínua presença de Deus.

Eliseu ganhou uma dupla porção do ministério de Elias — um tremendo privilégio e bênção. Nós, que vivemos após a vida, morte e ressurreição de Jesus, já recebemos o Espírito Santo prometido. O Deus triúno faz Sua morada em nós!

ABP

Ao ascender ao Pai, Jesus enviou Seu Espírito.

Não visto, mas amado

Como outros da comunidade de blogueiros, eu nunca havia conhecido o homem que chamávamos de BruceC. Contudo, quando sua esposa postou uma nota ao grupo comunicando o falecimento de seu marido, uma série de respostas de lugares distantes mostrou que todos nós tínhamos perdido um amigo.

LEITURA:
1 Pedro 1:1-9

...a quem, não havendo visto, amais... v.8

Ele abria o seu coração com muita frequência. Falava livremente sobre a sua preocupação pelos outros e sobre o que lhe era importante. Muitos de nós sentíamos como se o conhecêssemos. Sentiríamos falta da suave sabedoria vinda dos seus anos na aplicação da lei e de sua fé em Cristo.

Ao recordar nossas conversas on-line com BruceC, compreendi melhor as palavras escritas por uma testemunha ocular de Jesus. Em sua primeira carta do Novo Testamento, o apóstolo Pedro escreveu aos leitores espalhados por todo o Império Romano: "...a quem [Cristo], não havendo visto, amais..." (1 PEDRO 1:8).

Como amigo pessoal de Jesus, Pedro estava escrevendo para pessoas que só haviam ouvido falar daquele que lhes tinha dado um motivo para tanta esperança em meio aos seus problemas. Entretanto, como parte da comunidade de cristãos, eles o amavam. E sabiam que, pelo preço de Sua própria vida, Ele os havia levado à eterna família de Deus.

MRD

Pai, fortalece o nosso amor por nossos irmãos e irmãs em Cristo que também te amam. Torna-nos uma comunidade em ti.

Nosso amor por Cristo só é verdadeiro se tivermos amor pelo próximo.

Continue escalando!

Ricardo precisava de um empurrão e o recebeu, numa escalada que fez com seu amigo Fábio, que era o seu assegurador. Exausto e pronto para desistir, Ricardo pediu a Fábio para descê-lo até o chão. Mas Fábio insistiu com o amigo, dizendo-lhe que havia chegado longe demais para desistir. Balançando no ar, Ricardo decidiu continuar tentando. Incrivelmente, ele conseguiu se reconectar à rocha e completar a escalada, com o incentivo de seu amigo.

LEITURA:
1 Ts 4:1-12

...exortai-vos mutuamente cada dia... Hebreus 3:13

Na igreja primitiva, os seguidores de Jesus se encorajavam mutuamente a continuar a seguir o seu Senhor e a demonstrar compaixão. Em uma cultura repleta de imoralidade, eles apaixonadamente apelavam uns aos outros para viverem uma vida pura (ROMANOS 12:1;1 TESSALONICENSES 4:1). Os cristãos se encorajavam uns aos outros diariamente, como Deus os inspirou a fazer (ATOS 13:15). Eles encorajavam uns aos outros a interceder pelo corpo (ROMANOS 15:30), a ajudar as pessoas a permanecerem conectadas à Igreja (HEBREUS 10:25), e a amar cada vez mais (1 TESSALONICENSES 4:10).

Por meio de Sua morte e ressurreição, Jesus nos conectou uns aos outros. Portanto, temos a responsabilidade e o privilégio, com capacitação de Deus, de encorajar outros cristãos a prosseguir e finalizar a escalada da confiança e obediência a Ele.

MLW

Quando foi a última vez que você incentivou e encorajou alguém a continuar seguindo a Jesus?

Consolai-vos [...] uns aos outros e edificai-vos reciprocamente...

1 TESSALONICENSES 5:11

Nossa defesa divina

Os trabalhadores israelitas, supervisionados por Neemias, reconstruíram o muro ao redor de Jerusalém. Quase na metade, porém, descobriram que os seus inimigos conspiravam para atacar Jerusalém. Esta notícia desmotivou os trabalhadores já exaustos.

LEITURA:
Neemias 4:7-18

Tomai [...] a espada do Espírito, que é a palavra de Deus. Efésios 6:17

Neemias tinha de fazer algo. Ele orou e colocou muitos guardas em locais estratégicos. Em seguida, armou os seus trabalhadores. "Os carregadores [...], cada um com uma das mãos fazia a obra e com a outra segurava a arma. [...] cada um trazia a sua espada à cinta, e assim edificavam..." (NEEMIAS 4:17,18).

Nós, que estamos construindo o reino de Deus, precisamos nos armar contra o ataque do nosso inimigo espiritual, Satanás. Nossa proteção é a espada do Espírito: a Palavra de Deus. Memorizá-la e meditar sobre ela nos capacita a "...ficar firmes contra as ciladas do diabo" (EFÉSIOS 6:11). Se pensamos que trabalhar para Deus não importa, devemos voltar-nos à promessa de que o que fazemos para Jesus durará eternamente (1 CORÍNTIOS 3:11-15). Se tememos ter pecado demasiadamente para que Deus nos use, precisamos nos lembrar de que fomos perdoados pelo poder do sangue de Jesus (MATEUS 26:28). E, se nos preocupamos com poder falhar se tentarmos servir a Deus, podemos recordar que Jesus disse que daremos frutos ao permanecermos nele (JOÃO 15:5).

A Palavra de Deus é a nossa defesa divina!

JBS

Pai, ajuda-me a reconhecer que a Tua palavra encoraja e inspira.

A Palavra de Deus é uma defesa divina contra os ataques do inimigo.

Começar de novo

Quando eu estava crescendo, um de meus livros favoritos era *Anne de Green Gables*, de Lucy Maud Montgomery (Ed. Martins, 2009). Em uma passagem divertida, a jovem Anne, por engano, acrescenta um medicamento para pele em vez de baunilha ao bolo que está fazendo. Depois disso, exclama esperançosamente a Marilla, seu guardião carrancudo: "Não é agradável pensar que amanhã é um novo dia, ainda sem erros?"

LEITURA:
Salmo 86:5-15

...suas misericórdias não têm fim; renovam-se cada manhã. Grande é a tua fidelidade.
Lamentações 3:22,23

Gosto desse pensamento: amanhã é um novo dia — no qual podemos começar de novo. Todos nós cometemos erros. Mas, quando se trata de pecado, o perdão de Deus nos permite começar cada manhã zerados. Quando nos arrependemos, Ele escolhe esquecer os nossos pecados (JEREMIAS 31:34; HEBREUS 8:12).

Alguns de nós temos feito escolhas erradas em nossa vida, mas aos olhos de Deus, as nossas palavras e atos passados não precisam definir nosso futuro. Há sempre um novo começo. Ao pedirmos Seu perdão, damos o primeiro passo para restaurar o nosso relacionamento com Ele e com os outros. "Se confessarmos os nossos pecados, ele é fiel e justo para nos perdoar os pecados e nos purificar de toda injustiça" (1 JOÃO 1:9).

A compaixão e fidelidade de Deus se renovam a cada manhã (LAMENTAÇÕES 3:23), para que possamos começar de novo a cada dia.

CHK

Pai, perdoa-me por não ter feito o que precisava.
Faz-me andar em Teus caminhos.

Cada novo dia nos dá novos motivos para louvar o Senhor.

Embaixador do amor

Em meu trabalho de capelão, às vezes me perguntam se estou disposto a lhes prestar ajuda espiritual adicional. Embora fique feliz por dedicar tempo a quem pede ajuda, geralmente aprendo mais do que ensino. Isso foi especialmente verdadeiro quando um novo cristão extremamente sincero me disse, resignado: "Não acho boa ideia eu ler a Bíblia. Quanto mais leio o que Deus espera de mim, mais julgo os outros que não estão fazendo o que ela diz."

LEITURA:
João 3:9-21

...Deus enviou o seu Filho ao mundo, [...] para que o mundo fosse salvo por ele. v.17

Quando ele disse isso, percebi que eu era o responsável por incutir esse espírito crítico nele, pelo menos em parte. Naquela época, uma das primeiras coisas que eu fazia aos novos na fé em Jesus era apresentar-lhes o que não deveriam mais fazer. Em vez de mostrar-lhes o amor de Deus e deixar o Espírito Santo moldá-los, os exortava a "comportar-se como um cristão".

Compreendi melhor a passagem de João 3:16,17. O convite de Jesus a crermos nele, no versículo 16, é seguido pelas palavras: "Porquanto Deus enviou o seu Filho ao mundo, não para que julgasse o mundo, mas para que o mundo fosse salvo por ele."

Jesus veio para nos salvar. Mas dando a esses novos cristãos uma lista de comportamentos, eu os ensinava a se condenarem, o que, então, os levava a julgar os outros. Em vez de agentes de condenação, devemos ser embaixadores do amor e da misericórdia de Deus.

RKK

Pai, ajuda-me a não julgar os outros hoje.

Somos chamados para anunciar a salvação, não para julgarmos o próximo.

Não esquecidos

Na celebração do 50.º aniversário de sua mãe, com centenas de pessoas presentes, a filha primogênita Kukua contou o que sua mãe fizera por ela. Os tempos eram difíceis, em Gana, África, recordou Kukua, e o dinheiro era escasso em casa. Mas sua mãe solteira se privou de conforto pessoal, vendendo suas preciosas joias e outros bens para que ela pudesse cursar o Ensino Médio. Com lágrimas nos olhos, Kukua disse que, por mais difíceis que as coisas fossem, sua mãe nunca abandonou os filhos.

LEITURA:
Isaías 49:13-21

...eu [...] não me esquecerei de ti. v.15

Deus comparou o Seu amor por Seu povo ao amor de uma mãe por seu filho. Quando o povo de Israel se sentiu abandonado por Deus durante o seu exílio, queixou-se: "...O SENHOR me desamparou, o Senhor se esqueceu de mim" (ISAÍAS 49:14). Mas Deus disse: "Acaso, pode uma mulher esquecer-se do filho que ainda mama, de sorte que não se compadeça do filho do seu ventre? Mas ainda que esta viesse a se esquecer dele, eu, todavia, não me esquecerei de ti" (v.15).

Quando estamos angustiados ou desiludidos, podemos nos sentir abandonados pela sociedade, família e amigos, mas Deus não nos abandona. É um grande encorajamento o Senhor dizer "...nas palmas das minhas mãos te gravei..." (v.16) para indicar o quanto Ele nos conhece e protege. Mesmo que as pessoas nos abandonem, Deus nunca abandonará os Seus.

LD

Obrigado, Senhor, pois sei que não preciso enfrentar a vida sozinho. Reconheço a Tua presença em minha vida.

Deus nunca se esquece de nós.

Descansando e esperando

Era meio-dia. Jesus, com os pés cansados de sua longa jornada, descansava ao lado do poço de Jacó. Os discípulos haviam ido à cidade de Sicar para comprar pão. Uma mulher saiu da cidade para buscar água... e encontrou seu Messias. O relato nos diz que, ela entrou rapidamente na cidade e convidou os outros a irem ouvir "...um homem que me disse tudo quanto tenho feito..." (JOÃO 4:29).

LEITURA:
João 4:4-14

...A minha comida consiste em fazer a vontade daquele que me enviou e realizar a sua obra. v.34

Os discípulos voltaram trazendo o pão. Quando insistiram com Jesus para que comesse, Ele lhes disse: "...A minha comida consiste em fazer a vontade daquele que me enviou e realizar a sua obra" (v.34).

Que obra Jesus estivera fazendo? Ele descansava e esperava junto ao poço.

Encontro grande encorajamento nessa história, pois estou enfrentando limitações físicas. Esta passagem me diz que não devo me precipitar, e preocupar-me em cumprir a vontade de meu Pai e fazer a Sua obra. Neste período da vida, posso descansar e esperar que Ele traga a Sua obra a mim.

De semelhante modo, seu minúsculo apartamento, seu espaço de trabalho, sua cela de prisão ou seu leito de hospital pode se tornar um "poço de Jacó," um lugar para descansar e esperar que seu Pai leve a Sua obra até você. Me questiono sobre quem Ele levará a você hoje?

DHR

Pai, as circunstâncias, às vezes, são ameaçadoras.
Ajuda-nos a ver-te em todos os momentos. Estamos aprendendo a confiar em ti, enquanto fazes a Tua obra.

Se você quer um campo para servir, olhe ao seu redor.

Sempre sob os Seus cuidados

O veterano repórter, Scott Pelley, nunca sai em missão sem o que considera o essencial para a sua viagem: rádio de ondas curtas, câmera, mala indestrutível, computador portátil, telefone e um localizador de emergência que funciona em qualquer lugar. "Você estende a antena, aperta dois botões e ele envia um sinal a um satélite ligado a outro satélite em específico", diz Pelley. "Ele informa quem sou e onde estou. Dependendo do país em que você está, eles enviarão uma equipe de resgate ou não." Pelley nunca precisou usar o sinalizador, mas jamais viaja sem ele.

LEITURA:
Salmo 139:1-18

Sabes quando me assento e quando me levanto; de longe penetras os meus pensamentos. v.2

Mas, quando se trata do nosso relacionamento com Deus, não precisamos de rádios, telefones ou sinalizadores de emergência. Independentemente de quão precárias nossas circunstâncias se tornem, Ele já sabe quem somos e onde estamos. O salmista comemorou isto ao escrever: "SENHOR, tu me sondas e me conheces [...] conheces todos os meus caminhos" (SALMO 139:1-3). Nossas necessidades nunca estão escondidas de Deus, e nós nunca somos separados dos Seus cuidados.

Hoje, podemos dizer com confiança: "Se tomo as asas da alvorada e me detenho nos confins dos mares, ainda lá me haverá de guiar a tua mão, e a tua destra me susterá" (vv.9,10).

O Senhor sabe quem somos, onde estamos e o que precisamos.

DCM

Louvamos-te Senhor por Teu amor infinito e cuidado incansável.

Estamos sempre sob os Seus cuidados.

Ele é bom?

"**Não penso** que Deus seja bom", disse-me minha amiga. Ela havia orado durante anos acerca de algumas questões difíceis, mas nada havia melhorado. Sua raiva e amargura pelo silêncio de Deus cresciam. Conhecendo-a bem, percebi que, no fundo, ela acreditava que Deus é bom, mas a dor contínua em seu coração e a aparente falta de interesse da parte dele a levaram a duvidar. Para ela, era mais fácil suportar a raiva do que a tristeza.

LEITURA:
Gênesis 3:1-8

[A serpente] disse à mulher: É assim que Deus disse...? v.1

Duvidar da bondade divina é tão antigo quanto Adão e Eva (Gênesis 3). A serpente colocou esse pensamento na mente de Eva ao sugerir que Deus estava retendo o fruto dela "...porque Deus sabe que no dia em que dele comerdes se vos abrirão os olhos e, como Deus, sereis conhecedores do bem e do mal" (v.5). Com soberba, eles pensaram que, em vez de Deus, eles mesmos deveriam determinar o que era bom para eles.

Anos após a morte da filha, James Bryan Smith descobriu ser capaz de aceitar a bondade de Deus. Em seu livro *O maravilhoso e bom Deus* (Ed. Vida, 2010), ele escreveu: "A bondade de Deus não é algo sobre o qual tenho que decidir. Sou um ser humano com compreensão limitada." Esse surpreendente comentário não é ingênuo; é o resultado de anos processando sua dor e buscando o coração de Deus.

Em momentos de desânimo, ouçamos bem uns aos outros e ajudemo-nos a ver a verdade de que Deus é bom.

AMC

Pai, tu nos conheces e voltamo-nos a ti
porque sabemos que és bom.

O Senhor é bom para todos, e as suas ternas misericórdias permeiam todas as suas obras. SALMO 145:9

Tempo de crescer

Em sua nova casa, Débora descobriu uma planta abandonada num canto escuro da cozinha. As folhas empoeiradas e irregulares pareciam as de uma orquídea *Phalaenopsis*, e ela imaginou como a planta seria bonita quando soltasse novas hastes com flores. Ela mudou o vaso para um local perto da janela, cortou as folhas mortas e regou-a bem; comprou fertilizante e aplicou-o nas raízes. Semana após semana, ela inspecionou a planta, mas nenhum novo broto apareceu. "Darei a ela mais um mês" — disse ela ao marido — "e, se nada tiver acontecido até então, irá para o lixo".

LEITURA:
Gálatas 6:1-10

...a seu tempo ceifaremos, se não desfalecermos... v.9

Quando chegou esse dia, ela mal podia acreditar em seus olhos. Duas pequenas hastes estavam aparecendo por entre as folhas! A planta da qual ela quase havia desistido ainda estava viva.

Você fica desanimado com sua aparente falta de crescimento espiritual? Talvez você costume perder a calma ou gostar daquele bocado picante de fofoca que você simplesmente não consegue resistir a repassar. Ou talvez você se levante tarde demais para ter tempo de orar e ler a Bíblia, apesar da resolução de ligar o alarme para mais cedo.

Por que não contar a um amigo de confiança sobre as áreas de sua vida em que você quer crescer espiritualmente e pedir-lhe para orar e incentivá-lo a ser responsável? Seja paciente. Você crescerá à medida que permitir que o Espírito Santo opere em você.

MS

Pai, ajuda-me a ser sensível ao Teu Espirito.

Cada pequeno passo de fé é um passo gigante de crescimento.

O pão que satisfaz

Aprendi a recitar a *Oração do Senhor* na escola, quando menino. Sempre que eu dizia: "o pão nosso de cada dia dá-nos hoje" (MATEUS 6:11), não conseguia deixar de pensar no pão que, apenas ocasionalmente, tínhamos em casa. Somente quando meu pai voltava de sua viagem à cidade tínhamos um filão de pão. Por isso, pedir a Deus para nos dar o pão nosso de cada dia era uma oração relevante para mim.

LEITURA:
Lucas 10:38–11:4

...o pão nosso cotidiano dá-nos de dia em dia. v.3

Anos mais tarde, fiquei muito curioso ao descobrir o devocional *Pão Diário*. Eu sabia que o título provinha da Oração do Senhor, mas também sabia que ele não poderia estar falando do pão de fôrma da padaria. Pela leitura regular do livreto, descobri que esse "pão", repleto de partes das Escrituras e notas úteis, era um alimento espiritual para a alma.

Alimento espiritual foi o que Maria escolheu ao sentar-se aos pés de Jesus e escutar atentamente as Suas palavras (LUCAS 10:39). Enquanto Marta se desgastava preocupando-se com o alimento físico, Maria dedicava o seu tempo para estar próxima de seu hóspede, o Senhor Jesus, e a escutá-lo. Que também lhe dediquemos esse tempo. Ele é o Pão da Vida (JOÃO 6:35) e alimenta os nossos corações com alimento espiritual. Ele é o Pão que satisfaz.

LD

Sento-me diante de ti agora, Senhor, e quero aprender de ti. Meu coração está pronto a ouvir Tua Palavra e aprender de ti.

"Eu sou o pão da vida." JESUS

Ótima literatura

Li um artigo sobre o que constitui a ótima literatura, e nele o autor sugere que: "Ao término da leitura, o leitor é uma pessoa diferente."

Sob esse prisma, a Palavra de Deus sempre será classificada como ótima literatura. A leitura da Bíblia nos desafia a ser melhores. Os heróis bíblicos nos inspiram a sermos corajosos e perseverantes. Os livros sapienciais e proféticos alertam sobre o perigo de viver segundo nossos instintos caídos. Deus falou por meio de diversos escritores para a composição de salmos transformadores da vida em nosso benefício. Os ensinamentos de Jesus moldam nosso caráter para tornar-se mais semelhante a Ele. Os escritos de Paulo orientam nossa mente a uma vida santa. À medida que o Espírito Santo traz essas Escrituras à nossa mente, elas se tornam poderosos agentes de transformação.

LEITURA:
Salmo 119:97-104

Quão doces são as tuas palavras ao meu paladar! Mais que o mel à minha boca. v.103

O escritor do Salmo 119 amava a Palavra de Deus por sua influência transformadora em sua vida. Ele reconheceu que as Escrituras antigas, transmitidas desde Moisés, o tornavam sábio e com mais entendimento do que seus mestres (v.99). Elas o livravam do mal (v.101). Não admira haver exclamado: "Quanto amo a tua lei! É a minha meditação, todo o dia!" e "Quão doces são as tuas palavras ao meu paladar! Mais que o mel à minha boca" (vv.97,103).

Bem-vindo à alegria de amar a ótima literatura, especialmente o poder da Palavra de Deus em transformar vidas!

JMS

O Espírito de Deus usa a Palavra de Deus para transformar o povo de Deus.

Pimentas vermelhas

"**Minha mãe** nos dava pimentas vermelhas antes de irmos dormir", disse Samuel, recordando sua infância difícil na África subsaariana. "Bebíamos água para refrescar a boca, e nos sentíamos saciados, mas não era bom."

LEITURA:
Tiago 1:22-27

A religião pura e sem mácula [...] é esta: visitar os órfãos e as viúvas nas suas tribulações... v.27

Uma convulsão no governo havia obrigado o pai dele a fugir para salvar sua vida, deixando a mãe como a única provedora da família. Depois, seu irmão contraiu anemia falciforme e eles não podiam pagar por atendimento médico. A mãe os levava à igreja, o que não significava muito para Samuel. *Como Deus podia permitir que nossa família sofresse assim?*, ele questionava.

Certo dia, um homem soube da situação deles, conseguiu o remédio essencial e lhes levou. "No domingo iremos à igreja deste homem", anunciou sua mãe. Imediatamente, Samuel sentiu algo diferente sobre esta igreja. Eles celebravam o seu relacionamento com Jesus vivendo o Seu amor.

Isso foi há três décadas. Hoje nesta parte do mundo, Samuel fundou mais de 20 igrejas, uma grande escola e um orfanato. Ele está continuando o legado da religião verdadeira ensinada por Tiago, irmão de Jesus, que nos instou a não apenas ouvirmos a Palavra, mas praticá-la (TIAGO 1:22). "A religião pura e sem mácula, para com o nosso Deus e Pai, é esta: visitar os órfãos e as viúvas nas suas tribulações..." (v.27).

Não há como saber o que pode fazer um simples ato de bondade praticado em nome de Jesus.

TG

Deus, somos gratos por Jesus.

Às vezes, o melhor testemunho é a bondade.

A morada de Deus

James **Oglethorpe** (1696–1785) foi um general britânico e membro do Parlamento, que teve a visão de uma grande cidade. Encarregado de estabelecer o estado da Geórgia na América do Norte, ele planejou a cidade de Savannah segundo aquela visão. Projetou uma série de quadrados, cada qual com um espaço verde e áreas designadas para igrejas e lojas, com o restante reservado para habitação. O pensamento visionário de Oglethorpe é visto hoje numa cidade bonita e bem organizada, considerada uma joia do sul dos EUA.

LEITURA:
Apocalipse 21:1-7

...a morte já não existirá, já não haverá luto, nem pranto, nem dor... v.4

Em Apocalipse 21, João recebeu a visão de uma cidade diferente — a Nova Jerusalém. O que ele disse acerca dessa cidade se referia menos à sua concepção e mais ao caráter de quem estava lá. Ao descrever nosso lar eterno, escreveu: "Eis o tabernáculo de Deus com os homens. Deus habitará com eles..." (v.3). E, devido a *quem* estava lá — o próprio Deus — esse lugar de habitação seria notável pelo que *não* estava lá. Citando Isaías 25: 8, João escreveu: "[Ele] lhes enxugará dos olhos toda lágrima, e a morte já não existirá..." (v.4).

Não haverá mais morte! Nem "luto, nem pranto, nem dor". Toda a nossa dor será substituída pela maravilhosa e curativa presença do Deus do universo. Esse é o lar que Jesus está preparando para todos os que se voltam a Ele para obter perdão. *WEC*

Pai celestial, somos gratos pelo maravilhoso lugar que o Teu Filho Jesus nos prepara no céu.

Enquanto o Senhor nos prepara um lugar, Ele nos prepara para ali chegarmos.

Remando para casa

Eu gosto de Ripchip, o ratinho falante durão na série *As crônicas de Nárnia* de C. S. Lewis, (Ed. Martins Fontes 2005). Determinado a alcançar o "Oriente absoluto" e juntar-se ao grande leão Aslan [simbólico de Cristo], Ripchip declara sua determinação: "Enquanto eu puder, navegarei para leste no *Peregrino da Alvorada*. Quando ele me falhar, remarei para leste em meu barquinho de vime. Quando ele afundar, remarei para leste com minhas quatro patas. Então, quando não mais conseguir nadar, se ainda não tiver atingido o País de Aslam, afundarei com meu nariz apontando para o nascer do sol."

LEITURA:
Filipenses 3:12-16

...esquecendo-me das coisas que para trás ficam e avançando para as que diante de mim estão... v.13

Paulo disse de outro modo: "Prossigo para o alvo..." (FILIPENSES 3:14). Seu objetivo era ser como Jesus. Nada mais importava. Ele admitia ter muito terreno a cobrir, mas não desistiria até atingir aquilo para o que Jesus o havia chamado.

Nenhum de nós é o que deveria ser, mas podemos, como o apóstolo, nos esforçar e orar por esse objetivo. Como Paulo, sempre diremos: "Ainda não cheguei." Não obstante, a despeito de fraqueza, fracasso e cansaço, precisamos prosseguir (v.12). Mas tudo depende de Deus. Sem Ele, nada podemos fazer!

Deus está com você, chamando-o para seguir em frente. Continue remando!

DHR

Senhor, sem ti nada somos.
Age em nós ainda hoje, assim oramos.

Deus provê o poder de que necessitamos para perseverar.

Por que eu?

Rute era uma estrangeira. Ela era viúva e pobre. Em muitas partes do mundo de hoje, ela seria considerada um ninguém — alguém cujo futuro não detém qualquer esperança.

LEITURA:
Rute 2:1-11

...Como é que me favoreces?... v.10

Todavia, Rute encontrou favor aos olhos de um parente de seu falecido marido, um homem rico e proprietário dos campos onde ela decidiu pedir permissão para recolher grãos. Em resposta à bondade dele, Rute perguntou: "...Como é que me favoreces e fazes caso de mim, sendo eu estrangeira?" (RUTE 2:10).

Boaz demonstrou a Rute tal compaixão, e lhe respondeu com sinceridade. Ele havia ouvido falar de suas boas ações por sua sogra Noemi e de como ela escolhera deixar seu país e seguir o Deus dela. Boaz orou para que Deus, "...sob cujas asas..." ela havia vindo para obter refúgio, a abençoasse (RUTE 1:16; 2:11,12; SALMO 91:4). Como seu parente redentor (RUTE 3:9), ao casar-se com Rute, Boaz se tornou seu protetor e parte da resposta à sua própria oração.

Como Rute, fomos estrangeiros e distantes de Deus. Podemos nos questionar por que Deus escolheria amar-nos quando somos tão indignos. A resposta não está em nós, mas nele: "...Deus prova o seu próprio amor para conosco pelo fato de ter Cristo morrido por nós, sendo nós ainda pecadores" (ROMANOS 5:8). Cristo se tornou nosso Redentor. Quando somos salvos, estamos sob as Suas asas protetoras.

KO

Querido Senhor, não duvido do Teu amor por mim.
Quero honrar-te.

A gratidão é a resposta do coração ao amor imerecido de Deus.

Sem preocupações

LEITURA:
Marcos 4:35–5:1

...Passemos para a outra margem. v.35

Uma confortável viagem de avião estava prestes a ficar instável. A voz do capitão interrompeu o serviço a bordo e pediu aos passageiros para atarem seus cintos de segurança. Logo depois, o avião começou a inclinar-se em todas as direções, como um navio em um oceano acossado pelo vento. Enquanto os demais passageiros faziam o possível para lidar com a turbulência, uma menina ficou sentada o tempo todo, lendo seu livro. Após o avião pousar, perguntaram-lhe como ela havia conseguido ficar tão calma. Ela respondeu: "Meu pai é o piloto e ele está me levando para casa."

Embora fossem pescadores experientes, os discípulos de Jesus ficaram aterrorizados no dia em que uma tempestade ameaçou afundar seu barco. Eles seguiam as instruções de Jesus. Por que aquilo estava acontecendo? (MARCOS 4:35-38). Jesus estava com eles, mas dormindo na popa da embarcação. Naquele dia eles aprenderam que não é verdade que, quando fazemos o que o nosso Senhor diz, não haverá tempestades em nossa vida. Contudo, por Jesus estar com os discípulos, eles aprenderam que as tempestades não nos impedem de chegar até onde o nosso Senhor quer que vamos (5:1).

Se a tempestade que enfrentamos hoje resulta de um trágico acidente, uma perda de emprego ou alguma outra provação, podemos estar confiantes de que nem tudo está perdido. *CPH*

Nosso Piloto pode lidar com a tempestade.
Ele nos levará para casa.

Não precisamos temer a tempestade com Jesus sendo o nosso âncora.

Quando as árvores despertam

Ao longo de invernos frios e úmidos, a esperança da primavera nos sustenta. Setembro é o mês em que nossa esperança por dias mais quentes é recompensada. A transformação acontece aos poucos. Galhos que parecem sem vida no primeiro dia da primavera se transformam em galhos que nos cumprimentam com folhas verdes no fim de algumas semanas. Embora a mudança a cada dia seja imperceptível, no final de um mês as árvores secas de meu jardim enverdecem.

LEITURA:
João 11:14-27

...Eu sou a ressurreição e a vida. Quem crê em mim, ainda que morra, viverá. v.25

Deus incluiu um ciclo de descanso e renovação na Sua criação. O que para nós parece ser morte, para Ele é descanso. E, assim como o descanso é a preparação para a renovação, a morte é a preparação para a ressurreição.

Eu amo assistir as árvores despertando a cada primavera, porque isso me lembra de que a morte é uma condição temporária e seu propósito é preparar para uma nova vida, um novo começo, para algo ainda melhor. E "...se o grão de trigo, caindo na terra, não morrer, fica ele só; mas, se morrer, produz muito fruto" (JOÃO 12:24).

Embora o pólen seja um incômodo na primavera, quando cobre meus móveis e faz as pessoas espirrarem, ele me lembra de que Deus está mantendo as coisas vivas. E, após a dor da morte, Ele promete uma ressurreição gloriosa para aqueles que creem em Seu Filho.

JAL

Encoraje-se com palavras que nos lembram da esperança da ressurreição (1 CORÍNTIOS 15:35-58).

Toda folha nova da primavera é um lembrete da nossa prometida ressurreição.

Como ovelhas

Quando eu morava com meu avô em Gana, uma de minhas tarefas diárias era cuidar de ovelhas. Todas as manhãs eu as levava ao pasto e voltava à noitinha. Foi quando percebi quão teimosas as ovelhas podem ser. Quando viam uma fazenda, seu instinto as levava diretamente a ela, deixando-me em apuros com os fazendeiros em várias ocasiões.

LEITURA:
Isaías 53:1-6

Todos nós andávamos desgarrados como ovelhas; cada um se desviava pelo caminho... v.6

Às vezes, quando estava cansado do calor e repousando sob uma árvore, observava as ovelhas se dispersarem em meio aos arbustos e irem para as montanhas, levando-me a persegui-las e arranhar minhas pernas magras nos arbustos. Era difícil conduzir os animais para longe de perigo e problemas, especialmente quando, às vezes, os ladrões invadiam o campo e roubavam as ovelhas desgarradas.

Por isso, entendo muito bem quando Isaías diz: "Todos nós andávamos desgarrados como ovelhas; cada um se desviava pelo caminho..." (53:6). Nós nos desviamos de muitas maneiras: desejando e fazendo o que desagrada o nosso Senhor, ferindo outras pessoas com nossa conduta e deixando de investir um tempo com Deus e Sua Palavra porque estamos ocupados demais ou nos falta interesse. Nós nos comportamos como ovelhas no campo.

Felizmente para nós, temos o Bom Pastor que deu a Sua vida por nós (JOÃO 10:11) e que leva nossas dores e nossos pecados (ISAÍAS 53:4-6). E, como nosso Pastor, Ele nos chama de volta ao pasto seguro para que possamos segui-lo mais de perto.

LD

Jesus, estou agradecido por sempre me desejares ao Teu lado.

Se você quer que Deus o conduza, disponha-se a segui-lo.

Paz que flui

"Não estou surpresa por você liderar retiros", disse uma conhecida em minha aula de ginástica. "Você tem uma boa aura." Fiquei movida, mas satisfeita com o comentário dela, porque percebi que o que ela via como uma "aura" em mim eu entendia como sendo a paz de Cristo. Quando seguimos Jesus, Ele nos dá a paz que excede o entendimento (FILIPENSES 4:7) e irradia de dentro — embora possamos nem estar cientes disso.

LEITURA:
João 14:16-27

Deixo-vos a paz, a minha paz vos dou... v.27

Jesus prometeu aos Seus seguidores essa paz quando, após sua última ceia juntos, Ele os preparou para Sua morte e ressurreição. Ele lhes disse que, embora eles fossem ter problemas no mundo, o Pai lhes enviaria o Espírito da verdade para viver com eles e estar neles (JOÃO 14:16,17). O Espírito os ensinaria, trazendo à mente as Suas verdades; o Espírito os confortaria, dando-lhes a Sua paz. Embora em breve eles fossem enfrentar provações, incluindo a feroz oposição dos líderes religiosos e ver Jesus sendo executado, Ele lhes disse para não temerem. A presença do Espírito Santo nunca os deixaria.

Embora como filhos de Deus passemos por dificuldades, também temos Seu Espírito vivendo em nós e fluindo para fora de nós. A paz de Deus pode ser o Seu testemunho para todos que encontramos — seja no mercado local, na escola, no trabalho ou na academia.

ABP

Pai, Filho e Espírito Santo, que eu saiba compartilhar a Tua paz com os que me cercam ainda hoje.

Quando nosso pensamento está em Deus, Seu Espírito nos concede paz.

Ele esteve em nosso lugar

Para ajudar sua equipe de jovens arquitetos a entender as necessidades daqueles para quem eles projetam habitação, David Dillard lhes envia a "festas do pijama". Eles vestem pijamas e passam 24 horas num centro de idosos, nas mesmas condições das pessoas acima de 80 anos. Eles usam tampões de ouvido para simular perda auditiva, unem os dedos com fita adesiva para limitar a destreza manual e trocam de óculos para replicar problemas de visão. Dillard diz: "O maior benefício é que ao enviar jovens de 27 anos, eles voltam com um coração dez vezes maior. Eles conhecem as pessoas e compreendem seus problemas" (Rodney Brooks, *USA Today*).

LEITURA:
Hebreus 2:10-18

...naquilo que ele mesmo sofreu, tendo sido tentado, é poderoso para socorrer os que são tentados. v.18

Jesus viveu neste mundo durante 33 anos e partilhou de nossa condição humana. Ele foi feito como nós, "...semelhante aos irmãos..." (HEBREUS 2:17), então sabe como é viver num corpo humano nesta terra. Ele entende as lutas que enfrentamos e nos compreende e encoraja.

"Porque, naquilo que ele mesmo [Jesus] sofreu, tendo sido tentado, é poderoso para socorrer os que são tentados" (v.18). O Senhor poderia ter evitado a cruz. Em vez disso, Ele obedeceu ao Seu Pai. Por meio da Sua morte, Ele rompeu o poder de Satanás e nos libertou do nosso medo da morte (vv.14,15).

Em todas as tentações, Jesus caminha ao nosso lado para nos dar coragem, força e esperança ao longo do caminho.

DCM

Senhor, que possamos experimentar a Tua presença hoje.

Jesus compreende a nossa dor.

Só se morre uma vez

Nascida escrava e maltratada quando jovem, Harriet Tubman (1822-1913) encontrou uma luz de esperança nas histórias da Bíblia que sua mãe contava. O relato da fuga de Israel da escravidão sob Faraó lhe mostrou um Deus que desejava a liberdade para o Seu povo.

LEITURA:
Mateus 10:26-32

Não temais os que matam o corpo e não podem matar a alma... v.28

Harriet encontrou a liberdade ao atravessar a divisa do seu estado natal e da escravidão, mas não conseguia contentar-se sabendo que muitos ainda estavam presos em cativeiro. Ela liderou mais de uma dúzia de missões de resgate para libertar escravos, desprezando o perigo pessoal. "Eu só poderei morrer uma vez", disse ela.

Harriet conhecia a veracidade da afirmação: "Não temais os que matam o corpo e não podem matar a alma" (MATEUS 10:28). Jesus disse essas palavras ao enviar Seus discípulos em sua primeira missão. Ele sabia que eles enfrentariam perigos e que nem todos os receberiam calorosamente. Então, por que expor os discípulos ao risco? A resposta se encontra no capítulo anterior. "Vendo ele as multidões, compadeceu-se delas, porque estavam aflitas e exaustas como ovelhas que não têm pastor" (9:36).

Quando Harriet Tubman não conseguia esquecer aqueles que ainda estavam presos na escravidão, ela nos mostrava uma imagem de Cristo, que não se esqueceu de nós quando estávamos presos em nossos pecados. Seu exemplo de coragem nos inspira a nos lembrarmos dos que permanecem sem esperança no mundo.

TG

A verdadeira liberdade se encontra em conhecer e servir a Cristo.

Louvor de corações puros

Em viagem ao exterior, minha amiga Mirna participou do culto de uma igreja. Ela percebeu que, ao entrarem, as pessoas imediatamente se ajoelhavam e oravam, de costas para a frente da igreja. Ela descobriu que as pessoas daquela igreja confessavam seus pecados a Deus antes de começar o culto.

LEITURA:
Salmo 51:7-17

...coração compungido e contrito, não o desprezarás, ó Deus. v.17

Este ato de humildade é, para mim, uma imagem do que Davi disse no Salmo 51: "Sacrifícios agradáveis a Deus são o espírito quebrantado; coração compungido e contrito, não o desprezarás, ó Deus" (v.17). Davi estava descrevendo seu próprio remorso e arrependimento por seu pecado de adultério com Bate-Seba. A verdadeira tristeza pelo pecado envolve adotar a visão de Deus sobre o que fizemos — ver aquilo como claramente errado, não gostar e não querer que continue.

Quando estamos verdadeiramente contritos por nosso pecado, Deus nos restaura amorosamente. "Se confessarmos os nossos pecados, ele é fiel e justo para nos perdoar [...] e nos purificar de toda injustiça" (1 JOÃO 1:9). Este perdão produz um novo canal de comunicação com Ele e é o ponto de partida ideal para o louvor. Após arrepender-se, confessar e ser perdoado por Deus, Davi falou: "Abre, Senhor, os meus lábios, e a minha boca manifestará os teus louvores" (SALMO 51:15).

A humildade é a resposta correta à santidade de Deus. E o louvor é a resposta do nosso coração ao Seu perdão. *JBS*

Pai, que eu nunca minimize o pecado.

O louvor é a canção da alma liberta.

Saber e fazer

O **filósofo chinês** Han Feizi observou acerca da vida: "Conhecer os fatos é fácil. Saber agir com base neles é difícil."

Certa vez, um homem rico com esse problema foi a Jesus. Ele conhecia a lei de Moisés e acreditava ter guardado os mandamentos desde a juventude (MARCOS 10:20). Mas poderia estar imaginando quais fatos adicionais ele poderia ouvir de Jesus. E perguntou: "...Bom Mestre, que farei para herdar a vida eterna?" (v.17).

LEITURA:
Marcos 10:17-27

...Para os homens é impossível; contudo, não para Deus, porque para Deus tudo é possível. v.27

A resposta de Jesus desapontou o homem rico. Ele lhe disse para vender seus bens, dar o dinheiro aos pobres e segui-lo (v.21). Com estas poucas palavras, Jesus expôs o fato que o homem não queria ouvir. Ele amava e confiava em sua riqueza mais do que em Jesus. Abandonar a segurança de seu dinheiro para seguir Jesus era um risco muito grande; e ele foi embora triste (v.22).

Em que o Mestre estava pensando? Seus próprios discípulos ficaram alarmados e perguntaram: "...Quem pode ser salvo?" Ele respondeu: "...Para os homens é impossível; contudo, não para Deus, porque para Deus tudo é possível" (v.27). É necessário ter coragem e fé. "Se, com a tua boca, confessares Jesus como Senhor e, em teu coração, creres que Deus o ressuscitou dentre os mortos, serás salvo" (ROMANOS 10:9).

PFC

Obrigado Senhor, por nos fortalecer para agir sobre os fatos.

...Crê no Senhor Jesus e serás salvo... ATOS 16:31

A história não é simples

A vida parece simples nas leis do Antigo Testamento. Obedeça a Deus e seja abençoado. Desobedeça-o e espere problemas. É uma teologia satisfatória. Mas será assim tão simples?

LEITURA:
2 Crônicas 16:7–14

...seus olhos passam por toda a terra, para mostrar-se forte para com aqueles cujo coração é [...] dele... v.9

A história do rei Asa parece moldar-se ao padrão. Ele afastou seu povo de falsos deuses e seu reino prosperou (2 CRÔNICAS 15:1-19). Depois, no final de seu reinado, ele dependeu de si mesmo, não de Deus (16:2-7) e o restante de sua vida foi marcado por guerra e doença (v.12).

É fácil olhar essa história e simplesmente concluir. Mas ao advertir Asa, o profeta Hanani disse que Deus irá "...mostrar-se forte para com aqueles cujo coração é totalmente dele..." (16:9). Por que o nosso coração precisa ser fortalecido? Porque fazer o certo pode exigir coragem e perseverança.

Jó foi o protagonista num drama espiritual. Seu crime? Ele era "...íntegro e reto..." (1:8). José, falsamente acusado de tentativa de estupro, sofreu na prisão durante anos — para servir aos bons propósitos de Deus (GÊNESIS 39:19–41:1). E Jeremias foi espancado e "preso com correntes" (JEREMIAS 20:2 NTLH). Qual foi a transgressão do profeta? Dizer a verdade ao povo rebelde (26:15).

A vida não é simples e os caminhos de Deus não são os nossos. Tomar a decisão correta pode ter um custo. Mas, no plano eterno de Deus, as Suas bênçãos chegam no devido tempo. *TG*

Ajuda-nos a aprender dos erros
e das sábias escolhas de outros ao servir-te.

Deus ajuda quem se coloca sob Sua dependência.

A BÍBLIA em **UM ANO:**
2 CRÔNICAS 17-18; JOÃO 13:1-20

Senhor, socorro!

Fiquei muito feliz por minha amiga quando ela me disse que ia ser mãe! Juntas, contávamos os dias até o nascimento. Mas, quando o bebê sofreu uma lesão cerebral durante o parto, meu coração se partiu e eu não sabia *como* orar. Tudo que eu sabia era a *quem* eu deveria orar — Deus. Ele é o nosso Pai e nos ouve quando o chamamos.

LEITURA:
Hebreus 4:14–16

Acheguemo-nos [...] ao trono da graça, a fim de recebermos misericórdia e acharmos graça... v.16

Eu sabia que Deus era capaz de milagres. Ele trouxe a filha de Jairo de volta à vida (LUCAS 8:49-55) e, ao fazê-lo, também curou a menina de qualquer enfermidade que lhe havia roubado a vida. E pedi-lhe para levar cura também ao bebê de minha amiga.

Mas questionei-me: "*e se Deus não curar?*". *Certamente, não lhe falta o poder. Será que Ele não se importa*? Pensei no sofrimento de Jesus na cruz e na explicação de que "...Deus prova o seu próprio amor para conosco pelo fato de ter Cristo morrido por nós, sendo nós ainda pecadores" (ROMANOS 5:8). Em seguida, lembrei-me das perguntas de Jó e de como ele aprendeu a ver a sabedoria de Deus mostrada na criação ao seu redor (JÓ 38-39).

Lentamente, vi como Deus nos chama a Ele nos detalhes de nossa vida. Na graça de Deus, minha amiga e eu aprendemos juntas o que significa invocar o Senhor e confiar nele — independentemente do resultado.

PFC

Pai, a quem posso recorrer senão a ti?
Confio a minha vida e a vida dos meus queridos a ti.
Estou grato porque sempre ouves o meu clamor.

***Quando a vida o derruba,
você está na posição perfeita para orar!***

Força para os cansados

Em um belo dia ensolarado, eu estava caminhando em um parque e me sentindo muito cansado no espírito. Não era apenas uma coisa me pesando — parecia ser tudo. Ao parar para sentar-me num banco, notei uma pequena placa colocada ali em memória amorosa de um "devotado marido, pai, irmão e amigo". Também na placa estavam as palavras: "Mas os que esperam no SENHOR renovam as suas forças, sobem com asas como águias, correm e não se cansam, caminham e não se fatigam" (ISAÍAS 40:31).

LEITURA:
Isaías 40:27–31

...os que esperam no SENHOR renovam as suas forças... v.31

Essas palavras familiares vieram a mim como um toque pessoal do Senhor. O cansaço — seja físico, emocional ou espiritual — vem a todos nós. Isaías nos lembra de que, embora nos cansemos, o Senhor, o Deus eterno, o Criador dos confins da terra "...nem se cansa, nem se fatiga..." (v.28). Como fora fácil esquecer que, em todas as situações, o Senhor "faz forte ao cansado e multiplica as forças ao que não têm nenhum vigor" (v.29).

Como está a sua jornada hoje? Se a fadiga fez você esquecer-se da presença e do poder de Deus, por que não fazer uma pausa e recordar-se de Sua promessa: "...os que esperam no SENHOR renovam as suas forças..." (v.31). Aqui. Agora. Exatamente onde estamos.

DCM

Senhor, obrigado porque sei que nunca te cansas.
Dá-me forças para enfrentar seja qual for a situação neste dia.

Quando as lutas da vida o enfraquecerem, encontre força no Senhor.

Há um propósito para a sua vida

Em um dia quente, minha sobrinha Vania viu uma mulher em pé ao lado de um semáforo, segurando uma placa. Ao aproximar-se com o carro, ela tentou ler o que a placa dizia, presumindo ser um pedido de comida ou dinheiro. Em vez disso, ela se surpreendeu ao ver estas palavras:

"Há um propósito para a sua vida."

Deus criou cada um de nós para um propósito específico. Em primeiro lugar, esse propósito deve trazer-lhe honra, e uma maneira de fazer isso é satisfazer às necessidades dos outros (1 PEDRO 4:10,11).

LEITURA:
1 Pedro 4:7-11

...se alguém serve, faça-o na força que Deus supre, para que, em todas as coisas, seja Deus glorificado... v.11

Uma mãe de crianças pequenas pode encontrar um propósito ao limpar narizes escorrendo e contar aos seus filhos sobre Jesus. Um funcionário num emprego insatisfatório pode encontrar o seu propósito fazendo seu trabalho diligentemente, lembrando-se de que é ao Senhor que está servindo (COLOSSENSES 3:23,24). Uma mulher que perdeu a visão ainda encontra propósito em orar por seus filhos e netos e influenciá-los a confiarem em Deus.

O Salmo 139 afirma que, antes de nascermos, "...no teu livro foram escritos todos os meus dias..." (v.16). Somos formados "...por modo assombrosamente maravilhoso..." para trazer glória ao nosso Criador (v.14).

Jamais esqueça: Há um propósito para a sua vida! *CHK*

Senhor, ajuda-nos a ver-te em meio a tudo que enfrentamos. Mostra-nos um pequeno vislumbre do propósito e significado que tu trazes para todas as coisas.

Mesmo quando tudo parece não ter significado, Deus tem um propósito para a sua vida.

A beleza de Roma

A glória do Império Romano proporcionou um grande cenário para o nascimento de Jesus. Em 27 a.C., o primeiro imperador de Roma, César Augusto, encerrou 200 anos de guerra civil e começou a substituir os bairros degradados por monumentos, templos, arenas e complexos governamentais. Segundo o historiador romano Plínio, o Velho, aqueles eram "os mais belos edifícios que o mundo já viu".

LEITURA:
João 17:1-5

E a vida eterna é esta: que te conheçam a ti, o único Deus verdadeiro... v.3

Contudo, mesmo com sua beleza, a Cidade Eterna e seu império tinham um histórico de brutalidade que prosseguiu até a queda de Roma. Milhares de escravos, estrangeiros, revolucionários e desertores do exército foram crucificados em postes ao longo das estradas, como um aviso a qualquer um que ousasse desafiar o poder de Roma.

Que ironia a morte de Jesus na cruz romana acabar revelando uma glória eterna que fez o orgulho de Roma parecer a beleza momentânea de um pôr do sol!

Quem poderia ter imaginado que, na maldição lançada pelo público e na agonia da cruz encontraríamos a glória eterna do amor, da presença e do reino do nosso Deus?

Quem poderia ter previsto que todo o céu e a terra um dia cantariam: "Digno é o Cordeiro que foi morto de receber o poder, e riqueza, e sabedoria, e força, e honra, e glória, e louvor" (APOCALIPSE 5:12)?

MRD

Pai celestial, ajuda-nos a refletir a essência do sacrifício de Jesus ao mundo. Que o Teu amor seja nosso. Que a Tua glória seja a nossa alegria eterna.

O Cordeiro que morreu é o Senhor que vive!

Quebrados para serem refeitos

Durante a Segunda Guerra Mundial, meu pai serviu no exército dos EUA no Pacífico Sul. Naquele tempo, papai rejeitava toda ideia de religião, dizendo: "Eu não preciso de uma muleta." Contudo, chegou o dia em que sua atitude para com as coisas espirituais mudaria para sempre. Mamãe havia entrado em trabalho de parto de seu terceiro filho, e meu irmão e eu fomos dormir empolgados porque, em breve, veríamos nosso novo irmão ou irmã. Ao sair da cama na manhã seguinte, perguntei animado a papai: "É menino ou menina?" Ele respondeu: "Era uma menina, mas nasceu morta." Começamos a chorar juntos por nossa perda.

LEITURA:
Salmo 119:71-75

Bem sei, ó SENHOR, que os teus juízos são justos e que com fidelidade me afligiste. v.75

Pela primeira vez, papai levou o seu coração partido a Jesus em oração. Naquele momento, ele sentiu uma imensa sensação de paz e conforto de Deus, embora sua filha seria para sempre insubstituível. Pouco tempo depois, ele começou a se interessar pela Bíblia e continuou a orar Àquele que estava curando o seu sofrido coração. Sua fé cresceu ao longo dos anos. Ele se tornou um fiel seguidor de Jesus — servindo-o como professor de estudo bíblico e líder em sua igreja.

Jesus não é uma muleta para os fracos. Ele é a fonte de uma nova vida espiritual! Quando estamos quebrados, Ele pode nos tornar novos e íntegros (SALMO 119:75). *HDF*

Há algo em seu coração que precise ser compartilhado com o Senhor? Quebrante-se na presença dele.

O quebrantamento pode levar à plenitude.

Conte!

Era o ano de 1975, algo importante acabara de me acontecer. Eu precisava encontrar meu amigo Francisco, com quem compartilhava vários assuntos pessoais, e conversar. Encontrei-o em seu apartamento, apressando-se para sair, mas eu o fiz desacelerar. Pela maneira como me olhou, ele deve ter percebido que eu tinha algo importante a lhe contar. "De que se trata?", perguntou. Então, simplesmente lhe disse: "Ontem eu entreguei minha vida a Jesus!"

LEITURA:
Marcos 5:1-20

...ele foi e começou a proclamar [...] tudo o que Jesus lhe fizera... v.20

Francisco olhou para mim, deu um grande suspiro e disse: "Tenho sentido o desejo de fazer o mesmo há muito tempo." Ele me pediu para compartilhar o que havia acontecido, e eu lhe contei como, no dia anterior, alguém tinha explicado o evangelho a mim e como eu pedi a Jesus para entrar em minha vida. Ainda me lembro das lágrimas em seus olhos, quando ele também orou para receber o perdão de Jesus. Sem pressa, conversamos longamente sobre o nosso novo relacionamento com Cristo.

Após curar um homem possuído pelo espírito maligno, Jesus lhe disse: "Vai para tua casa, para os teus. Anuncia-lhes tudo o que o Senhor te fez e como teve compaixão de ti" (MARCOS 5:19). O homem não precisava pregar um sermão poderoso; simplesmente precisava compartilhar sua história.

Seja qual for a nossa experiência de conversão, façamos o que aquele homem fez: "...começou a proclamar [...] o que Jesus lhe fizera...".

LD

Compartilhe o que Jesus fez por você!

Digam-no os remidos do Senhor. SALMO 107:2

Muito melhor

Uma sirene tocava fora da casa de um menino. Não conhecendo o som, ele perguntou a sua mãe o que era. Ela explicou que a sirene servia para alertar as pessoas sobre uma tempestade perigosa. E explicou que, se as pessoas não se escondessem, poderiam morrer em consequência do furacão. O menino respondeu: "Mamãe, por que isso é ruim? Se morremos, não encontramos Jesus?"

LEITURA:
Filipenses 1:12-26

...[tenho] o desejo de partir e estar com Cristo, o que é incomparavelmente melhor. v.23

As crianças nem sempre entendem o que significa morrer. Mas Paulo, que tinha uma vida inteira de experiência, escreveu algo semelhante: "...[tenho] o desejo de partir e estar com Cristo, o que é incomparavelmente melhor" (FILIPENSES 1:23). O apóstolo estava sob prisão domiciliar no momento, mas sua declaração não fora por desespero. Ele se regozijava porque o seu sofrimento estava promovendo a difusão do evangelho (vv.12-14).

Então, por que Paulo ficaria dividido entre o desejo de vida e de morte? Porque continuar a viver significaria "trabalho frutífero". Mas ele sabia que, se morresse, desfrutaria de um tipo especial de proximidade com Cristo. Estar ausente do nosso corpo é estar em casa com o Senhor (2 CORÍNTIOS 5:6-8).

As pessoas que creem no poder salvífico da morte e ressurreição de Jesus estarão com Ele para sempre. Já se disse: "Tudo está bem quando acaba no céu". Quer vivamos ou morramos, nós ganhamos, pois "...o viver é Cristo, e o morrer é lucro" (FILIPENSES 1:21). *JBS*

Há paz em Jesus.

Crer na morte e ressurreição de Jesus traz a certeza da vida eterna com Ele.

O que realmente importa

Dois homens sentaram-se para avaliar os resultados de sua viagem de negócios. Um disse pensar que a viagem havia sido valiosa porque alguns novos relacionamentos significativos haviam começado por meio de seus contatos de negócios. O outro disse: "Relacionamentos são bons, mas o que importa é vender." Obviamente, eles tinham visões muito diferentes.

LEITURA:
Filipenses 2:1-11

...considerando cada um os outros superiores a si mesmo. Não tenha cada um em vista o que é [...] seu... vv.3,4

É fácil demais — seja nos negócios, na família ou na igreja — ver os outros sob a perspectiva de como podem nos beneficiar. Nós os valorizamos pelo que podemos obter deles, em vez de nos focarmos em como podemos servi-los em nome de Jesus. Em sua carta aos filipenses, Paulo escreveu: "Nada façais por partidarismo ou vanglória, mas por humildade, considerando cada um os outros superiores a si mesmo. Não tenha cada um em vista o que é propriamente seu, senão também cada qual o que é dos outros" (FILIPENSES 2:3,4).

As pessoas não devem ser usadas para o nosso próprio benefício. Por serem amadas por Deus e nós também sermos amados por Ele, nós nos amamos uns aos outros. O amor de Deus é o maior amor de todos.

WEC

Ensina-me Senhor a ver as pessoas como tu as vês:
refletindo a Tua imagem, sendo dignas do Teu amor,
e precisando do Teu cuidado. Que o Teu grande amor encontre
em meu coração um vaso no qual possa ser demonstrado.

Há alegria quando colocamos
as necessidades dos outros acima das nossas.

Nosso novo nome

Ela dizia ser uma pessoa preocupada, mas, quando seu filho foi ferido num acidente, ela aprendeu a livrar-se daquela atitude que a restringia. Durante a recuperação de seu filho, toda semana ela se encontrava com amigos para conversar e orar, pedindo a Deus por ajuda e cura. Ao longo dos meses, enquanto transformava seus medos e preocupações em oração, ela percebeu que estava mudando de uma *pessoa preocupada* para uma *guerreira* de oração. Ela percebeu que o Senhor lhe estava dando um novo nome. Sua identidade em Cristo estava se aprofundando em meio à luta da tristeza indesejada.

LEITURA:
Apocalipse 2:12-17

...lhe darei uma pedrinha branca, e sobre essa pedrinha escrito um nome novo... v.17

Na carta de Jesus à igreja de Pérgamo, o Senhor promete dar aos fiéis uma pedra branca com um novo nome escrito nela (APOCALIPSE 2:17). Comentaristas bíblicos têm debatido sobre o significado disso, mas a maioria concorda em que essa pedra branca aponta para a nossa liberdade em Cristo. Nos tempos bíblicos, os jurados de um tribunal de direito usavam uma pedra branca para um veredicto de inocente e uma pedra preta para um veredicto de culpado. Uma pedra branca também dava ao seu portador entrada em eventos como banquetes; de semelhante modo, aqueles que recebem a pedra branca de Deus são bem-vindos ao banquete celestial. A morte de Jesus nos traz liberdade e uma nova vida — e um novo nome.

Qual o novo nome que Deus poderia lhe dar?

ABP

Senhor, mostra-me como tu me tornaste uma nova criatura.

Os seguidores de Cristo têm uma identidade novinha em folha.

Rede de segurança

Durante anos, considerei o Sermão do Monte (MATEUS 5-7) um modelo para o comportamento humano, um padrão inatingível para qualquer um. Como consegui perder o verdadeiro significado? Jesus não falou aquelas palavras para nos frustrar, mas para nos dizer como Deus é.

LEITURA:
Mateus 5:43-48

Portanto, sede vós perfeitos como perfeito é o vosso Pai celeste. v.48

Por que devemos amar os nossos inimigos? Porque o nosso Pai misericordioso faz o Seu sol se levantar sobre os maus e os bons. Por que ajuntar tesouros no céu? Porque o Pai vive lá e nos recompensará generosamente. Por que viver sem medo e preocupação? Porque o mesmo Deus que veste os lírios e a erva do campo prometeu cuidar de nós. Por que orar? Se um pai terreno dá ao seu filho pão ou peixe, quanto mais o Pai celestial dará coisas boas aos que o pedem?

Jesus proferiu o Sermão do Monte não só para explicar o ideal de Deus pelo qual nunca devemos parar de lutar, mas também para mostrar que, nesta vida, jamais atingiremos esse ideal.

Diante de Deus, todos nós estamos no mesmo patamar: assassinos e birrentos, adúlteros e luxuriosos, ladrões e cobiçosos. Estamos todos desesperados e esse é o único estado apropriado a um ser humano que quer conhecer a Deus. Depois de ter caído do ideal absoluto, não temos onde cair senão na rede de segurança da graça absoluta.

PDY

Querido Senhor, sou pecador e preciso do Teu perdão.
Ajuda-me a viver de maneira que te agrade.
Com humildade aceito a Tua dádiva da graça.

Somente Deus pode transformar uma alma pecaminosa numa obra de arte da graça.

Lágrimas e risos

Em certo retiro, refiz o contato com amigos que eu não encontrava há muito tempo. Ri com eles enquanto desfrutávamos da reunião, e chorei por saber quanta saudade deles eu havia sentido.

LEITURA:
Esdras 3:7-13

...não se podiam discernir as vozes de alegria das vozes do choro do povo... v.13

No último dia juntos, celebramos a Ceia do Senhor. Mais sorrisos e lágrimas! Alegrei-me pela graça de Deus, que me havia dado a vida eterna e esses lindos dias com eles. Mas, novamente, chorei consciente do que custou a Jesus livrar-me do meu pecado.

Pensei em Esdras e naquele dia maravilhoso em Jerusalém. Os exilados haviam voltado do cativeiro e tinham acabado de completar a reconstrução das fundações do templo do Senhor. Eles cantavam de alegria, mas alguns sacerdotes mais velhos choravam (ESDRAS 3:10-12). Provavelmente, lembravam-se do templo de Salomão e de sua antiga glória. Ou estavam eles de luto pelos pecados do povo, que provocaram a sua ida para o cativeiro?

Às vezes, quando vemos Deus agindo, sentimos uma ampla gama de emoções, incluindo alegria ao vermos as Suas maravilhas e tristeza ao nos lembrarmos dos nossos pecados e da necessidade do Seu sacrifício.

Os israelitas estavam cantando e chorando, e o barulho era ouvido longe (v.13). Que as nossas emoções sejam expressões de nosso amor e adoração ao nosso Senhor, e que possam tocar aqueles que nos rodeiam.

KO

Senhor, trazemos nossas emoções em Tua presença.
Que possamos louvar-te com todo o nosso ser.

As lágrimas e os risos são expressões de louvor a Deus.

Repita comigo

Quando Rebeca estava no palco para palestrar em uma conferência, sua primeira frase ao microfone ecoou pela sala. Foi um pouco perturbador ouvir suas próprias palavras voltarem; ela teve de se adaptar ao sistema de som com defeito e tentar ignorar o eco de todas as palavras que dizia.

LEITURA:
Salmo 141

Põe guarda, SENHOR, à minha boca; vigia a porta dos meus lábios. v.3

Imagine como seria ouvir tudo que dizemos repetido! Não seria tão ruim nos ouvirmos repetindo: "Eu te amo", "Eu estava errado", "Obrigado, Senhor" ou "Estou orando por você". Mas nem todas as nossas palavras são bonitas, suaves ou gentis. E quanto às explosões de raiva ou aos comentários humilhantes que ninguém quer ouvir uma vez, muito menos duas vezes — palavras que realmente preferiríamos?

Como o salmista Davi, ansiamos pelo controle do Senhor sobre as nossas palavras. Ele orou: "Põe guarda, SENHOR, à minha boca; vigia a porta dos meus lábios" (SALMO 141:3). Felizmente, o Senhor quer fazer isso. Ele pode nos ajudar a controlar o que dizemos. Ele pode guardar os nossos lábios.

Enquanto aprendemos a nos adaptar ao nosso próprio sistema de som prestando muita atenção ao que dizemos e orando sobre as palavras que falamos, o Senhor nos ensinará com paciência e até mesmo nos capacitará a ter autocontrole. E, o melhor de tudo, Ele nos perdoa quando falhamos e se agrada do nosso desejo por Sua ajuda.

AMC

Peça ao Senhor para torná-lo consciente das palavras que não agregam valor.

Parte do autocontrole é o controle da boca.

Deus do comum

Ouvir testemunhos sobre como Deus fez algo espetacular na vida de outra pessoa pode nos desafiar. Embora possamos nos alegrar ao ouvir sobre respostas a oração, também podemos questionar por que o Senhor nada fez de surpreendente por nós ultimamente.

LEITURA:
Gênesis 12:1-4; 17:1,2

...Deus é fiel e não permitirá que sejais tentados além das vossas forças...
1 Coríntios 10:13

É fácil pensar que, se Deus se mostrasse de maneiras surpreendentes para nós como fez a Abraão, ficaríamos mais inspirados a lhe sermos servos fiéis. Mas, então, nos lembramos de que Deus aparecia a Abraão a cada 12 a 14 anos e a maior parte da jornada de Abraão era bastante comum (GÊNESIS 12:1-4; 15:1-6; 16:16–17:12).

Habitualmente, a obra de Deus é feita nos bastidores nas ocasiões comuns da vida. Como diz o texto, "Deus é fiel e não permitirá que sejais tentados além de vossas forças; pelo contrário, juntamente com a tentação, vos proverá livramento..." (10:13). Todos os dias, Deus está ocupado protegendo-nos contra os ataques devastadores de Satanás que, de outro modo, nos deixariam totalmente derrotados. E, quando a tentação chega, Ele está fazendo rampas de saída para que possamos escapar.

Quando pousamos nossa cabeça no travesseiro à noite, devemos fazer uma pausa para agradecer a Deus pelas coisas incríveis que Ele fez por nós naquele dia, em meio à nossa vida comum. Assim, em vez de ansiar que Ele faça algo espetacular por você, agradeça-lhe! Ele já fez.

JMS

Obrigado Senhor, por Teus incríveis atos em meu favor.

Deus está sempre no controle nos bastidores, até mesmo em dias "comuns".

Verdadeira comunicação

Caminhando em meu bairro no norte de Londres, posso ouvir trechos de conversas em muitos idiomas — polonês, japonês, hindi, croata e italiano, para citar alguns. Esta diversidade parece uma amostra do céu, embora eu não consiga entender o que eles estão dizendo. Ao entrar no café russo ou no mercado polonês e ouvir os diferentes sotaques e sons, às vezes reflito sobre quão maravilhoso deve ter sido, no dia de Pentecostes, quando pessoas de muitas nações conseguiam entender o que os discípulos estavam dizendo.

LEITURA:
Atos 2:1-12

...afluiu a multidão [em] perplexidade, porquanto cada um os ouvia falar na sua própria língua. v.6

Naquele dia, os peregrinos estavam reunidos em Jerusalém para celebrar a festa da colheita. O Espírito Santo desceu sobre os cristãos para que, quando eles falassem, os ouvintes (que haviam vindo de todo o mundo conhecido) pudessem compreendê-los em seus próprios idiomas (ATOS 2:5,6). Que milagre esses estrangeiros de diferentes terras poderem compreender os louvores a Deus em sua própria língua! Muitos foram estimulados a descobrir mais a respeito de Jesus.

Podemos não falar ou entender muitos idiomas, mas sabemos que o Espírito Santo nos capacita para nos conectarmos às pessoas de outras maneiras. Curiosamente, somos as mãos e os pés — e a boca — de Deus para continuar a Sua missão. Como poderíamos, hoje — com a ajuda do Espírito — alcançar alguém diferente de nós?

ABP

Senhor, dá-nos olhos para ver, ouvidos para ouvir
e coração para compartilhar o Teu amor.

O amor é o idioma que todos compreendem.

Alguma montagem necessária

As palavras "alguma montagem necessária" foram causa de grande frustração e de muito humor em minha família. Quando casei, tentei fazer consertos simples — com resultados desastrosos. Uma torneira de chuveiro funcionou perfeitamente — mas a água escorreu por entre as paredes. Meus fiascos continuaram após termos filhos, quando disse a minha esposa: "não preciso ler as instruções" para montar esses brinquedos "simples". Errado!

LEITURA:
Juízes 2:7-19

Quando o SENHOR lhes suscitava juízes, o SENHOR era com o juiz e os livrava da mão dos seus inimigos... v.18

Aos poucos, aprendi a lição e comecei a prestar atenção às instruções; e tudo ocorreu como deveria. Infelizmente, quanto mais as coisas corriam bem, mais confiante eu me tornava e, em pouco tempo, já ignorava novamente as instruções, com resultados previsivelmente desastrosos.

Os israelitas da antiguidade lutaram com tendência semelhante. Esqueciam-se de Deus, ignorando Suas instruções para evitar seguir Baal e os outros deuses da região (JUÍZES 2:12). Isto produziu resultados desastrosos, até que Deus, em Sua misericórdia, levantou juízes para resgatar e trazê-los de volta a si (2:18).

Deus tem motivos para todas as instruções que Ele nos deu para mantermos nossas afeições por Ele. Somente pela conscientização diária da Sua presença amorosa podemos resistir à tentação de *construir* nossa vida à nossa própria maneira. Que grandes presentes Ele nos deu em Sua Palavra e em Sua presença! RKK

Senhor, quero estar perto de ti diariamente.

Nosso maior privilégio é desfrutar da presença de Deus.

Maratona de leitura

Quando o sol surgiu no primeiro dia do sétimo mês do ano 444 a.C., Esdras começou a ler a lei de Moisés (que conhecemos como os cinco primeiros livros da Bíblia). De pé numa plataforma diante do povo em Jerusalém, ele a leu do início ao fim, durante as seis horas seguintes.

LEITURA:
Neemias 8:1-8

Leram no livro, na Lei de Deus [...] dando explicações, de maneira que entendessem o que se lia. v.8

Homens, mulheres e crianças haviam se reunido na entrada da cidade conhecida como Porta das Águas, para observar a Festa das Trombetas — uma das festas prescritas a eles por Deus. Durante a escuta, quatro reações se destacam.

Eles se levantaram em reverência ao Livro da Lei (NEEMIAS 8:5). Eles louvaram a Deus levantando as mãos e dizendo "Amém". Eles se inclinaram em humilde adoração (v.6). Depois, ouviram atentamente enquanto as Escrituras lhes eram lidas e explicadas (v.8). Que dia incrível esse em que o livro que "...o SENHOR tinha prescrito a Israel" (v.1) foi lido em voz alta dentro dos muros recém-reconstruídos de Jerusalém!

A sessão de maratona de leitura de Esdras pode nos lembrar de que as palavras de Deus para nós ainda devem ser uma fonte de louvor, adoração e aprendizado. Ao abrirmos a Bíblia e aprendermos mais sobre Cristo, louvemos e adoremos a Deus buscando descobrir o que Ele está dizendo a cada um de nós, neste momento.

JDB

Senhor, obrigado, pois preservaste o Teu Livro pelos séculos e hoje podemos aprender sobre a história do Teu povo e conhecer as boas-novas do Teu amor.

O objetivo do estudo da Bíblia não é apenas aprender, mas viver.

Derrota ou vitória?

Todos os anos, em 18 de junho, a grande batalha de Waterloo é lembrada no que é hoje a Bélgica. Nesse dia, em 1815, o exército francês de Napoleão foi derrotado por uma força multinacional comandada pelo duque de Wellington. Desde então, a frase "encontrar sua Waterloo" passou a significar "ser derrotado por alguém forte demais para você enfrentar ou por um problema muito difícil para você".

LEITURA:
1 João 5:1-13

...o que é nascido de Deus vence o mundo; e esta é a vitória que vence o mundo: a nossa fé. v.4

No tocante à nossa vida espiritual, algumas pessoas sentem que o fracasso final é inevitável e é apenas uma questão de tempo até que cada um de nós "encontre a sua própria Waterloo". Porém, João refutou essa visão pessimista ao escrever aos seguidores de Jesus: "...todo o que é nascido de Deus vence o mundo; e esta é a vitória que vence o mundo: a nossa fé".

João tece esse tema de vitória espiritual ao longo da sua primeira carta ao nos exortar a não amar as coisas que este mundo oferece e que logo desaparecerão (2:15-17). Em vez disso, devemos amar e agradar a Deus, "e esta é a promessa que ele mesmo nos fez, a vida eterna" (2:25).

Embora possamos ter altos e baixos na vida, e até mesmo algumas batalhas que parecem ser derrotas, a vitória definitiva é nossa em Cristo ao confiarmos em Seu poder.

DCM

Jesus, por Tua graça, capacita-nos a superar os problemas neste mundo por meio da fé e da obediência a ti.

A saída para os problemas é confiar em Deus o tempo todo.

Aba, Pai

A cena era digna de um cartão engraçado de Dia dos Pais. Enquanto empurrava um cortador de grama com uma mão, um pai rebocava habilmente um carrinho infantil com a outra. No carrinho estava sua filha de 3 anos, encantada com o barulhento passeio no jardim. Essa pode não ser a escolha mais segura, mas quem diz que os homens são incapazes de executar múltiplas tarefas?

LEITURA:
Romanos 8:12-17

Pai dos órfãos e juiz das viúvas é Deus em sua santa morada. Salmo 68:5

Se você teve um bom pai, uma cena como essa pode invocar memórias fantásticas. Mas para muitos, "Papai" é um conceito incompleto. A quem recorremos se nossos pais se foram, falham conosco ou, até mesmo, nos ferem?

Certamente, o rei Davi tinha suas deficiências como pai, mas compreendeu a natureza paterna de Deus. Ele escreveu: "Pai dos órfãos e juiz das viúvas é Deus em sua santa morada. Deus faz que o solitário more em família..." (SALMO 68:5,6). O apóstolo Paulo ampliou essa ideia: "...recebestes o espírito de adoção...". Em seguida, usando a palavra aramaica para pai — um termo que crianças usariam para seu pai —, acrescentou: "...baseados no qual clamamos: *Aba*, Pai" (ROMANOS 8:15). Essa é a mesma palavra que Jesus usou ao orar em agonia ao Seu Pai na noite em que foi traído (MARCOS 14:36).

Que privilégio ir a Deus usando o mesmo termo íntimo para "pai" que Jesus usou! Nosso Pai *Aba* acolhe em Sua família quem quer que se volte a Ele.

TG

Pai, perdoa-me e ajuda-me a viver de maneira que te agrade.

Um bom pai reflete o amor do Pai celestial.

Sangue da vida

Mariana cria em Deus e em Seu Filho Jesus, mas lutava com o porquê de Ele ter de derramar Seu sangue para trazer a salvação. Quem pensaria em limpar algo com sangue? Contudo, a Bíblia diz: "...quase todas as coisas [...] se purificam com sangue..." (v.22). Para ela, isso era nojento!

LEITURA:
Hebreus 9:19-28

...sem derramamento de sangue, não há remissão. v.22

Então, certo dia ela teve de ir ao hospital. Uma doença genética havia alterado seu sistema imunológico; os médicos ficaram alarmados quando a doença começou a atacar o sangue dela. No pronto-socorro, ela pensou: *Se eu perder meu sangue, morrerei. Mas Jesus derramou o Seu sangue para que eu possa viver!*

De repente, tudo fez sentido. Em meio à sua dor, ela sentiu alegria e paz. Entendeu que o sangue é vida e que uma vida santa foi necessária para fazer a paz com Deus por nós. Hoje, ela está viva e bem, agradecendo a Deus por sua saúde e pelo sacrifício de Jesus por ela.

Hebreus 9 explica o significado do ritual de sangue do Antigo Testamento (vv.16-22) e a oferta definitiva de Jesus, que acabou com o sacrifício de animais (vv.23-26). Carregando o nosso pecado, Ele voluntariamente morreu e derramou o Seu sangue para tornar-se o nosso sacrifício. Agora temos confiança para entrar na presença de Deus. Como poderíamos agradecer a Jesus de maneira suficiente por fazer do Seu sacrifício o nosso sacrifício, da Sua vida a nossa vida e, de Seu Pai, o nosso Pai?

KO

Pai, estou grato por Teu Filho Jesus.

O sangue de Cristo nos lava de nossos pecados.

Aprendendo a amar

O amor faz mais do que fazer "o mundo girar", como diz uma velha canção. Ele também nos torna imensamente vulneráveis. Por vezes, podemos pensar: "Por que amar se os outros não demonstram apreço?", ou "Por que amar e me tornar vulnerável?". Mas o apóstolo Paulo dá um motivo claro e simples para seguir o amor: "... permanecem a fé, a esperança e o amor, estes três; porém o maior destes é o amor. Segui o amor..." (1 CORÍNTIOS 13:13–14:1).

LEITURA:
1 Coríntios 13

Segui o amor... 14:1

C. K. Barrett, comentarista bíblico, escreve: "O amor é uma atividade, a atividade essencial do próprio Deus; quando os homens o amam ou amam os seus semelhantes, estão fazendo (ainda que imperfeitamente) o que Deus faz". E Deus se agrada quando agimos como Ele.

Para começar a seguir o caminho do amor, pense em como você poderia expressar as características elencadas em 1 Coríntios 13:4-7. Por exemplo, como demonstrar ao meu filho a mesma paciência que Deus tem comigo? Como posso demonstrar bondade e respeito por meus pais? O que significa buscar os interesses dos outros quando estou trabalhando? Quando algo bom acontece ao meu amigo, regozijo-me com ele ou o invejo?

Ao seguirmos "...o amor...", nos encontraremos frequentemente voltando-nos a Deus, a fonte do amor, e a Jesus, o maior exemplo de amor. Só então obteremos conhecimento mais profundo sobre o que é o amor verdadeiro e encontraremos a força para amar os outros como Deus nos ama.

PFC

...o amor procede de Deus; [quem] ama é nascido de Deus e conhece a Deus (1 JOÃO 4:7).

Pai, ajuda-nos a amar os outros da maneira que Jesus nos ensinou. E todos reconhecerão que somos Teus filhos.

Um lugar remoto

A **Ilha Tristão** da Cunha é famosa por seu isolamento. Ela é a ilha habitada mais remota do mundo, graças as 288 pessoas que a chamam de lar. A ilha está situada no Oceano Atlântico Sul, a 2.800 quilômetros da África do Sul — o país continental mais próximo. Quem quiser visitá-la tem de viajar de barco durante 7 dias, porque a ilha não tem pista de pouso.

LEITURA:
Marcos 8:1-13

...Deus, [...] há de suprir, em Cristo Jesus, cada uma de vossas necessidades.
Filipenses 4:19

Jesus e Seus seguidores estavam em um lugar remoto quando Ele produziu uma refeição milagrosa para milhares de pessoas famintas. Antes de Seu milagre, Jesus disse aos discípulos: "[Essas pessoas] há três dias que permanecem comigo e não têm o que comer. Se eu os despedir para suas casas, em jejum, desfalecerão pelo caminho..." (MARCOS 8:2,3). Por estarem no campo, onde não havia alimento prontamente disponível, elas tinham de depender totalmente de Jesus. E não tinham a quem mais recorrer.

Às vezes, Deus nos permite acabar em lugares desertos onde Ele é a nossa única fonte de ajuda. Sua capacidade de nos prover não está necessariamente ligada às nossas circunstâncias. Se Ele criou o mundo todo a partir do nada, certamente pode suprir as nossas necessidades — seja qual for a nossa circunstância — com as riquezas da Sua glória, em Cristo Jesus (FILIPENSES 4:19). *JBS*

Querido Deus, obrigado por tudo o que tens nos suprido
por intermédio do Teu Filho Jesus Cristo.
Tu conheces as minhas necessidades.

Podemos confiar em Deus
para aquilo que somos incapazes de fazer.

A BÍBLIA em **UM ANO:**
ESTER 9–10; ATOS 7:1-21

Servindo a Cristo

"**Eu sou** secretária", me disse uma amiga. "Quando digo isso às pessoas, às vezes elas me olham com uma certa piedade. Mas, quando descobrem de quem sou a secretária, arregalam os olhos com admiração!" Em outras palavras, muitas vezes, a sociedade define alguns trabalhos como menos importantes do que outros, a menos que esses empregos se relacionem, de algum modo, com pessoas ricas ou famosas.

LEITURA:
Efésios 6:5-9

...obedecei a vosso senhor [...] como servos de Cristo, fazendo, de coração, a vontade de Deus. vv.5,6

Para o filho de Deus, porém, qualquer ocupação, independentemente do chefe terreno, pode ser motivo de orgulho porque servimos ao Senhor Jesus.

Em Efésios 6, Paulo fala a servos e senhores. Ele lembra os dois grupos que servimos a um Mestre que está nos céus. Portanto, precisamos fazer tudo com sinceridade de coração, integridade e respeito, porque estamos servindo e trabalhando para o próprio Cristo. Como nos lembra o apóstolo Paulo: "servindo de boa vontade, como ao Senhor e não como a homens" (EFÉSIOS 6:7).

É um privilégio servir a Deus em tudo o que fazemos, seja atendendo um telefone, dirigindo um carro, cumprindo tarefas domésticas ou administrando uma empresa. Trabalhemos com um sorriso hoje, lembrando-nos de que, independentemente do que estivermos fazendo, estamos servindo a Deus. *KO*

Jesus, quero servir-te em tudo o que faço.
Ao iniciar cada dia, ajuda-me a lembrar disso.

Servir demonstra o nosso amor por Deus.

A BÍBLIA em UM ANO:
JÓ 1–2; ATOS 7:22-43

Sua amorosa presença

Nossos corações se partiram ao sabermos que nossa boa amiga Cíntia havia sido diagnosticada com câncer. Cíntia era uma pessoa vibrante, cuja vida abençoou todos os que cruzaram o seu caminho. Minha mulher e eu nos alegramos quando ela entrou em remissão, mas, alguns meses depois, seu câncer voltou agressivamente. Em nossas mentes, ela era jovem demais para morrer. Seu marido me contou sobre suas últimas horas. Fraca e mal conseguindo falar, Cíntia sussurrou-lhe: "Apenas fique comigo." O que ela queria mais do que qualquer coisa naqueles momentos sombrios era a presença amorosa dele.

LEITURA:
Hebreus 13:1-6

...nunca jamais te abandonarei. v.5

O escritor aos Hebreus confortou seus leitores citando Deuteronômio 31:6, onde Deus disse ao Seu povo: "...De maneira alguma te deixarei, nunca jamais te abandonarei" (HEBREUS 13:5). Nos momentos mais sombrios da vida, a certeza da Sua presença amorosa nos dá a confiança de não estarmos sozinhos. Ele nos dá a graça para suportar, a sabedoria para saber que Ele está agindo e a garantia de que Cristo pode "...compadecer-se das nossas fraquezas..." (4:15).

Acolhamos juntos a bênção da Sua presença amorosa para que possamos dizer com confiança: "...O SENHOR é o meu auxílio, não temerei" (13:6).

JMS

Obrigado por Tua promessa de que nunca me deixarás.
Que a veracidade da Tua presença e força contínua encham o meu coração com conforto, confiança e coragem.

Há paz na presença de Deus.

Um lugar firme para ficar

A área histórica do calçadão junto ao rio em Savannah, Geórgia, EUA, é pavimentada com paralelepípedos irregulares. Os moradores locais dizem que, séculos atrás, as pedras eram usadas como lastro de navios ao cruzarem o Oceano Atlântico. Quando a carga era carregada na Geórgia, as pedras de lastro não eram mais necessárias, sendo então usadas para pavimentar as ruas próximas às docas. Essas pedras haviam cumprido sua função primária — estabilizar o navio em águas perigosas.

LEITURA:
Salmo 40:1-5

Tirou-me de um poço de perdição, de um tremedal de lama; colocou-me os pés sobre uma rocha... v.2

Os dias em que vivemos podem parecer tão turbulentos quanto o alto-mar. Como os veleiros antigos, precisamos de estabilidade para nos ajudar a atravessar as tempestades da vida. Davi também enfrentou perigo e celebrou o caráter de Deus por lhe dar estabilidade após haver sofrido um período de desespero. Ele declarou: "Tirou-me de um poço de perdição, de um tremedal de lama; colocou-me os pés sobre uma rocha e me firmou os passos" (SALMO 40:2). Davi vivenciou conflito, o fracasso pessoal e conflitos familiares; ainda assim, Deus lhe deu um lugar para firmar-se. E, Davi cantou "...um hino de louvor ao nosso Deus..." (v.3).

Em tempos de dificuldade, nós também podemos buscar em nosso poderoso Deus a estabilidade que só Ele concede. Seu cuidado fiel nos inspira a dizer com Davi: "São muitas, SENHOR, Deus meu, as maravilhas que tens operado e também os teus desígnios para conosco" (v.5).

WEC

Quando o mundo à nossa volta está desmoronando, Cristo é a rocha sólida em que nos firmamos.

Honestidade chocante

Quando o pastor pediu a um dos presbíteros para conduzir a congregação em oração, o homem chocou a todos. "Sinto muito, pastor", disse ele, "mas estive discutindo com minha mulher ao longo de todo o caminho até a igreja e não tenho condições de orar". O momento seguinte foi incômodo. O ministro orou. O culto seguiu em frente. Mais tarde, o pastor prometeu nunca mais pedir a alguém para orar publicamente sem antes perguntar em particular.

LEITURA:
1 Pedro 3:7-12

...tratai-a com dignidade [...] para que não se interrompam as vossas orações. v.7

Aquele homem demonstrou uma surpreendente honestidade num lugar em que teria sido mais fácil ser hipócrita. Mas aqui há uma lição maior acerca de oração. Deus é um Pai amoroso. Se eu, como marido, não respeitar e honrar a minha mulher — uma filha querida de Deus —, por que seu Pai celestial ouviria as minhas orações?

O apóstolo Pedro fez uma observação interessante acerca disso. Ele instruiu os maridos a tratarem suas esposas com respeito e como herdeiras iguais em Cristo, "...para que não se interrompam as vossas orações" (1 PEDRO 3:7). O princípio subjacente é que os nossos relacionamentos afetam a nossa vida de oração.

O que aconteceria se trocássemos os sorrisos de domingo e a fachada de religiosidade por uma refrescante honestidade com nossos irmãos e irmãs? O que Deus poderá fazer por meio de nós quando orarmos e aprendermos a amar uns aos outros como amamos a nós mesmos?

TG

Senhor, ensina-nos a orar.

A oração é simplesmente uma conversa honesta com Deus.

Sem desvios

Ao fim de um semestre escolar, minha mulher e eu fomos buscar nossa filha em sua escola a 100 quilômetros de distância. No retorno, desviamo-nos para fazer um lanche numa praia próxima. Enquanto desfrutávamos de nosso tempo ali, vimos os barcos à beira-mar. Eles costumam ser ancorados para evitar que se afastem, mas percebi um barco solto à deriva entre os outros — indo lenta e progressivamente para o mar.

LEITURA:
Hebreus 2:1-4

...importa que nos apeguemos, com mais firmeza [...] para que delas jamais nos desviemos. v.1

Enquanto voltávamos a casa, refleti sobre a oportuna advertência feita aos cristãos no livro de Hebreus: "...importa que nos apeguemos, com mais firmeza, às verdades ouvidas, para que delas jamais nos desviemos" (2:1). Temos um bom motivo para nos apegarmos. O autor de Hebreus diz que, embora a lei mosaica fosse confiável e precisasse ser obedecida, a mensagem do Filho de Deus é muito superior. Nossa salvação é "tão grande" em Jesus, que Ele não deve ser ignorado (v.3).

Um desvio de nosso relacionamento com Deus é dificilmente perceptível no início; ele acontece gradualmente. Todavia, dedicar tempo a conversar com Ele em oração e ler a Sua Palavra, confessar nossos erros a Ele e interagir com outros seguidores de Jesus pode nos ajudar a permanecer ancorados nele. Ao nos apresentarmos ao Senhor regularmente, Ele será fiel para nos sustentar e evitaremos o nosso afastamento.

LD

O que você conhece sobre Jesus
que o faz desejar a presença dele em sua vida?

Para evitar afastar-se de Deus,
permaneça ancorado na Rocha.

Deixando o passado para trás

Chris Baker é um tatuador que transforma símbolos de dor e escravidão em obras de arte. Muitos de seus clientes são ex-membros de gangues e vítimas de tráfico humano, que foram marcados com nomes, símbolos ou códigos de identificação. Chris os transforma em belas obras de arte tatuando novas imagens por cima deles.

LEITURA:
2 Coríntios 5:12-21

...se alguém está em Cristo, é nova criatura... v.17

Jesus faz à alma o que Chris Baker faz à pele — Ele nos recebe como somos e nos transforma. A Bíblia diz: "...se alguém está em Cristo, é nova criatura; as coisas antigas já passaram; eis que se fizeram novas" (2 CORÍNTIOS 5:17). Antes de conhecer Cristo, seguimos nossos desejos aonde quer que nos levem, e nossos estilos de vida refletem isso. Quando nos arrependemos e começamos a andar com Cristo, as paixões e as armadilhas que antes dominavam a nossa vida se tornam "a vida antiga" (1 CORÍNTIOS 6:9-11), que desaparece quando somos transformados: "...tudo provém de Deus, que nos reconciliou consigo mesmo por meio de Cristo..." (2 CORÍNTIOS 5:18).

Ainda assim, a vida como uma "nova pessoa" nem sempre é fácil. Pode levar tempo para desligar-se de velhos hábitos. Podemos lutar com ideias que eram fundamentais para o nosso velho modo de vida. Contudo, ao longo do tempo, o Espírito Santo de Deus age em nós, dando-nos força interior e compreensão do amor de Cristo. Como belas novas criações de Deus, estamos livres para deixar o passado para trás.

JBS

Tua é a vitória.

***Para desfrutar do futuro,
aceite o perdão de Deus pelo que já passou.***

Nosso estilo de vida

Fiquei impressionado com uma frase que ouvi ser citada de uma tradução contemporânea da Bíblia. Ao pesquisar a frase "nosso estilo de vida" para localizar a passagem, os resultados enfatizavam algo que as pessoas sentiam estar ameaçando seu modo de vida esperado. Destacavam-se entre as ameaças percebidas: as alterações climáticas, o terrorismo e as políticas governamentais.

LEITURA:
Efésios 2:1-10

...somos feitura dele, criados em Cristo Jesus para boas obras, as quais Deus de antemão preparou... v.10

Qual é, realmente, o nosso estilo de vida como seguidores de Jesus? — questionei. É o que nos deixa confortáveis, seguros e felizes ou é algo mais?

Paulo lembrou aos cristãos de Éfeso a maneira notável como Deus havia transformado a vida deles: "...Deus, sendo rico em misericórdia, por causa do grande amor com que nos amou, e estando nós mortos em nossos delitos, nos deu vida juntamente com Cristo, — pela graça sois salvos" (EFÉSIOS 2:4,5). O resultado é que somos "criados em Cristo Jesus para boas obras, as quais Deus de antemão preparou para que andássemos nelas" (v.10).

Fazer boas obras, ajudar os outros, doar, amar e servir em nome de Jesus — esse deve ser o nosso estilo de vida. Essas não são atividades opcionais para os cristãos, mas a exata razão pela qual Deus nos deu vida em Cristo.

Neste mundo repleto de mudanças, Deus nos chamou e nos capacitou para buscarmos uma vida que abençoa os outros e o honra.

DCM

Pai, fomos resgatados por e para Cristo.
Ajuda-nos a sermos dignos da vida eterna.

...brilhe [...] a vossa luz diante dos homens, para que vejam as vossas boas obras e glorifiquem a vosso Pai que está nos céus. MATEUS 5:16

Chamados pelo nome

LEITURA:
João 10:1-11

...ele chama pelo nome as suas próprias ovelhas... v.3

Quando inicio com um novo grupo de alunos da matéria de composição que leciono na faculdade, já sei seus nomes. Dedico um tempo a familiarizar-me com seus omes e fotos em meu registro de alunos e, quando elas entram em minha sala de aula, posso dizer: "Olá, Jessica" ou "Bem-vindo, Tomás". Faço isso porque sei como é importante quando alguém nos conhece e chama pelo nome.

Contudo, para realmente conhecer alguém, precisamos saber mais do que o nome dessa pessoa. Em João 10, podemos perceber a intimidade e os cuidados que Jesus, o Bom Pastor, tem por nós quando lemos que Ele "...chama pelo nome as suas próprias ovelhas..." (v.3). Ele sabe mais do que o nosso nome. Ele conhece os nossos pensamentos, anseios, medos, erros e necessidades mais profundas. Por conhecer essas necessidades, Ele nos concedeu a nossa própria vida — nossa vida eterna — ao custo da Sua própria vida. Como Ele diz no versículo 11, Ele "...dá a vida pelas ovelhas".

Veja que o nosso pecado nos separou de Deus. Por isso, Jesus, o Bom Pastor, se tornou o Cordeiro e se sacrificou, levando nossos pecados sobre si mesmo. Ao dar a Sua vida por nós e depois ressuscitar, Ele nos redimiu. Como resultado, quando aceitamos Seu presente da salvação por meio da fé, não estamos mais separados de Deus.

Dê graças a Jesus! Ele conhece o seu nome e as suas necessidades!

JDB

Obrigado Senhor, porque tu me conheces.

O conhecimento que Deus tem de nós é ilimitado.

Deus age por meio da oração

Deus escolheu agir por meio de nossa oração para realizar coisas que não aconteceriam por qualquer outro meio. À medida que buscamos Sua presença, Ele nos concede luz para o caminho adiante de nós e torna Seus propósitos conhecidos.

Muitas pessoas lutam com o tempo investido em oração por crerem que Deus quer que eles *façam* algo. No entanto, as Escrituras nos mostram, em vários lugares, que orar é *fazer* alguma coisa. Ainda assim é difícil compreendermos isso, porque estamos condicionados a comparar o estar quietos (neste caso, quietude diante de Deus) com a preguiça e a inatividade. Então, quando devemos orar e quando devemos *agir* com relação ao que estamos orando?

Orar ou agir?

Nossa família lutou com essa questão de uma forma de cortar o coração. Embora nossa filha tivesse recebido Jesus como Salvador quando era criança, com a adolescência veio uma tempestade de rebeldia e problemas em casa. Apesar de nossos esforços, o mundo e a influência de amigos incrédulos fizeram estragos. A distância entre nós e a filha querida a quem amamos se tornou tão grande que um dia ela simplesmente fugiu.

A urgência na voz de minha esposa me alcançou através do celular e agarrou minha garganta. "Ela sumiu", disse ela engasgando-se com as lágrimas. "Katie *sumiu.*"

"O que você quer dizer com *sumiu*?", perguntei. "O que aconteceu? Aonde ela foi?"

O que aconteceu a seguir é um pesadelo para qualquer pai ou mãe. Dia após dia, noite após noite, Katie estava nas ruas de nossa cidade que é conhecida por crimes violentos e abuso de entorpecentes. Vasculhamos a cidade procurando por ela. O departamento de polícia foi notificado, pais e amigos alertados, relatórios arquivados e o nome e foto de Katie circulava por todas as agências legais em todo o estado e país. Membros de nossa igreja se uniram a nós em nossa busca, enviando o nome de Katie para círculos de oração. Ficávamos desde cedo da manhã até tarde da noite nas ruas seguindo cada pista que conseguíamos encontrar.

As noites sem dormir e as longas horas de preocupação trouxeram consequências. Dias se transformaram em semanas. Como qualquer mãe amorosa, Cari estava tão consumida pela ideia de encontrar sua filha, que chegou ao seu limite. Um dia, ela me ligou do apartamento de um traficante armado, onde fora sozinha, tentando descobrir qualquer coisa que pudesse sobre nossa filha. Os minutos dentro do carro enquanto eu enfrentava o tráfego foram os mais longos de minha vida.

> **As Escrituras nos mostram, em vários lugares, que orar é *fazer* alguma coisa. Ainda... estamos condicionados a comparar o estar quietos com a preguiça e a inatividade.**

Depois disso, disse a Cari que precisávamos nos desesperar menos e orar mais. Sua resposta foi: "Eu oro enquanto procuro". Mas algo não parecia bem. Não importava quão avidamente procurássemos ou orássemos, enquanto procurávamos, não chegávamos a lugar algum.

Por esse tempo, ela já estava desaparecida há mais de três semanas. Uma noite, um dos amigos de nosso filho, que estava nos ajudando a procurá-la, a viu numa loja de conveniência. Ela estava com uma garota que tinha fugido há meses e um jovem recém-libertado da prisão. O funcionário da loja nos contou que eles tinham perguntado sobre passagens para fora do estado.

Pelas próximas 24 horas, depois disso, dormimos muito pouco. Distribuímos panfletos em todas as paradas de ônibus na área do terminal. Sentei-me fora da rodoviária, vigiando e esperando. Fizemos tudo o que conseguimos pensar. Somente neste ponto começamos a perceber que isso era mais, muito mais do que qualquer um pode suportar sozinho.

A verdade finalmente nos atingira. Apenas Deus sabia exatamente onde ela estava, e Ele, melhor do que ninguém, poderia nos ajudar a achá-la.

No fim das contas, foi exatamente isso que aconteceu. No domingo seguinte, por mais difícil que fosse, deixamos de lado nossa ansiosa busca. Era o Dia dos pais. Naquela tarde passamos algum tempo com nosso filho e fizemos um esforço especial para orarmos juntos por Katie. À noite, levei Cari para jantar fora, numa cidade próxima. Ouvimos que Katie fora vista ali e pensamos que poderíamos topar com ela. Porém, quando chegamos, descobrimos que os restaurantes estavam todos fechados. Assim, começamos nosso caminho de volta à casa.

O telefone tocou. Era uma garçonete numa lanchonete, a duas quadras de distância, que gostamos de visitar. Katie estava lá. Deus havia nos guiado exatamente para onde ela estava. Em dois minutos, estávamos frente a frente com nossa filha. Com muito amor e trabalho pesado, Katie, logo estaria no caminho da recuperação, em casa. E Cari e eu descobrimos a diferença que a oração pode fazer.

Andando no compasso de Deus

Essa provação nos ensinou uma lição para a vida. A oração deve preceder a ação. Devemos aprender como caminhar no ritmo de Deus se realmente desejamos ouvir o Senhor e conhecer o melhor dele para a nossa vida.

Andar no compasso de Deus não exclui a ação. Oramos e esperamos, depois agimos. Isso raramente é fácil, especialmente numa crise na qual sentimos que devemos fazer algo, mas aprendemos a ser sensíveis ao Espírito e a nos mover baseados no encorajamento divino. Agimos fundamentados no que Deus nos concede e nada mais. Então, esperamos novamente. Esse compasso de oração, espera e ação nos leva a um nível de eficácia totalmente novo em nossa vida, por estarmos no ritmo com o Espírito Santo (GÁLATAS 5:22-25).

Orar é agir

Neemias nos fornece um grande exemplo do compasso entre oração e ação, num tempo de dificuldade. Enquanto estava exilado com os judeus na Babilônia, Neemias ouviu que os muros de Jerusalém estavam em ruínas. Sua reação imediata foi jejuar e orar (NEEMIAS 1:4). Deus, então, lhe dá orientações por meio do interesse pessoal e resposta do rei da Pérsia, Artaxerxes.

Enquanto isso, Neemias continua a orar (2:16). À medida que a reconstrução começa em Jerusalém, ele encontra oposição dos inimigos de Israel. Imediatamente reúne os exilados que retornaram com ele. O que ele quer que façam juntos? Orar (4:8,9). Deus os orienta a dividir o povo entre aqueles que trabalharão nos muros e os que protegerão os trabalhadores (4:16).

Aqui está novamente o compasso: Orar. Esperar. Agir.

A ação vem depois da oração.

A oração descobre qual ação tomar.

A oração e a ação nunca deveriam se excluir mutuamente. Porém, na correria do mundo ao nosso redor, normalmente vivemos assim e acabamos por viver desconectados da nossa verdadeira fonte de orientação e paz.

A oração como prioridade

A oração não somente deve preceder a ação. A oração é ação da mais elevada qualidade, pois dá a Deus a prioridade que Ele merece. Ela deve permear nossas ações por ser parte contínua destas, enquanto conscientemente vivemos na presença de Deus. Distraímo-nos facilmente e precisamos lutar para manter sempre essa perspectiva. Não é apenas uma questão de "separar tempo" para Deus; é a percepção de que todo nosso tempo está em Suas mãos e de que estamos continuamente diante do Senhor, seja o que for que sejamos ou o que façamos. Isso é o que quer dizer viver dia após dia num relacionamento com Ele, e essa percepção nos ajuda a orar cada vez mais "sem cessar" (1 TESSALONICENSES 5:17).

Aprender a dar à oração a mais alta prioridade leva tempo. Raramente acontece imediatamente porque estamos impregnados de autossuficiência. Precisamos desaprender os velhos hábitos e padrões de pensamento. No início do Reavivamento Galês, Evan Roberts orou com ansiedade verdadeira: "Senhor, dobre-me!". Roberts era um experiente ferreiro, e suas palavras ilustram a figura do que acontece quando o metal é forjado por uma bigorna. Separar mais tempo para oração pode ser desta forma. Deus trabalha com nossa vontade e nos dobra em novas direções. Mas gentilmente, com o tempo, encontramos nova paz e força em Sua presença.

Deus deseja que sejamos pessoas de oração e ação: que oram primeiro e depois agem em resposta à Sua orientação.

Deus deseja que sejamos pessoas de oração e ação: que oram primeiro e depois agem em resposta à Sua orientação. Todos estamos em graus variados na manutenção deste equilíbrio. Algumas vezes nos dizemos: "Não sou exatamente uma pessoa de oração." Mas, como Jesus era uma pessoa de oração, nós queremos nos tornar mais semelhantes a Ele. Porque Deus nos ama e, mais cedo ou mais tarde, Ele nos colocará sobre nossos joelhos.

A oração e a ação são os dois lados da mesma moeda da fé cristã madura e semelhante a Cristo. Não podemos ter uma sem a outra. Ação sem oração, mesmo que feita em nome de Deus, muitas vezes, falha no resultado.

Uma missionária na Índia, durante o começo do século 19, aprendeu sobre esse equilíbrio de uma forma linda. Ela estava frustrada com a falta de resultado em seu trabalho. Então decidiu que em vez de pedir que Deus abençoasse o que ela já estava fazendo, ela daria à oração uma nova prioridade em seu ministério. As coisas não eram fáceis inicialmente, pois ela continuamente pensava nas coisas que "devia" estar fazendo, enquanto iniciava suas manhãs sobre seus joelhos. Muitas vezes se sentia culpada, pois se questionava se estava trabalhando duro o suficiente. Porém, logo descobriu que sua oração era trabalho, pois requeria um esforço que ela desconhecia anteriormente.

Essa missionária ficou surpresa com a transformação que se sucedeu. Ela escreveu a um amigo: "Todos os departamentos em meu trabalho agora estão numa condição mais próspera, do que jamais vi. O estresse e a tensão saíram da minha vida. A alegria de sentir que minha vida está facilmente em equilíbrio — a vida de comunhão, por um lado, e a vida de trabalho do outro — me traz paz e descanso constante. Eu não conseguiria voltar à velha vida, e Deus permita que isso seja sempre impossível."

Essa é a ação que transforma o mundo. A oração é um veículo que Deus usa para nos levar a novos lugares da graça. Quando oramos, voluntariamente nos retiramos do assento do motorista. Contudo, nosso Pai nos traz para mais perto de si e sussurra Sua vontade para nós.

Ele nos conduzirá na direção que precisamos ir.

Extraído e adaptado do livro *Praying together: Kindling Passion for Prayer* (Orando juntos: despertando a paixão pela oração). © 2009, 2016 por James Banks. Usado com permissão da Discovery House Publishers.

O culto que agrada a Deus

Você já questionou qual é o culto que agrada a Deus? Aquele mais longo, mais curto, mais barulhento, mais silente? Tudo isso tem a ver com o que nos agrada e, muitas vezes, dizemos que é isso que agrada a Deus.

Paulo "coloca o dedo na ferida" quando declara que precisamos prestar um culto racional, lógico (como diz no grego), ou seja, um culto que tem sentido. Se há algo que não faz sentido é uma igreja que se reúne para adorar e depois cada um vai cuidar da sua vida, ficando o reino de Deus esquecido.

LEITURA:
Romanos 12:1,2

...apresenteis o vosso corpo por sacrifício vivo, santo e agradável a Deus, que é o vosso culto racional. 12:1

O culto em Israel era marcado pelo sacrifício de animais, para perdão dos pecados. Jesus é o Cordeiro que foi sacrificado para nos purificar de nossos pecados. Por isso, o sacrifício que prestamos, como Paulo ensina, é vivo e santo na forma de uma vida totalmente consagrada ao Senhor.

Paulo continua sua súplica ("rogo-vos") dizendo "não se amoldem" a este século. Não devemos compactuar com o modo de pensar próprio da cultura e dos costumes comuns aos homens. Somos semelhantes a qualquer ser humano, exceto pelo fato de que abraçamos os valores de Jesus. Permitamos que a mente renovada pelo lavar da Palavra nos confira os padrões que Cristo dá.

Todos que agem assim experimentam a boa, agradável e perfeita vontade de Deus. O Senhor tem prazer em revelar Sua vontade para todos os que o temem (SALMO 25:12) e o adoram verdadeiramente.

JMF

Senhor, quero viver para o Teu louvor.

Pensai nas coisas lá do alto, não nas que são aqui da terra... COLOSSENSES 3:2

Entrem e sentem-se

Quando eu era criança, nossa família viajava, todo mês, para visitar meus avós maternos que moravam em outro estado. Todas as vezes que chegávamos à porta da casa da fazenda deles, vovó nos cumprimentava dizendo: "Entrem e sentem-se". Era sua maneira de nos dizer que deveríamos ficar à vontade, permanecer por um tempo e pôr a conversa em dia.

LEITURA:
Lucas 19:1-9

...Zaqueu, desce depressa, pois me convém ficar hoje em tua casa. v.5

A vida pode ficar muito agitada. Neste mundo que prioriza a ação, é difícil ter tempo para conhecer as pessoas. Não é fácil encontrar tempo para pedir a alguém que nos "visite e fique à vontade". Somos mais eficientes quando trocamos mensagens de texto e vamos direto ao assunto.

Veja, porém, como Jesus agiu quando quis fazer diferença na vida de um coletor de impostos. Ele foi à casa de Zaqueu para "sentar-se com ele". Suas palavras, "convém ficar", indicam que não estava apenas de passagem (v.5). Jesus investiu algum tempo com Zaqueu, e a vida deste homem mudou radicalmente por causa deste momento com o Mestre.

Na varanda da casa de minha avó havia várias cadeiras — um convite cordial aos visitantes para relaxar e conversar. Se quisermos conhecer alguém e fazer diferença em sua vida — como Jesus fez na vida de Zaqueu —, precisamos ter tempo para essa pessoa.

JDB

Amado Senhor, ajuda-me a encontrar tempo
para estar com pessoas que desejo conhecer melhor —
para encorajar e desafiá-las
ou quem sabe para um simples bate-papo.

Talvez o melhor presente que você possa oferecer aos outros seja o seu tempo.

Esperando em Deus

Estávamos no ônibus que nos transportava dentro do aeroporto para pegar o voo de conexão, quando o motorista recebeu a ordem de "não sair do lugar". Aparentemente, perderíamos o voo, e um dos passageiros se enfureceu. Gritou com o motorista, exigindo que ele não cumprisse a ordem recebida ou "correria o risco de ser processado". Naquele instante, um funcionário da empresa aérea veio correndo a toda velocidade, carregando uma maleta. Olhando para o passageiro furioso, ele lhe entregou a maleta com ar de triunfo. E disse tão logo conseguiu recuperar o fôlego: "O senhor esqueceu sua maleta. Ouvi o senhor mencionar que sua reunião era muito importante, e imaginei que fosse necessitar desta maleta."

LEITURA:
2 Pedro 3:8-15

...o Senhor [...] é longânimo para convosco, não querendo que nenhum pereça... v.9

Às vezes, sinto-me impaciente com Deus, principalmente a respeito de Sua volta. E questiono: *O que Ele está esperando?* As tragédias ao redor, o sofrimento de quem amamos e até os estresses do dia a dia parecem maiores do que a distância entre a terra e o céu.

Então alguém me conta que acabou de conhecer Jesus ou descubro que Deus ainda trabalha em meio ao caos. E lembro-me do que aprendi naquele ônibus do aeroporto. Há histórias e detalhes que Deus conhece, e eu não. Isso me lembra de confiar nele e que a história não gira ao meu redor, pois é parte do plano de Deus dar tempo a quem ainda não conhece o Seu Filho (2 PEDRO 3:9).

RKK

Senhor, ajuda-me a ser paciente também.

Aguarde a volta de Jesus e seja testemunha dele.

Junte-se ao clamor

Um grupo de mulheres em meu país se reúne mensalmente para orar por Gana e outros países africanos. Ao serem questionadas por que oram tanto pelas nações, a líder comentou: "Olhe ao redor, acompanhe o noticiário. Nossas nações padecem: guerra, desastre, doenças e violência ameaçam ofuscar o amor de Deus pela humanidade e Sua bênção sobre nós. Acreditamos que Ele intervém nos assuntos das nações, por isso, o louvamos pelas bênçãos e clamamos por Sua intervenção."

LEITURA:
Salmo 122:6-9

...exorto que se use a prática de súplicas, orações, intercessões, ações de graças... 1 Timóteo 2:1

A Bíblia revela que Deus realmente intervém nos assuntos das nações (2 CRÔNICAS 7:14). E ao fazer, usa pessoas comuns. Podemos não receber grandes tarefas, mas podemos fazer a nossa parte para trazer paz e justiça que engrandecem uma nação (PROVÉRBIOS 14:34). E isso através da oração. Paulo escreveu: "...exorto que se use a prática de súplicas, orações, intercessões, ações de graças, em favor de todos os homens, em favor dos reis e de todos os que se acham investidos de autoridade, para que vivamos vida tranquila e mansa, com toda piedade e respeito" (1 TIMÓTEO 2:1,2).

Como o salmista exortou os israelitas: "Orai pela paz em Jerusalém!..." (122:6), que possamos orar pela paz e cura de nossos países. Quando oramos em humildade, deixamos a maldade, e buscamos a Deus, Ele nos ouve.

LD

Senhor, pedimos pela paz sobre nossas nações. Clamamos por Tua intervenção ao nos voltarmos a ti em confissão e arrependimento.

Orar pelas autoridades é um privilégio e um dever.

A BÍBLIA em **UM ANO:**
JÓ 30–31; ATOS 13:26-52

Lado a lado

Os 30 colegas e seus pais observavam enquanto Mia ansiosamente caminhava até o palco para falar na sua cerimônia de graduação do quinto ano. Quando o diretor ajustou o microfone à altura de Mia, ela virou as costas para o microfone e o público. A multidão sussurrou palavras de incentivo: "Vamos lá, querida, você consegue." Mas ela não se moveu. Em seguida, uma colega de classe caminhou até a frente e ficou ao lado dela. Com o diretor de um lado de Mia e sua amiga do outro, os três leram seu discurso juntos. Que belo exemplo de apoio!

LEITURA:
Êxodo 17:8-16

...Arão e Hur sustentavam-lhe as mãos [de Moisés], um, de um lado, e o outro, do outro... v.12

Moisés precisava de ajuda e apoio em meio a uma batalha contra os amalequitas (ÊXODO 17:10-16). "Quando Moisés levantava a mão, Israel prevalecia; quando, porém, ele abaixava a mão, prevalecia Amaleque" (v.11). Quando Arão e Hur viram o que estava acontecendo, ficaram ao lado de Moisés, "um, de um lado, e o outro, do outro", e sustentavam os braços dele, quando este se cansava. Com esse apoio, a vitória veio ao pôr do sol.

Todos nós precisamos do apoio uns dos outros. Como irmãos e irmãs na família de Deus, temos muitas oportunidades para encorajar uns aos outros ao compartilharmos a nossa jornada de fé. E Deus está presente em nosso meio, dando-nos Sua graça para fazer isso.

AMC

A quem você poderia ajudar hoje?
Ou é você que precisa de encorajamento?
A quem você pode pedir tal apoio?

A esperança pode ser acesa pela faísca do encorajamento.

Fortalecendo o coração

A **academia do** bairro onde me exercitei por anos fechou no mês passado, e eu precisei procurar outra. O antigo local era agradável e aconchegante, frequentado por aqueles que gostavam de socializar enquanto malhavam. Nós quase nunca nos esforçávamos. A nova academia tem aparelhos de última geração, é cheia de homens e mulheres sérios, comprometidos em alcançar um corpo escultural. Porém, eu os vejo como pessoas tensas e cansadas. Eles aparentam ser fortes, mas me questiono se o coração deles está se fortalecendo com graça.

LEITURA:
1 Timóteo 4:6-11

...porquanto o que vale é estar o coração confirmado com graça...
Hebreus 13:9

O coração é um músculo — aquele que mantém os outros músculos funcionando. É bom modelar e tonificar os outros músculos, mas o essencial é fazer aquilo que mantém o coração forte.

Acontece o mesmo com o nosso coração espiritual. Fortalecemos e tonificamos o coração por meio da Palavra da verdade ao receber sua mensagem de bondade e graça de Deus. Manter o nosso coração espiritual forte e saudável deve ser a nossa máxima prioridade — acima de todas as outras.

Paulo concordaria: "...Exercita-te, pessoalmente, na piedade. Pois o exercício físico para pouco é proveitoso, mas a piedade para tudo é proveitosa, porque tem a promessa da vida que agora é e da que há de ser" (1 TIMÓTEO 4:7,8).

HDR

Que a Tua bondade me alimente diariamente, Senhor, para que o Espírito Santo fortaleça o meu coração.

O treinamento de Deus é planejado para aumentar a nossa fé.

Lembretes importantes

O antropólogo Anthony Graesch diz que o lado exterior da geladeira revela o que é importante para as pessoas. Durante uma pesquisa feita com famílias, Graesch e seus colegas observaram uma média de 52 itens colocados nela — incluindo horários escolares, fotos de família, desenhos infantis e ímãs. Graesch chama a geladeira de "depósito de memória da família".

LEITURA:
Deuteronômio 6:1-12

Estas palavras que, hoje, te ordeno estarão no teu coração. v.6

O Senhor pode usar um item tangível como uma foto, uma lembrança ou versículo das Escrituras para nos lembrar da Sua fidelidade e chamar-nos a obedecer Sua Palavra. Quando Moisés se dirigiu aos israelitas, pouco antes de entrarem na terra de Canaã, pediu-lhes para guardar todos os mandamentos que Deus lhes tinha dado. "Tu as inculcarás a teus filhos, e delas falarás assentado em tua casa, e andando pelo caminho [...]. E as escreverás nos umbrais de tua casa e nas tuas portas" (vv.7,9).

Dar à Palavra de Deus um lugar visível de honra em suas casas e vidas era um poderoso lembrete diário para terem "...o cuidado de não esquecerem Deus, que os tirou do Egito, onde [...] eram escravos" (v.12 NTLH).

Hoje o Senhor nos encoraja a nos lembrarmos de que, à medida que obedecemos a Sua Palavra, podemos depender do Seu fiel cuidado em tudo o que está por vir.

DMC

Pai, somos gratos por todos os lembretes de Tua fidelidade e cuidado amoroso. Que possamos honrá-lo obedecendo a Tua Palavra.

As bênçãos diárias são lembretes da fidelidade divina.

Nossa principal tarefa

Quando uma pesquisadora britânica convocou as religiões do mundo para trabalharem juntas pela unidade, as pessoas em todos os lugares aplaudiram. Ela destacou que as principais religiões compartilham a crença na Regra Áurea, e sugeriu: "A principal tarefa do nosso tempo é a construção de uma sociedade global, na qual as pessoas de todas as convicções possam viver em paz e harmonia."

LEITURA:
Mateus 7:12-23

...Eu sou o caminho, e a verdade, e a vida; ninguém vem ao Pai senão por mim.
João 14:6

Jesus citou a Regra Áurea no Sermão do Monte: "Façam aos outros o que querem que eles façam a vocês..." (MATEUS 7:12 NTLH). No mesmo sermão, disse: "...amai os vossos inimigos e orai pelos que vos perseguem" (5:44). Colocar tais mandamentos em prática seria seguir pelo longo caminho à paz e harmonia. Mas logo após a Regra Áurea, Jesus advertiu: "Acautelai-vos dos falsos profetas que se vos apresentam disfarçados em ovelhas, mas por dentro são lobos roubadores" (7:15).

Respeito pelos outros e discernimento da verdade andam de mãos dadas. Se temos a verdade, temos uma mensagem digna de ser contada. Mas Deus dá a todos a liberdade de escolher ou rejeitá-lo. A nossa responsabilidade é apresentar a verdade com amor e respeitar a escolha de cada um, assim como Deus faz.

Nosso respeito pelos outros é essencial para ganhar o respeito deles. É um passo importante para ter a oportunidade de transmitir a mensagem de Cristo, que afirmou: "...Eu sou o caminho, e a verdade, e a vida..." (JOÃO 14:6).

TG

Ame as pessoas; ame a verdade.

Tudo o que precisamos e mais

Em um campo na zona rural inglesa, G. K. Chesterton se levantou de onde estava e teve um ataque de riso. Seu rompante foi tão repentino e alto que as vacas ficaram encarando-o.

Minutos antes, o escritor e defensor cristão tinha se sentido triste. Naquela tarde, ele estivera vagando pelas colinas, desenhando imagens num papel marrom com giz colorido. Mas ficou desolado ao descobrir que não tinha giz branco, que considerava essencial para sua arte. Logo, porém, começou a rir ao perceber que o chão debaixo de si era calcário poroso — o equivalente do solo ao giz branco. Ele partiu um pedaço e retomou o desenho.

LEITURA:
2 Pedro 1:1-10

O poder de Deus nos tem dado tudo o que precisamos para viver uma vida que agrada a ele... v.3 (NTLH)

Como Chesterton, que percebeu que "estava sentado sobre um grande armazém de giz branco", os cristãos têm recursos espirituais ilimitados de Deus ao alcance em todos os momentos. "O poder de Deus nos tem dado tudo o que precisamos para viver uma vida que agrada a ele, por meio do conhecimento que temos [dele]..." (2 PEDRO 1:3 NTLH).

Talvez você sinta que está faltando algum elemento importante que seja necessário à piedade, como a fé, a graça ou sabedoria. Se você conhece a Cristo, tem tudo que precisa e muito mais. Por meio de Jesus, você tem acesso ao Pai — aquele que graciosamente provê aos cristãos todas as coisas.

JBS

Senhor, perdoa-me por subestimar o Teu poder
e por tentar viver por minha própria força. Não posso!
Obrigado por prover tudo o que preciso.

O poder de Deus é ilimitado.

A linguagem do amor

Quando minha avó chegou ao México como missionária, teve dificuldade em aprender o espanhol. Um dia, ela foi ao mercado e mostrou a lista de compras para a menina que a atendia. Ela disse: "Está em duas línguas (lenguas)". Mas minha avó quis dizer que tinha escrito em dois idiomas. O açougueiro ao ouvi-las, presumiu que ela queria comprar duas línguas de boi. Minha avó não percebeu até chegar em casa. Ela nunca tinha cozinhado língua de boi antes!

LEITURA:
Tiago 3:1-12

Com [a língua], bendizemos ao Senhor e Pai; também, com ela, amaldiçoamos os homens, feitos à semelhança de Deus. v.9

Os erros são inevitáveis quando estamos aprendendo uma segunda língua, inclusive ao aprendermos a nova linguagem do amor de Deus. Às vezes, o nosso discurso é contraditório porque louvamos o Senhor, mas em seguida, falamos mal dos outros. Nossa natureza pecaminosa se opõe à nossa nova vida em Cristo. O que sai de nossa boca nos mostra o quanto precisamos da ajuda de Deus.

A nossa antiga "língua" deve desaparecer. A única maneira de aprender a nova linguagem do amor é fazer de Jesus — o Senhor do nosso discurso. Quando o Espírito Santo age em nós, Ele nos dá autocontrole para falar palavras que agradam ao Pai. Que possamos entregar cada palavra a Ele! "Põe guarda, SENHOR, à minha boca; vigia a porta dos meus lábios" (SALMO 141:3). *KO*

Senhor Jesus, toma o controle de minha boca hoje.
Perdoa-me por minhas palavras descuidadas,
impensadas e carregadas de ira. Que minhas palavras
bendigam a ti e abençoem os outros.

Que as nossas palavras levem outros a Jesus.

Uma lição aprendida

Maria ficou viúva e, em seguida, adoeceu. Sua filha, então, a convidou para ir morar na nova "casa da vovó", que construíra nos fundos da sua para recebê-la. Isso implicou em deixar amigos e o restante da família a muitos quilômetros, mas ela alegrou-se pela provisão de Deus.

LEITURA:
Filipenses 4:10-19

...porque aprendi a viver contente em toda e qualquer situação. v.11

Seis meses em sua nova vida, e a alegria e o contentamento ameaçaram escapar quando sentiu-se tentada a resmungar e duvidar de que a mudança fosse realmente o plano divino. Ela sentia falta de seus amigos cristãos, e sua nova igreja estava longe demais para ela ir sozinha.

Maria leu algo que Charles Spurgeon escreveu: "...o contentamento é uma das flores do céu, e deve ser cultivado". E Paulo escreveu: '...porque *aprendi* a viver contente', como se ele antes não soubesse. Ela concluiu que se um evangelista fervoroso como Paulo, confinado na prisão, abandonado por amigos, e enfrentando a execução, poderia aprender o contentamento, ela também poderia.

"Percebi que enquanto não aprendesse esta lição, não desfrutaria do que Deus tinha planejado", disse ela. "Assim, confessei minha murmuração e pedi o Seu perdão. Logo depois, uma senhora aposentada me perguntou se eu gostaria de ser sua parceira de oração, e outros me ofereceram carona à igreja. Minhas necessidades por um "amigo de alma" e maior mobilidade foram maravilhosamente supridas."

MS

Existem áreas da vida em que você precisa aprender a se contentar?

Deus nem sempre mudará as circunstâncias, mas nos transformará se estivermos dispostos.

O caminho mais fácil?

O caminho da vida muitas vezes é difícil. Assim, se esperarmos que Deus sempre nos dê um caminho fácil, podemos ficar propensos a virar as costas para Ele quando a estrada ficar difícil.

LEITURA:
Êxodo 13:17-22

...Deus não o levou pelo caminho da terra dos filisteus, posto que mais perto... v.17

Se você já pensou em fazer isso, pense no povo de Israel. Ao receber a liberdade dos egípcios após centenas de anos de escravidão, partiu para a Terra Prometida. Mas Deus não os enviou direto para casa. Ele "...não o levou pelo caminho da terra dos filisteus, posto que mais perto..." (ÊXODO 13:17). Em vez disso, o Senhor enviou o povo pelo caminho difícil através do deserto. Naquele momento, isto os ajudou a evitar guerras (v.17), mas, no decurso do tempo, algo maior estava por acontecer.

Deus usou esse tempo no deserto para instruir e amadurecer aqueles a quem Ele tinha chamado para segui-lo. O caminho mais fácil os teria levado à calamidade. O longo caminho preparou o povo de Israel para a sua entrada bem-sucedida na Terra Prometida.

Deus é fiel, e podemos confiar nele para conduzir e cuidar de nós, seja o que for que enfrentarmos. Podemos não compreender a razão para o caminho em que estamos, mas podemos confiar nele para nos ajudar a crescer em fé e maturidade ao longo da jornada.

JDB

Senhor, não podemos ver o caminho à frente, mas confiamos em Tua direção para o melhor caminho para seguirmos. Encoraja e ensina-nos, por favor, à medida que te permitimos nos guiar nesta estrada.

O tempo de Deus está sempre certo – espere pacientemente por Ele.

Há algo que eu deveria saber?

O cantor e compositor David Wilcox respondeu a uma pergunta da plateia sobre como ele compõe músicas. E disse que há três aspectos nesse processo: um quarto silencioso, uma página em branco, e a pergunta: "Há algo que eu deveria saber?". Pareceu-me uma abordagem maravilhosa para os cristãos que buscam o plano do Senhor para o andar diário.

LEITURA:
Mateus 14:22-36

...subiu ao monte, a fim de orar sozinho... v.23

Em Seu ministério público, Jesus separou tempo para ficar sozinho em oração. Após alimentar 5 mil pessoas com cinco pães e dois peixes, enviou os Seus discípulos para atravessar o mar da Galileia de barco, enquanto Ele despedia a multidão (v.22). "E, despedidas as multidões, [Jesus] subiu ao monte, a fim de orar sozinho. Em caindo a tarde, lá estava ele, só" (v.23).

Se Jesus viu a necessidade de estar a sós com o Pai, quanto mais nós precisamos de um tempo diário de solitude para derramar o nosso coração a Deus, refletir sobre Sua Palavra, e nos prepararmos para seguir Suas orientações.

Um ambiente silencioso — qualquer lugar que possamos nos concentrar no Senhor sem distrações.

Uma página em branco — uma mente receptiva, uma folha inescrita, disposta a ouvir.

Há algo que eu deveria saber? "Senhor, fale comigo por Seu Espírito, Sua Palavra escrita, e pela garantia de Sua direção."

Dessa tranquila encosta na colina, Jesus desceu para uma tempestade violenta, sabendo exatamente o que Seu pai queria que Ele fizesse (vv.24-27).

DCM

Separar tempo para estar com Deus é a melhor maneira para encontrar forças nele.

Do pranto à alegria

"**Estamos cortando** a sua função." Uma década atrás, essas palavras me fizeram cambalear quando a empresa onde eu trabalhava me demitiu. Na época, me senti arruinada, em parte porque a minha identidade estava entrelaçada ao meu papel como editora. Senti, recentemente, uma tristeza parecida ao saber que meu trabalho temporário tinha terminado. Mas desta vez não me senti abalada, pois com os anos, vi a fidelidade de Deus e como Ele pode transformar meu pranto em alegria.

LEITURA:
Isaías 61:1-4

...enviou-me [...] a pôr sobre os que em Sião estão de luto uma coroa em vez de cinzas, óleo de alegria, em vez de pranto... vv.1,3

Apesar de vivermos num mundo decaído onde enfrentamos dor e decepções, Deus pode nos levar do desespero ao louvor, como vemos na profecia de Isaías sobre a vinda de Jesus (ISAÍAS 61:1-3). Ele nos dá esperança quando não a temos; nos ajuda a perdoar quando pensamos não poder; ensina que nossa identidade está nele e não no que fazemos. Ele nos dá coragem para enfrentar o futuro incerto. Ao vestirmos os trapos de "cinzas", nos dá vestes de louvor.

Ao enfrentarmos perdas, não devemos fugir da tristeza, mas também não queremos nos tornar amargos ou inflexíveis. Ao pensarmos sobre a fidelidade de Deus, sabemos que Ele está disposto e pode transformar o luto em alegria novamente — nos dar graça suficiente nesta vida e plena alegria no céu.

ABP

Pai, tornaste a dor de Jesus na cruz em nosso melhor presente. Aprofunda a minha fé para que eu possa acolher o Teu amor transformador em minha vida.

Deus pode trazer crescimento a partir dos nossos momentos de sofrimento.

Inesperado

No calor do meio-dia do verão, numa viagem à América do Sul, minha esposa e eu paramos para tomar um sorvete. Na parede atrás do balcão, lemos um aviso que dizia: "Proibido patinar no gelo." Teve graça porque foi bem inesperado.

LEITURA:
Mateus 10:35-42

Quem acha a sua vida perdê-la-á; quem, todavia, perde a vida por minha causa achá-la-á. v.39

Às vezes, dizer o inesperado tem o maior efeito. Pense nisso em relação a uma declaração de Jesus: "Quem acha a sua vida perdê-la-á; quem, todavia, perde a vida por minha causa achá-la-á" (MATEUS 10:39). Em um reino onde o Rei é um servo (MARCOS 10:45), perder sua vida torna-se a única maneira de encontrá-la. Esta é uma mensagem surpreendente para um mundo concentrado na autopromoção e autoproteção.

Em termos práticos, como podemos perder a nossa vida? A resposta é resumida na palavra *sacrifício*. Quando sacrificamos, colocamos em prática o estilo de vida de Jesus. Em vez de nos agarrarmos aos nossos próprios desejos e necessidades, respeitamos as necessidades e o bem-estar dos outros.

Jesus não apenas ensinou sobre o sacrifício, mas também o viveu, entregando-se a si mesmo por nós. Sua morte na cruz tornou-se a expressão final do coração do Rei que praticou Suas palavras: "Ninguém tem maior amor do que este: de dar alguém a própria vida em favor dos seus amigos" (JOÃO 15:13).

WEC

Pai, ensina-me a ter o coração de Cristo,
para que eu valorize mais o sacrifício que Ele fez por mim
e me disponha a sacrificar-me pelos outros.

Nada está realmente perdido para uma vida de sacrifício. HENRY LIDDON

A BÍBLIA em UM ANO:
SALMOS 16–17; ATOS 20:1-16

O presente e o Doador

É **apenas um** chaveiro com oito pequenos blocos unidos por um cadarço. Minha filha me deu isso anos atrás, quando ela tinha 7 anos. Hoje, o laço está desgastado e os blocos quebrados, mas sua mensagem nunca envelhece: "Eu ♥ papai".

LEITURA:
Lucas 1:67-79

...por causa das ternas misericórdias de nosso Deus, [...] do alto nos visitará o sol nascente. v.78 (NVI)

Os presentes mais preciosos são determinados não pelo *que* há neles, mas de *quem* vieram. Pergunte a alguém que já recebeu um buquê de dente-de-leão de mãos infantis. Os melhores presentes são valorizados não pelo dinheiro, mas pelo amor.

Zacarias compreendeu isso e o demonstra em sua canção profética à medida que louvou a Deus por ter dado a ele e a sua mulher, Isabel, o filho João, quando já tinham passado da idade fértil (LUCAS 1:67-79). Zacarias se alegrou, pois João seria um profeta que proclamaria a maior dádiva de Deus a todas as pessoas — a vinda do Messias: "...por causa das ternas misericórdias de nosso Deus, pelas quais do alto nos visitará o sol nascente" (v.78 NVI). Tais palavras indicam um presente dado com tanto amor que até mesmo irá "...alumiar os que jazem nas trevas e na sombra da morte..." (v.79).

O presente mais doce que podemos receber são as ternas misericórdias de Deus — o perdão dos nossos pecados por meio de Jesus. Esse presente lhe custou caro na cruz, mas Ele o oferece livremente por Seu profundo amor por nós.

JB

Jesus, graças por Teu presente de perdão e vida por meio de ti. Recebo o Teu presente com alegria.

Jesus é o presente e o Doador.

Mão aberta

Biddy Mason foi posta numa cova anônima, em 1891. Isso era comum para uma mulher nascida na escravidão, mas notável para alguém tão talentosa como Biddy. Após tornar-se livre judicialmente em 1856, ela combinou suas habilidades de enfermagem com sábios empreendimentos e fez fortuna. Ao observar a situação dos imigrantes e dos prisioneiros, ela lhes estendeu a mão, investiu em caridade com tanta frequência que as pessoas começaram a fazer fila em sua casa em busca de ajuda. Em 1872, apenas 16 anos após ser livre, ela e seu genro financiaram a fundação da Primeira Igreja Metodista Episcopal Africana em Los Angeles, EUA.

LEITURA:
Atos 20:22-35

...Mais bem-aventurado é dar que receber. v.35

Ela praticou as palavras de Paulo: "Tenho-vos mostrado em tudo que, trabalhando assim, é mister socorrer os necessitados e recordar as palavras do próprio Senhor Jesus: Mais bem-aventurado é dar que receber" (v.35). Paulo era privilegiado, homem livre, mas optou por uma vida que o levaria à prisão e martírio para servir a Cristo e outros.

Em 1988, os benfeitores a homenagearam com uma lápide na presença de autoridades e de 3 mil membros da pequena igreja que tinha começado em sua casa cerca de um século antes. Biddy disse certa vez: "A mão aberta é abençoada, pois dá em abundância ao mesmo tempo que recebe." A mão que doou generosamente recebeu um rico legado.

TG

Alguém está passando por problemas e precisa da sua ajuda?
Você pode alcançá-la ainda hoje?

...é mister socorrer os necessitados e recordar as palavras do próprio Senhor Jesus.

Confiança mal direcionada

Gosto de observar aves, desenvolvi essa atividade, enquanto crescia numa aldeia florestal em Gana, onde tínhamos muitas espécies. No bairro onde vivo agora, observei, recentemente, o comportamento de alguns corvos que me interessavam. Voando em direção a uma árvore sem a maioria de suas folhas, os corvos decidiram descansar. Mas em vez de escolherem os galhos robustos, eles pousaram sobre os galhos secos e frágeis, que rapidamente quebraram. Eles voaram para escapar do perigo, apenas para repetir o esforço inútil. Aparentemente, sua percepção não lhes disse que os ramos sólidos seriam lugares de descanso mais confiáveis e seguros.

LEITURA:
Salmo 20

Uns confiam em carros, outros, em cavalos; nós, [...] nos gloriaremos em o nome do SENHOR, nosso Deus. v.7

E quanto a nós? Onde colocamos a nossa confiança? Davi observa no Salmo 20: "Uns confiam em carros, outros, em cavalos; nós, porém, nos gloriaremos em o nome do SENHOR, nosso Deus" (v.7). Carros e cavalos representam os bens materiais e humanos. Eles representam coisas que são úteis na vida diária, mas não nos dão segurança em tempos de angústia. Se colocarmos nossa confiança em bens ou riqueza, descobriremos que, eventualmente, quebrarão como os ramos que cederam sob o peso dos corvos.

Aqueles que confiam em seus carros e cavalos "...se encurvam e caem..." mas nós que confiamos em Deus "...nos levantamos e nos mantemos de pé" (20:8).

LD

Você já confiou em alguém ou algo que o desapontou ou enganou? Quem ou o que era? No que você confia mais?

Neste mundo de mudanças, podemos confiar em nosso Deus imutável.

Marcar passo

A **ordem militar** "marcar passo" significa marchar sem sair do lugar. É uma pausa ativa no movimento para a frente, permanecendo mentalmente preparado e esperando com expectativa a próxima ordem.

Na linguagem do dia a dia, o termo *marcar passo* significa "movimento sem progresso, sem chegar a lugar algum, nada fazendo de importante, enquanto se *espera*." Essa expressão transmite a sensação de ócio, de espera sem sentido.

LEITURA:
Salmo 25:1-15

...dos que em ti esperam, ninguém será envergonhado... v.3

Em contraste, a palavra para *esperar* na Bíblia muitas vezes significa "olhar ansiosamente para, ter a expectativa de". O salmista, ao enfrentar grandes dificuldades, escreveu: "Deus meu, em ti confio; não seja eu envergonhado, nem exultem sobre mim os meus inimigos. Com efeito, dos que em ti esperam, ninguém será envergonhado... (SALMO 25:2,3).

Muitas vezes, não temos escolha sobre o que temos de esperar — um diagnóstico médico, uma resposta da entrevista de emprego, a volta de um ente querido — mas podemos decidir de que maneira vamos esperar. Ao invés de ceder ao medo ou apatia, podemos continuar a "marchar no lugar", buscando a força de Deus e direção a cada dia.

"Faze-me, Senhor, conhecer os teus caminhos, ensina-me as tuas veredas. Guia-me na tua verdade e ensina-me, pois tu és o Deus da minha salvação, em quem eu espero todo o dia" (vv.4,5).

DCM

Senhor, dá-me graça para compreender as pausas em minha vida e prepara-me para seguir a Tua próxima ordem.

Esperar no Senhor é exercer a confiança prática e atuante, não apenas teórica.

Ele compreende

Algumas crianças têm dificuldade para dormir à noite. Minha filha explicou-me uma das razões para isso, quando me virei para sair de seu quarto certa noite. "Tenho medo do escuro", disse ela. Tentei aliviar o seu medo e deixei uma lâmpada acesa para que ela tivesse certeza de que seu quarto estava livre de monstros.

LEITURA:
Salmo 27:1-8

O SENHOR é a minha luz e a minha salvação; de quem terei medo? O SENHOR é a fortaleza da minha vida... v.1

Não pensei mais sobre o medo da minha filha até algumas semanas mais tarde, quando meu marido fez uma viagem de negócios. Depois de me acomodar na cama, o escuro parecia me envolver. Ouvi um pequeno barulho e pulei para investigar. Acabou por ser nada, mas finalmente entendi o medo da minha filha, quando eu mesma o experimentei.

Jesus entende os nossos medos e problemas porque Ele viveu entre nós como um ser humano e suportou os mesmos tipos de problemas que enfrentamos. "Era desprezado e o mais rejeitado entre os homens; homem de dores e que sabe o que é padecer..." (ISAÍAS 53:3). Quando lhe descrevemos as nossas lutas, Ele não nos deixa de lado, nem minimiza os nossos sentimentos, ou nos diz para sairmos dessa situação, Jesus se identifica com a nossa angústia. De alguma forma, saber que Ele entende pode dissipar a solidão que muitas vezes acompanha o sofrimento. Em nossos momentos mais obscuros, Jesus é a nossa luz e a nossa salvação.

JBS

Querido Jesus, sei que ouves a minha oração e me compreendes. Tu és o único que ilumina a minha escuridão.

Jesus é nossa luz na noite mais escura.

Distrações táticas

A primeira vez que minha esposa e eu trabalhamos juntos num projeto literário vimos que a procrastinação seria o maior obstáculo. Ela editava o meu texto e me mantinha na programação; quase a enlouqueci. Na maioria das vezes, sua organização e paciência sobreviveram a minha resistência aos prazos e direção.

LEITURA:
Jonas 4

E disse o SENHOR: É razoável essa tua ira? v.4

Eu tinha prometido ter certa quantidade de texto pronto no final de um dia. Durante a primeira hora, trabalhei diligentemente. Satisfeito, decidi fazer uma pausa. Antes que eu percebesse, meu tempo tinha expirado. Em apuros, pensei numa maneira de sair dessa situação. Comecei a fazer algumas tarefas que minha esposa não gostava de fazer e que sempre me garantiam alguns elogios.

Mas o plano falhou.

Às vezes faço o mesmo jogo com Deus. Ele traz pessoas específicas em minha vida e quer que eu as sirva, ou tem tarefas que quer que eu realize. Como Jonas, que foi por outro caminho, ao receber uma atribuição divina, preciso deixar de lado meus sentimentos (4:2). Às vezes tento impressionar Deus com boas obras ou atividades, mas Ele realmente quer a minha obediência às Suas prioridades. Inevitavelmente, o meu plano falha.

Você se esquiva dos deveres que Deus lhe dá? Acredite: o contentamento vem de fazer em Sua força e da Sua maneira. *RKK*

Pai amado, ajuda-nos a reconhecer nossas distrações pelo que muitas vezes são — desobediência e desatenção ao trabalho que nos deste.

A obediência agrada a Deus.

Agitação e descanso

O **despertador toca.** Parece muito cedo. Mas você tem um longo dia pela frente. Você tem trabalhos a fazer, compromissos a cumprir, pessoas que precisa cuidar, ou tudo isso e muito mais. Bem, você não está só. Todo dia, muitos de nós corremos de uma coisa à outra. Como alguém sagazmente sugeriu: "Quem muito faz, mais arruma para fazer."

LEITURA:
Marcos 6:7-13,30-32

[Jesus] lhes disse: Vinde repousar um pouco, à parte, num lugar deserto... v.31

Quando os apóstolos voltaram de sua primeira viagem missionária, eles tinham muito a relatar. Mas Marcos não registrou a avaliação de Jesus sobre o trabalho dos discípulos; ao invés disso, se concentrou na preocupação do Mestre de que eles descansassem um pouco. Jesus disse: "...Vinde repousar um pouco, à parte, num lugar deserto..." (6:31).

Em última análise, encontramos o verdadeiro descanso ao reconhecermos a presença de Deus e confiarmos nele. Enquanto levamos nossas responsabilidades a sério, também reconhecemos que podemos relaxar nosso envolvimento com o trabalho e carreiras, nossas famílias e ministério, e entregá-los a Deus pela fé. Podemos separar um tempo cada dia para nos dessintonizar das distrações, afastar as inquietações tensas e com gratidão refletir sobre a maravilha do amor e da fidelidade de Deus.

Portanto, sinta-se livre para parar e tomar um fôlego. Tenha um descanso verdadeiro.

PFC

Senhor, sou grato por tudo o que me destes para fazer.
Ajuda-me a verdadeiramente descansar em ti —
física, emocional e espiritualmente.

Deus nos criou com a necessidade do descanso.

Livre do medo

O **medo se** infiltra em meu coração sem permissão. Ele pinta um quadro de desamparo e desesperança; rouba a minha paz e a minha concentração. Qual o meu temor? Estou preocupada com a segurança da minha família ou a saúde dos entes queridos. Entro em pânico com a perda de um emprego ou um relacionamento desfeito. O medo demonstra as minhas preocupações interiores e revela um coração que, às vezes, acha difícil confiar.

LEITURA:
Salmo 34:1-10

Busquei o SENHOR, e ele me acolheu; livrou-me de todos os meus temores. v.4

Quando estes medos e preocupações nos atingem, como é bom ler a oração de Davi, no Salmo 34: "Busquei o SENHOR, e ele me acolheu; livrou-me de todos os meus temores" (v.4). E como Deus nos livra dos nossos medos? Quando nós o contemplamos (v.5), quando nos concentramos nele, nossos medos desaparecem; confiamos que Ele tem o controle. Na sequência, Davi menciona um tipo diferente de temor, não aquele que paralisa, mas um profundo respeito e admiração por Aquele que nos rodeia e nos livra (v.7). Podemos nos refugiar nele porque Ele é bom (v.8).

Este temor da Sua bondade ajuda a colocar os nossos medos em perspectiva. Quando nos lembramos de quem Deus é e do quanto Ele nos ama, podemos descansar em Sua paz, "...pois nada falta aos que o temem" (v.9), concluiu Davi. Como é maravilhoso descobrir que no temor do Senhor, podemos ser libertos de nossos medos.

KO

Senhor, estou ciente de minhas preocupações e as coloco em Tuas mãos. Dá-me paz para enfrentar o dia.

Peça a Deus para livrá-lo dos seus medos.

A ferradura errada

A derrota de Napoleão na Rússia, há 200 anos, foi atribuída ao severo inverno russo, especificamente porque os seus cavalos estavam usando ferraduras de verão. Quando o inverno chegou, estes cavalos morreram porque escorregaram em estradas geladas ao puxarem os vagões de suprimento. O fracasso da cadeia de fornecimento de Napoleão reduziu seu forte exército de 400 mil para apenas 10 mil. Um pequeno deslize; um resultado desastroso!

LEITURA:
Salmo 34:11-18

Quem é o homem que ama a vida e quer longevidade para ver o bem? Refreia a língua do mal... vv.12,13

Tiago descreveu como um deslize da língua pode fazer um grande estrago. Uma palavra errada pode alterar as carreiras ou os destinos das pessoas. A língua é tão tóxica que sobre ela, Tiago escreveu: "...nenhum dos homens é capaz de domar; é mal incontido, carregado de veneno mortífero" (3:8). O problema tem aumentado em nosso mundo contemporâneo como um e-mail descuidado ou uma postagem num site de mídia social que pode causar grande dano. Torna-se rapidamente viral e nem sempre pode ser recolhido.

O rei Davi estabeleceu o respeito ao Senhor com a maneira como usamos nossas palavras. Ele escreveu: "...eu vos ensinarei o temor do SENHOR [...]. Refreia a língua do mal e os lábios de falarem dolosamente (34:11,13). Ele decidiu: "...guardarei os meus caminhos, para não pecar com a língua; porei mordaça à minha boca..." (39:1). Senhor, ajuda-nos a fazer o mesmo.

CPH

O que Tiago 3:1-12 e Provérbios 18:1-8 ensinam sobre o controle da língua?

Nossas palavras têm o poder de construir ou de destruir.

O teste do jogo

Uma competição no críquete pode ser exaustiva. Os competidores jogam das 11h da manhã às 6h horas da tarde — com almoço e intervalos para chá, mas os jogos podem durar até 5 dias. É um teste de resistência e de habilidade.

LEITURA:
Salmo 35:17-28

Até quando, SENHOR, ficarás olhando? Livra-me a alma das violências deles; dos leões, a minha predileta. v.17

Os testes que enfrentamos na vida são por vezes intensificados por razão semelhante, parecem sem fim. A longa busca por um emprego, uma temporada inteira de solidão, ou uma longa batalha contra o câncer torna-se ainda mais difícil pelo fato de você querer saber se isso em algum momento terá fim.

Talvez por isso o salmista clamou: "Até quando, SENHOR, ficarás olhando? Livra-me a alma das violências deles; dos leões, a minha predileta" (35:17). Os comentários bíblicos afirmam que este verso falava do longo período na vida de Davi quando ele foi perseguido por Saul e caluniado pelos conselheiros do rei — provações que duraram anos.

Mas, no final, Davi cantou: "...Glorificado seja o SENHOR, que se compraz na prosperidade do seu servo!" (v.27). Seu teste levou-o a confiança mais profunda em Deus, uma confiança que também podemos experimentar em nossas longas temporadas de provações, dificuldades ou perdas.

WEC

À medida que o tempo se arrasta e as respostas parecem distantes, ensina-me, Pai, a encontrar auxílio em ti e em Tua presença. Capacita-me a suportar e a confiar em ti.

Quando os seus fardos o oprimirem, lembre-se de que os braços fortes do Senhor o sustentam.

A lixa divina

As palavras de minha amiga me magoaram. Tentei não remoer seus comentários sobre as minhas fortes opiniões e pedi pela sabedoria e paz de Deus. Semanas depois, ainda preocupada, orei: "Estou ferida, Senhor, mas mostra-me onde preciso mudar e em que parte ela está certa."

LEITURA:
Provérbios 27:5-17

Como o ferro com o ferro se afia, assim, o homem, ao seu amigo. v.17

Isso serviu como uma lixa divina em minha vida. Com os nervos à flor da pele, sentia que minha reação desenvolveria ou não o meu caráter. Escolhi me submeter ao processo de suavização, confessando o meu orgulho e teimosia. Eu percebia que os meus solavancos e imperfeições não glorificavam o Senhor.

O rei Salomão sabia que a vida em comunidade poderia ser difícil, e ele abordou esse tema no livro de Provérbios. No capítulo 27, vemos a sua sabedoria aplicada aos relacionamentos. Ele compara as palavras afiadas entre amigos como ferro afiando ferro: "Como o ferro com o ferro se afia, assim, o homem, ao seu amigo" (v.17), aparando as arestas no comportamento do outro. Este processo pode causar ferimentos, tais como a dor que senti com as palavras da minha amiga (v.6), mas no final o Senhor pode usar estas palavras para ajudar e encorajar-nos a fazer as mudanças necessárias em nossa atitude e comportamento.

Como o Senhor pode aparar suas arestas para a glória dele?

ABP

Senhor, este processo é doloroso, mas quero me submeter a ele. Molda-me e me abranda.

O Senhor permite que as arestas sejam aparadas e nos molda em meio às experiências de vida.

Vulnerabilidade visível

A **o sair** de casa após uma cirurgia no ombro, eu estava com medo. Sentia-me confortável usando a tipoia, mas o cirurgião e o fisioterapeuta me disseram para não usá-la mais: "Nesta fase, não se deve usar a tipoia, exceto se quiser demonstrar um *sinal visível da vulnerabilidade* num ambiente não controlado."

LEITURA:
Efésios 4:2-6

...com toda a humildade e mansidão, com longanimidade, suportando-vos uns aos outros em amor. v.2

Ah, era isso! Eu temia encontrar-me com alguém empolgado que pudesse me dar um abraço apertado ou alguém desatento que pudesse esbarrar em mim acidentalmente. Eu estava me escondendo atrás de minha frágil tipoia azul-bebê porque temia ser ferida.

Aceitar a vulnerabilidade pode ser assustador. Queremos ser amados e aceitos pelo que somos, mas tememos que, se as pessoas realmente nos conhecessem, nos rejeitariam e nos sentiríamos feridos. E se descobrissem que não somos inteligentes, gentis e bons o bastante?

Mas, como membros da família de Deus, temos a responsabilidade de *nos ajudar mutuamente* a crescer na fé; consolar e edificar "uns aos outros" (1 TS 5:11.), e: "...com toda a humildade e mansidão, com longanimidade, [suportar-nos] uns aos outros em amor" (EFÉSIOS 4:2).

Sendo honestos e vulneráveis com os outros cristãos, descobrimos que temos batalhas semelhantes, lutando contra a tentação ou aprendendo a viver em obediência. E que compartilhamos o dom da graça de Deus em nossa vida.

CHK

Senhor, ajuda-me a ser paciente e amoroso com os outros.

Ser honesto sobre as nossas lutas nos permite ajudar uns aos outros.

Melhor amigo, para sempre

Uma das frases de sabedoria que passei a apreciar é a afirmação tantas vezes repetida por meu pai: "Os bons amigos são um dos maiores tesouros da vida." Como é verdade! Com bons amigos, você nunca está sozinho. Eles estão atentos às suas necessidades e de bom grado compartilham as alegrias e os pesares da vida.

LEITURA:
Tiago 2:18-26

...Ora, Abraão creu em Deus [...] e: Foi chamado amigo de Deus. v.23

Antes de Jesus vir ao mundo, apenas duas pessoas foram chamadas amigas de Deus. O Senhor falou com Moisés "...como qualquer fala a seu amigo..." (ÊXODO 33:11), e Abraão "...foi chamado amigo de Deus" (TIAGO 2:23; 2 CRÔNICAS 20:7; ISAÍAS 41:8).

Surpreende-me que Jesus chama aqueles que lhe pertencem de amigos: "...tenho-vos chamado amigos, porque tudo quanto ouvi de meu Pai vos tenho dado a conhecer" (JOÃO 15:15). E Sua amizade é tão profunda que Cristo deu a Sua vida por nós. O evangelho de João diz: "Ninguém tem maior amor do que este: de dar alguém a própria vida em favor dos seus amigos" (v.13).

Que privilégio e bênção ter Jesus como nosso amigo! É um amigo que nunca nos deixará ou abandonará. Ele intercede por nós diante do Pai e supre todas as nossas necessidades. Ele perdoa todos os nossos pecados, compreende todas as nossas tristezas, e nos dá graça suficiente em tempos de angústia. Ele é realmente o nosso melhor amigo!

JMS

Senhor, sou grato pois me chamaste teu amigo.
Que eu seja sempre grato por tamanho privilégio!

Em Jesus amigo temos.

Ame seu próximo

Conta-se que um antropólogo estava encerrando a pesquisa de vários meses numa pequena aldeia. Enquanto esperava por uma carona até o aeroporto para seu voo de retorno à casa, decidiu passar o tempo, criando uma brincadeira para algumas crianças. Sua ideia era criar uma corrida por uma cesta de frutas e doces que ele colocou perto de uma árvore. Mas ao dar o sinal de partida, ninguém correu para a linha de chegada. Em vez disso, as crianças deram as mãos e correram juntas à árvore.

LEITURA:
Romanos 13:8-11

...toda a lei se cumpre em um só preceito, a saber: Amarás o teu próximo como a ti mesmo. Gálatas 5:14

Quando questionadas por que escolheram correr como um grupo em vez de cada um por si para ganhar, uma menina respondeu: "Como um de nós poderia ser feliz quando todos os outros estariam tristes?" Por estas crianças se preocuparem com o próximo, queriam que todas pudessem compartilhar a cesta de frutas e doces.

Depois de anos estudando a lei de Moisés, Paulo descobriu que todas as leis de Deus podiam ser resumidas em uma: "Amarás o teu próximo como a ti mesmo" (GÁLATAS 5:14; ROMANOS 13:9). Em Cristo, Paulo viu não só a razão para encorajar, confortar e cuidar uns dos outros, mas também a capacitação espiritual para efetuá-la.

Porque Ele cuida de nós, podemos cuidar uns dos outros.

MRD

Pai, graças pelo amor que tu derramas sobre nós diariamente. Ensina-nos, em troca, a cuidar dos outros. Abre os nossos olhos para ver suas necessidades e responder como desejas.

Mostramos nosso amor a Deus quando amamos uns aos outros.

Mantendo a fé

É tentador pensar na fé como uma fórmula mágica. Se você acumular o suficiente, ficará rico, saudável e terá uma vida feliz com respostas automáticas para todas as suas orações. Mas a vida não funciona assim. Como prova, o autor de Hebreus apresenta um lembrete comovente do que constitui a "verdadeira fé", repassando a vida de alguns gigantes da fé do Antigo Testamento (HEBREUS 11).

LEITURA:
Hebreus 10:32–11:6

De fato, sem fé é impossível agradar a Deus... v.6

"Sem fé", o autor diz sem rodeios, "é impossível agradar a Deus" (11:6). Ao descrever a fé, ele usa a palavra perseverança (v.27). Como resultado de sua fé, alguns heróis triunfaram: Eles puseram em fuga exércitos, escaparam da espada, sobreviveram a leões. Mas outros tiveram finais menos felizes: Foram açoitados, apedrejados, serrados ao meio. O capítulo conclui: "...todos estes que obtiveram bom testemunho por sua fé não obtiveram, contudo, a concretização da promessa" (v.39).

A imagem da fé que surge não se encaixa em uma fórmula fácil. Às vezes, leva à vitória e ao triunfo. Às vezes, exige uma determinação corajosa para "aguentar a qualquer custo." De tais pessoas, "...Deus não se envergonha [...], de ser chamado o seu Deus, porquanto lhes preparou uma cidade" (v.16).

O fundamento da nossa fé está sobre a convicção de que Deus tem o controle final e decerto manterá Suas promessas — quer aconteça nessa vida ou no porvir.

PDY

Dá-me uma fé que confia em ti de todo coração, Senhor.

Nosso maior conforto em momentos de tristeza é saber que Deus está no controle.

Preço da admissão

Todos os anos, cerca de dois milhões de pessoas de todo o mundo visitam a Catedral de Saint Paul, em Londres. A taxa de entrada para ver a magnífica estrutura projetada e construída por *Sir* Christopher Wren, no século 17, vale a pena. O turismo neste lugar de culto cristão é secundário. Sua principal missão é "permitir que as pessoas em toda a sua diversidade encontrem a presença transformadora de Deus em Jesus Cristo." Se você quiser visitar o prédio e admirar a arquitetura, deve pagar uma entrada. Mas não há taxa alguma para participar de qualquer um dos seus cultos diários.

LEITURA:
Romanos 3:21-26

...sendo justificados gratuitamente, por sua graça, mediante a redenção que há em Cristo Jesus. v.24

Quanto custa para entrar no reino de Deus? A entrada é livre, pois Jesus Cristo pagou o preço por nós por meio de Sua morte, "...pois todos pecaram e carecem da glória de Deus, sendo justificados gratuitamente, por sua graça, mediante a redenção que há em Cristo Jesus" (vv.23,24). Quando reconhecemos nossa necessidade espiritual e aceitamos pela fé o perdão de Deus para os nossos pecados, recebemos a vida nova.

Você pode receber uma nova vida hoje, pois por Sua morte na cruz e ressurreição Jesus já pagou o preço de sua admissão!

DCM

Querido Jesus, acredito que morreste por meus pecados e ressuscitaste.
Quero aceitar-te como meu Salvador e seguir-te.
Por favor, perdoa meus pecados e me ajuda,
a partir deste momento, a viver uma vida que te agrada.

Jesus pagou o preço para que possamos entrar no reino de Deus.

O melhor ainda está por vir

Os melhores dias de sua vida já se passaram ou ainda virão? Nossa visão sobre a vida — e nossa resposta a essa pergunta — podem mudar com o tempo. Quando somos mais jovens, olhamos à frente, querendo crescer. E, quando ficamos mais velhos, ansiamos pelo passado, querendo ser jovens de novo. Mas quando andamos com Deus, seja qual for a nossa idade, o melhor ainda está por vir!

LEITURA:
Dt 34:1-12

O Deus eterno é a tua habitação e, por baixo de ti, estende os braços eternos... 33:27

Em sua extensa vida, Moisés testemunhou as coisas surpreendentes que Deus fez; muitas aconteceram quando ele já não era mais tão jovem. Moisés tinha 80 anos ao confrontar Faraó e ver Deus libertar milagrosamente Seu povo da escravidão (ÊXODO 3–13). Ele viu o mar Vermelho se abrir, viu o maná cair do céu e até falou com Deus "face a face" (14:21; 16:4; 33:11).

Moisés viveu toda a sua vida com expectativas, ansiando por aquilo que Deus faria (HEBREUS 11:24-27). Ele tinha 120 anos ao deixar este mundo e, mesmo então, compreendia que sua vida com Deus estava apenas começando e que ele nunca veria o fim de Sua grandeza e amor.

Independentemente de nossa idade, "O Deus eterno é a tua habitação e, por baixo de ti, estende os braços eternos..." (DEUTERONÔMIO 33:27), que fielmente nos leva à Sua alegria todos os dias.

JB

Senhor meu Deus, eu te louvo por tudo o que fizeste no passado e anseio com gratidão por tudo o que farás no futuro. E te agradeço pelo dia de hoje e por todas as Tuas bênçãos.

Quando andamos com Deus, o melhor ainda está por vir.

Nunca desista!

Joop Zoetemelk é conhecido como o ciclista mais bem--sucedido da Holanda. Mas isso é porque ele nunca desistiu. Ele correu o *Tour de France* 16 vezes — ficando em segundo lugar cinco vezes antes de vencer em 1980. Isso é perseverança!

LEITURA:
2 Timóteo 3:10-15

Combati o bom combate, completei a carreira, guardei a fé. v.7

Muitos vencedores atingiram o sucesso subindo uma escada especial chamada "nunca desistir". Há, porém, muitas pessoas que perderam a oportunidade de alcançar o sucesso porque desistiram cedo demais. Isso pode acontecer em todas as áreas da vida: família, estudo, amigos, trabalho, serviço. A perseverança é a chave para a vitória.

O apóstolo Paulo perseverou apesar de perseguição e aflição (2 TIMÓTEO 3:10,11). Ele era realista, reconhecendo que, como seguidores de Cristo, sofreremos perseguição (vv.12,13), mas instruiu Timóteo a colocar sua fé em Deus e no encorajamento das Escrituras (vv.14,15). Isso o ajudaria a enfrentar o desânimo e a suportar tudo com esperança. Ao fim de sua vida, Paulo disse: "Combati o bom combate, completei a carreira, guardei a fé" (4:7).

Nós também podemos permitir que as Escrituras nos fortaleçam para avançar na carreira atribuída a nós. Porque o nosso Deus promete e cumpre, e recompensará aqueles que completarem a carreira fielmente (v.8).

JFG

Pai Celestial, dá-me a força de caráter e a perseverança para te servir melhor. Ajuda-me a não desanimar quando as coisas ficarem difíceis, mas a confiar em ti para me ajudar.

A fé conecta nossa fraqueza à força de Deus.

Mais do que podemos imaginar

Alguém sugeriu que os cinco melhores brinquedos de todos os tempos são: vara, caixa, corda, tubo de papelão, sujeira. Todos são facilmente disponíveis, versáteis, adequados a todas as idades, cabem em todos os orçamentos e são alimentados pela imaginação. Não necessitam de baterias.

LEITURA:
Efésios 3:14-21

...àquele que é poderoso para fazer infinitamente mais do que tudo quanto pedimos ou pensamos... v.20

A imaginação desempenha um papel poderoso em nossa vida; por isso, não é estranho o apóstolo Paulo mencioná-la em sua oração pelos seguidores de Jesus em Éfeso (vv.14-21). Após pedir a Deus para fortalecê-los com o Seu poder por meio do Seu Espírito (v.16), Paulo orou para que eles fossem capazes de compreender e experimentar a total dimensão do amor de Cristo (vv.17-19). No fechamento, Paulo deu glória "...àquele que é poderoso para fazer infinitamente mais do que tudo quanto pedimos ou pensamos, conforme o seu poder que opera em nós..." (v.20).

Frequentemente, nossa experiência limita as nossas orações — uma situação que não podemos imaginar diferente; hábitos destrutivos que permanecem; atitudes persistentes que parecem desafiar a mudança. Com o passar do tempo, podemos começar a sentir que algumas coisas não podem ser mudadas. Mas Paulo diz que isso não é verdade.

Por Seu grande poder operando em nós, Deus é capaz de fazer muito mais do que podemos nos atrever a pedir ou sequer sonhar.

DCM

Pai, ajuda-nos a aceitar as Tuas dádivas.

Nunca meça o poder ilimitado de Deus com base em suas expectativas limitadas.

Não perfeitos

Em seu livro *Jumping Through Fires*, (Enfrentando o fogo), David Nasser, conta sobre sua jornada espiritual. Antes de iniciar um relacionamento com Jesus, ele fez amizade com um grupo de adolescentes cristãos. Embora seus companheiros fossem quase sempre generosos, cativantes e não o julgassem, Nasser viu quando um deles mentiu para a namorada. Mais tarde, sentindo-se condenado, o jovem confessou e lhe pediu perdão. Refletindo sobre isso, Nasser disse que o incidente o aproximou de seus amigos cristãos. Ele percebeu que eles necessitavam de graça tanto quanto ele.

LEITURA:
Romanos 7:14-25

...o querer o bem está em mim; não, porém, o efetuá-lo. v.18

Não temos de agir como se fôssemos perfeitos com as pessoas que conhecemos. Não há problema em ser honesto sobre os nossos erros e lutas. O apóstolo Paulo se declarou o pior de todos os pecadores (1 TIMÓTEO 1:15). Também descreveu sua difícil luta contra o pecado em Romanos 7, ao dizer: "...o querer o bem está em mim; não, porém, o efetuá-lo" (v.18). Infelizmente, o oposto também era verdadeiro: "...o mal que não quero, esse faço..." (v.19).

Sermos abertos sobre as nossas lutas nos coloca no mesmo nível de qualquer outro ser humano vivo — o nosso lugar! Entretanto, devido a Jesus Cristo, nosso pecado não nos seguirá até a eternidade. Como diz o velho ditado: "Os cristãos não são perfeitos; apenas, perdoados."

JBS

Jesus, eu te adoro como o único ser humano perfeito que já viveu. Obrigado por me possibilitar triunfar sobre o pecado.

A única diferença entre os cristãos e todos os outros é o perdão.

Quem o observa?

Onde quer que os atletas das Olimpíadas de 2016 estivessem no Rio de Janeiro, eles podiam ver a estátua de Jesus. No topo do Corcovado, uma montanha de 704m de altura, há uma escultura de 30m, chamada *Cristo Redentor*. Com os braços abertos, essa imponente estátua é visível, dia e noite, de quase qualquer ponto da cidade ao redor.

LEITURA:
Salmo 34:15-22

Os olhos do SENHOR repousam sobre os justos... v.15

Por mais reconfortante que essa icônica escultura de concreto e pedra-sabão possa ser para todos os que podem olhar para cima e vê-la, há muito mais conforto no fato de que o verdadeiro Jesus nos vê. No Salmo 34, Davi disse: "Os olhos do SENHOR repousam sobre os justos, e os seus ouvidos estão abertos ao seu clamor" (v.15). Ele observou que, quando os justos clamam por Sua ajuda, "...o SENHOR os escuta e os livra de todas as suas tribulações. Perto está o SENHOR dos que têm o coração quebrantado e salva os de espírito oprimido" (vv.17,18).

Entretanto, quem são os justos? Aqueles que colocam a confiança em Jesus Cristo, que é a nossa justiça (1 CORÍNTIOS 1:30). Nosso Deus supervisiona a nossa vida e ouve o choro dos que confiam nele. Ele está perto para nos ajudar em nossos tempos de maior necessidade.

Jesus tem os Seus olhos sobre você.

JDB

Às vezes, a vida parece fora de controle e eu não sei exatamente que direção tomar. Senhor, obrigado por orientar-me e apontar o caminho certo por meio de Tua Palavra e Teu Espírito.

O Senhor nunca nos perde de vista.

Olhe para cima

Emil era um sem-teto que passou um ano inteiro olhando para a calçada enquanto caminhava penosamente pela cidade dia após dia. Ele tinha vergonha de olhar nos olhos dos outros, caso o reconhecessem, pois nem sempre vivera nas ruas. Mais do que isso, ele procurava encontrar uma moeda caída ou um cigarro pela metade. Seu constante olhar para o chão se tornou um hábito tão forte, que os ossos de sua coluna começaram a se fixar naquela posição e ele tinha grande dificuldade para ficar ereto.

LEITURA:
2 Reis 6:8-17

...peço-te que lhe abras os olhos para que veja... v.17

O servo do profeta Eliseu olhou em direção errada e apavorou-se com o enorme exército que o rei da Síria havia enviado para capturar seu mestre (2 REIS 6:15). Mas Eliseu sabia que ele via apenas o perigo e a quantidade de oponentes. Seus olhos precisavam se abrir para ver a proteção divina que os rodeava, que era muito maior do que qualquer coisa que os sírios poderiam trazer contra Eliseu (v.17).

Quando a vida é difícil e nos sentimos sob pressão, é muito fácil ver apenas os nossos problemas. Mas o autor da carta aos Hebreus sugere uma maneira melhor. Ele nos lembra de que Jesus passou por um sofrimento inimaginável em nosso lugar e que, se fixarmos nossos olhos nele (12:2), Ele nos fortalecerá.

MS

Às vezes, Senhor, parece que só consigo ver os nós e emaranhados na tapeçaria de minha vida. Por favor, ajuda-me a abrir os olhos e ver a linda imagem que estás tecendo.

Com Cristo no centro de nossa vida, estamos no rumo certo.

Quem você está defendendo?

Chamada a ir à frente para analisar uma sentença, Kátia entrou em pânico. Recém-transferida, não havia aprendido essa parte da gramática. A classe riu dela.

O professor a defendeu. "Ela é capaz de fazer uma redação melhor do que qualquer um de vocês, em qualquer dia da semana!" Muitos anos depois, Kátia recordou com gratidão o momento: "Naquele dia, comecei a tentar escrever tão bem quanto ele disse". Ela acabou ganhando um prêmio importante por sua escrita.

LEITURA:
Marcos 10:13-16

...Cristo, quando nós ainda éramos fracos, morreu a seu tempo pelos ímpios. Rm 5:6

Como o professor de Kátia, Jesus se identificava com os indefesos e vulneráveis. Quando os discípulos afastaram as crianças, Ele se irou e disse: "Deixai vir a mim os pequeninos, não os embaraceis" (MARCOS 10:14). Cristo estendeu a mão a um grupo étnico desprezado, fazendo do Bom Samaritano um herói (LUCAS 10:25-37) e oferecendo a esperança a uma aflita samaritana, no poço de Jacó (JOÃO 4:1-26). Protegeu e perdoou uma mulher pega em adultério (JOÃO 8:1-11). E, embora fôssemos totalmente desamparados, deu Sua vida por todos nós (ROMANOS 5:6).

Quando defendemos os vulneráveis e marginalizados, lhes damos uma chance de realizarem seu potencial. Mostramos-lhes o verdadeiro amor e, de modo pequeno, mas importante, refletimos o próprio coração de Jesus.

TG

Pai, ajuda-me reconhecer os que precisam de alguém que os apoie.
Perdoa-me por pensar que "não é meu problema".
Ajuda-me a amar os outros como tu o fazes.

É impossível amar a Cristo sem amar os outros.

Porque eu o amo

LEITURA:
Apocalipse 22:12-21

...Certamente, venho sem demora. Amém! Vem, Senhor Jesus! v.20

Um dia antes de meu marido voltar para casa de uma viagem de negócios, meu filho disse: "Mamãe! Eu quero que o papai volte para casa". Perguntei-lhe por que, esperando que ele dissesse algo sobre os presentes que seu pai costumava trazer ao voltar, ou que estivesse com saudade de jogar bola com ele. Mas com solene seriedade, ele respondeu: "Eu quero que ele volte porque eu o amo!"

Sua resposta me fez pensar sobre o nosso Senhor e Sua promessa de voltar. "...Venho sem demora...", diz Jesus (vv.20). Anseio por Seu retorno, mas por que quero que Ele volte? Será porque estarei em Sua presença, longe de doença e morte? Será porque estou cansado de viver em um mundo difícil? Ou porque você o amou boa parte de sua vida, Ele compartilhou suas lágrimas e seu riso, quando Ele foi mais real do que qualquer outra pessoa que você deseja estar com Ele para sempre?

Fico contente por meu filho sentir falta de seu pai quando ele está longe. Seria terrível se ele não se importasse sobre o seu retorno ou se achasse que isso interferiria nos seus planos. Como nos sentimos quanto ao retorno do nosso Senhor? Ansiemos por esse dia apaixonadamente e digamos com fervor: "Senhor, volte! Nós o amamos."

KO

Vem, Senhor, sem demora!

Anseie pela vinda do Senhor.

Quem lhes contará?

A **Segunda Guerra** havia terminado. A paz havia sido declarada. Mas o jovem Hiroo Onoda, tenente do Exército Imperial Japonês isolado numa ilha das Filipinas, não o sabia. Foram feitas tentativas de encontrá-lo e lançado panfletos sobre o local onde ele poderia estar, dizendo-lhe que a guerra havia acabado. Mas Onoda, cuja última ordem recebida em 1945 foi ficar e lutar, rejeitou essas tentativas e folhetos como trapaças ou propaganda do inimigo. Ele não se rendeu até março de 1974 — quase 30 anos após o fim da guerra, quando seu ex-comandante viajou do Japão para as Filipinas, anulou sua ordem original e dispensou oficialmente Onoda do dever. Finalmente, o soldado acreditou que a guerra havia acabado.

LEITURA:
2 Coríntios 4:1-6

...nosso Salvador [...] destruiu a morte, como trouxe à luz a vida e a imortalidade...
2 Timóteo 1:10

Quanto às boas-novas sobre Jesus Cristo, muitos ainda não ouviram falar ou não creem que Ele "...destruiu a morte, como trouxe à luz a vida e a imortalidade, mediante o evangelho" (v.10). E alguns que ouviram e creram, ainda vivem como derrotados, tentando sobreviver sozinhos na selva da vida.

Alguém precisa lhes contar a gloriosa notícia da vitória de Cristo sobre o pecado e a morte. Inicialmente, eles poderão reagir com ceticismo ou dúvida, mas não desanime. Imagine a liberdade que encontrarão quando Cristo iluminar sua mente com o conhecimento de que a batalha foi vencida.

PFC

Senhor, ajuda-me a manter um coração aberto
para ouvir os outros e compartilhar o que fizeste.

Você contará as boas-novas a alguém hoje?

Alívio do sol escaldante

Vivendo na Grã-Bretanha, não costumo me preocupar com queimaduras de sol. Afinal, o sol é frequentemente bloqueado por uma espessa camada de nuvens. Mas recentemente, passei algum tempo na Espanha e logo percebi que, com minha pele clara, eu só conseguia ficar sob a luz solar durante dez minutos, antes de precisar me abrigar sob o guarda-sol.

LEITURA:
Salmos 121

...o SENHOR é a tua sombra à tua direita. v.5

Ao considerar a natureza escaldante do sol do Mediterrâneo, comecei a entender mais profundamente o significado da imagem do Senhor Deus como sombra à direita de Seu povo. Os moradores do Oriente Médio sofriam o calor implacável e precisavam encontrar abrigo contra os raios ardentes do sol.

No Salmo 121, o salmista usa essa imagem do Senhor como sombra, que pode ser entendida como uma conversa em nível de coração — um diálogo consigo mesmo sobre a bondade e fidelidade do Senhor. Quando usamos esse salmo em oração, tranquilizamo-nos de que o Senhor nunca nos deixará, pois Ele forma uma cobertura protetora sobre nós. E, assim como nos abrigamos do sol sob guarda-sóis, também podemos encontrar um lugar seguro no Senhor.

Elevamos nossos olhos ao "que fez o céu e a terra" (vv.1,2) porque, quer estejamos em tempos de sol ou de chuva, recebemos Seus presentes de proteção, alívio e refrigério.

ABP

Pai Celestial, sou grato por Tua proteção.
Guarda-me de tudo que possa me afastar de ti.

Encontramos refúgio no Senhor.

Sem medo

Quase todas as vezes que um anjo aparece na Bíblia, suas primeiras palavras são: "Não temas" (DANIEL 10:12,19; MATEUS 28:5; APOCALIPSE 1:17). Não admira. Quando o sobrenatural entra em contato com o planeta Terra, costuma deixar os observadores humanos prostrados e amedrontados. Mas Lucas fala de Deus fazendo uma aparição na Terra de um modo nada assustador. Em Jesus, nascido numa estrebaria e deitado numa manjedoura, Deus encontra um modo de aproximação que não precisamos temer. O que poderia ser menos assustador do que um recém-nascido?

LEITURA:
Lucas 2:8-20

O anjo, porém, lhes disse: Não temais... v.10

Céticos intrigados perseguiram Jesus durante todo o Seu ministério. Como poderia um bebê de Belém, filho de um carpinteiro, ser o Messias de Deus? Mas um grupo de pastores em um campo não teve dúvida sobre quem Ele era, porque havia ouvido a mensagem de boas-novas diretamente de um coral de anjos (2:8-14).

Por que Deus tomou a forma humana? A Bíblia nos dá muitos motivos, alguns densamente teológicos e alguns bastante práticos; mas a cena de Jesus adolescente ensinando aos rabinos no templo dá uma pista (v.46). Pela primeira vez, pessoas comuns podiam manter uma conversação, um debate, com Deus em forma visível. Jesus podia falar com qualquer um — Seus pais, um rabino, uma viúva pobre — sem primeiro ter de anunciar: "Não temas".

Em Jesus, Deus se aproxima de nós.

PDY

Fico humilhado, Senhor, por te aproximares de mim.
Mas sou grato. Obrigado.

Deus encarnado é o fim do medo. F. B. Meyer

O seu Pai sabe

Eu tinha apenas 4 anos quando dormi ao lado de meu pai em um tapete numa noite quente de verão. (Minha mãe, com um bebê, tinha seu próprio quarto naquele momento). Vivíamos no norte de Gana, onde o clima é predominantemente seco. O suor cobria o meu corpo e o calor ressequia a minha garganta. Eu sentia tanta sede, que sacudi meu pai para acordá-lo. No meio daquela noite seca, ele se levantou e despejou água de uma jarra para eu matar minha sede. Ao longo de minha vida, como naquela noite, ele exemplificou a imagem de um pai carinhoso, fornecendo-me o que eu precisava.

LEITURA:
Mateus 6:25-34

...Deus, o vosso Pai, sabe o de que tendes necessidade, antes que lho peçais. v.8

Talvez algumas pessoas não tenham uma boa figura paterna em suas vidas. Mas todos nós temos um Pai que é forte, sempre presente e não nos decepciona. Jesus nos ensinou a orar ao "Pai nosso, que [está] nos céus..." (MATEUS 6:9). Ele nos disse que, quando nos confrontamos com nossas necessidades diárias — alimentação, vestuário, abrigo, proteção (v.31), Deus "...o vosso Pai sabe o de que tendes necessidade, antes que lho peçais" (v.8).

Nós temos um Pai sempre presente. Noite ou dia, sempre que a caminhada fica difícil, podemos confiar que Ele nunca nos abandonará. Ele prometeu cuidar de nós e conhece melhor do que nós mesmos as nossas necessidades.

LD

Obrigado, Senhor, pelo privilégio de me achegar a ti como meu Pai. Tu conheces as minhas necessidades antes mesmo de eu te pedir. Obrigado porque tu nunca me abandonarás.

Nosso amoroso Pai celestial nunca descuida de nós.

Quando não compreendemos

Embora eu dependa de tecnologia todos os dias para fazer meu trabalho, não entendo muito sobre como ela funciona. Ligo meu computador, abro um documento do *Word* e começo a escrever. Contudo, minha incapacidade de compreender como realmente funcionam microchips, discos rígidos, conexões Wi-Fi e monitores coloridos não me impede de beneficiar-me da tecnologia.

LEITURA:
Isaías 55:6-13

...os meus pensamentos não são os vossos pensamentos, nem os vossos caminhos, os meus... v.8

Em certo sentido, isso espelha o nosso relacionamento com Deus. Isaías 55:8,9 nos lembra de que Deus está muito além de nós: "...os meus pensamentos não são os vossos pensamentos, nem os vossos caminhos, os meus caminhos, diz o SENHOR, porque, assim como os céus são mais altos do que a terra, assim são os meus caminhos mais altos do que os vossos caminhos, e os meus pensamentos, mais altos do que os vossos pensamentos".

Não entendermos tudo sobre Deus não nos impede de confiar nele. Ele provou o Seu amor por nós. O apóstolo Paulo escreveu: "...Deus prova o seu próprio amor para conosco pelo fato de ter Cristo morrido por nós, sendo nós ainda pecadores" (ROMANOS 5:8). Confiando nesse amor, podemos caminhar com Ele até mesmo quando a vida parece não fazer sentido.

WEC

Pai celestial, obrigado porque, embora eu não possa compreender-te, posso conhecer-te. Sou grato. Lembre-me de que, mesmo que tu e os Teus caminhos possam estar além de minha compreensão, sempre posso contar com o Teu amor por mim e com a Tua presença comigo.

Deus não seria digno de nossa adoração se pudesse ser compreendido por nossa sabedoria.

Influência gentil

Anos antes de ser presidente dos EUA (1901-09), Theodore Roosevelt soube que seu filho Theodore Jr. estava doente. Embora Ted fosse se recuperar, a causa de sua doença golpeou o pai fortemente. Os médicos lhe disseram que *ele* era a causa da doença de seu filho. Ted estava sofrendo de "esgotamento nervoso", tendo sido impiedosamente pressionado pelo pai a ser o herói "lutador" que o pai não fora durante sua frágil infância. Ao ouvir isso, Roosevelt pai prometeu ceder: "Nunca mais pressionarei Ted, no corpo ou na mente".

LEITURA:
Colossenses 3:12-17

Revesti-vos [...] de misericórdia, de bondade, de humildade, de mansidão, de longanimidade. v.12

O pai cumpriu a sua palavra. A partir de então, atentou ao modo como tratava seu filho — que lideraria bravamente o desembarque dos aliados na Normandia, na Segunda Guerra Mundial.

Deus confiou a todos nós influência sobre a vida dos outros. Temos profunda responsabilidade nos relacionamentos com cônjuges, filhos, amigos, funcionários e clientes. A tentação de pressionar ou exigir demais, forçar o avanço ou orquestrar o sucesso pode nos levar a prejudicar os outros, mesmo quando não percebemos. Exatamente por isso, os cristãos são instados a serem pacientes e brandos com os outros (COLOSSENSES 3:12). Se Jesus, o Filho de Deus, veio em humildade, como podemos não ser bondosos uns com os outros?

RKK

Que expectativas você tem das pessoas em sua vida — em casa e no trabalho? Que influência você pode ter sobre os outros? De que maneira você pode refletir melhor o caráter de Jesus?

O que Deus faz por nós, devemos fazer pelos outros.

Uma vida de legado

Ao hospedar-me num hotel de uma pequena cidade, percebi que havia um culto na igreja do outro lado da rua. Jovens e idosos, todos de pé, lotavam o salão da igreja e se acumulavam na calçada. Ao ver um carro fúnebre estacionado, percebi que se tratava de um funeral. Pelo tamanho da multidão, presumi ser a celebração da vida de um herói local — talvez um empresário rico ou uma personalidade famosa. Curioso, eu disse ao funcionário da recepção: "Essa é uma participação incrível para um funeral; deve ser de uma pessoa famosa na cidade."

LEITURA:
Provérbios 22:1-16

Mais vale o bom nome do que as muitas riquezas... v.1

"Não", respondeu ele. "Ele não era rico ou famoso, mas era um bom homem."

Isso me lembrou da sabedoria do provérbio que diz: "Mais vale o bom nome do que as muitas riquezas..." (PROVÉRBIOS 22:1). É uma boa ideia pensar sobre que tipo de legado estamos deixando para nossos familiares, amigos e vizinhos. Pela perspectiva de Deus, o que importa não é o nosso currículo ou a quantidade de dinheiro que acumulamos, mas sim o tipo de vida que levamos.

Quando um amigo meu faleceu, sua filha escreveu: "Este mundo perdeu um homem justo e, neste mundo, isso não é pouca coisa!" É esse tipo de legado que devemos buscar para a glória de Deus.

JMS

Senhor, ajuda-me a buscar uma vida que te agrade e que honre o Teu nome.

Viva para deixar um legado para a glória de Deus.

Levando luz às trevas

Em 1989, Vaclav Havel foi elevado de preso político a primeiro presidente eleito da Checoslováquia. Anos depois, em seu funeral em Praga, em 2011, a ex-secretária de Estado dos EUA Madeleine Albright, nascida em Praga, o descreveu como alguém que havia "levado à luz a lugares de profundas trevas".

LEITURA:
João 1:1-8

...brilhe [...] a vossa luz diante dos homens, para que [...] glorifiquem a vosso Pai... Mateus 5:16

O que Havel fez levando luz à arena política da Checoslováquia (e, mais tarde, à República Tcheca), nosso Senhor Jesus fez pelo mundo todo. Ele trouxe a luz à existência ao criá-la das trevas na aurora do tempo (JOÃO 1:2,3; GÊNESIS 1:2,3). Depois, com o Seu nascimento, trouxe luz à arena espiritual. Jesus é a vida e a luz que as trevas não podem superar (JOÃO 1:5).

João Batista veio do deserto para dar testemunho de Jesus, a luz do mundo. Podemos fazer o mesmo hoje. Na verdade, é o que Jesus nos disse para fazermos: "...brilhe [...] a vossa luz diante dos homens, para que vejam as vossas boas obras e glorifiquem a vosso Pai que está nos céus" (MATEUS 5:16).

Em nosso mundo atual — quando o bem é, frequentemente, considerado mal e o mal é visto como bem, quando verdade e erro são invertidos —, as pessoas estão buscando direção na vida. Que sejamos aqueles que resplandecem a luz de Cristo em nosso mundo.

CPH

Pai celestial, obrigado pela luz de Jesus que veio ao mundo e pela luz que Ele trouxe à minha vida. Ajuda-me a permanecer grato e ser a Sua luz no mundo escuro ao meu redor.

Resplandeça!

A bravata

Em 2015, Hunter, de 15 anos, caminhou 92 km carregando seu irmão Braden, de 8, para elevar a conscientização sobre as necessidades de pessoas com paralisia cerebral. Braden pesa 27 kg; e Hunter precisou fazer várias paradas de descanso, nas quais outras pessoas o ajudavam a alongar seus músculos. Ele usou arreios especiais para distribuir o peso de Braden. Hunter diz que, embora os arreios o ajudaram fisicamente, o que mais o ajudou foram as pessoas ao longo do caminho. “Se não fosse por todos nos animando e caminhando conosco, eu não teria conseguido. Minhas pernas doíam, mas meus amigos me carregaram e eu terminei...”. A mãe deles chamou a árdua caminhada “A Bravata da Paralisia Cerebral”.

LEITURA:
Rm 16:1-3,13,21-23

Consolai-vos, pois, uns aos outros e edificai-vos reciprocamente...
1 Ts 5:11

O apóstolo Paulo, visto como forte e corajoso, também precisou ser “carregado”. Em Romanos 16, ele cita várias pessoas que o ajudaram a fazer exatamente isso. Elas serviam ao seu lado, o encorajavam, supriam as suas necessidades e oravam por ele. Ele menciona Febe; Priscila e Áquila, colaboradores; a mãe de Rufo, que havia sido como uma mãe também para ele; Gaio, que lhe fora hospitaleiro; e muitas mais.

Todos nós precisamos de amigos que nos ajudem, e sabemos de outros que precisam de nosso encorajamento. Assim como Jesus nos ajuda e nos carrega, ajudemos uns aos outros. *AMC*

Senhor, ajuda-me a estender a outros a graça que recebi.

Os incentivadores encorajam os outros quando os problemas os põem para baixo.

Aquilo que você faz

Enquanto o comboio esperava para partir, um fuzileiro bateu com urgência na janela do veículo de seu líder. Irritado, o sargento abaixou a janela. "O que é?"

"O senhor tem de fazer aquilo", disse o jovem. "O quê?", perguntou o sargento. "O senhor sabe, aquilo que o senhor faz."

LEITURA:
2 Crônicas 13:10-18

...prevaleceram os filhos de Judá, porque confiaram no SENHOR, Deus de seus pais. v.18

Então, o sargento se lembrou. Ele sempre orava pela segurança do comboio; desta vez, não o fizera. Cônscio do dever, saiu da viatura e orou pela equipe. O fuzileiro compreendia o valor de seu líder que orava.

Em Judá, Abias não foi um grande rei — 1 Reis 15:3 diz: "...seu coração não foi perfeito para com o SENHOR...". Mas enquanto Judá se preparava para guerra contra Israel, que tinha o dobro de soldados, Abias tinha conhecimento de que pessoas fiéis de seu reino haviam continuado a adorar a Deus (2 CRÔNICAS 13:10-12), enquanto as dez tribos de Israel haviam expulsado os sacerdotes de Deus e passado a adorar deuses pagãos (vv.8,9). Então, Abias se voltou com confiança ao único e verdadeiro Deus.

O histórico conturbado de Abias havia causado graves danos. Mas ele soube para onde se voltar na crise e seu exército venceu facilmente, "...porque confiaram no SENHOR..." (v.18). Nosso Deus acolhe quem quer que o busque e confie nele. *TG*

Eu sei que a oração não é um amuleto de boa sorte.
Mas venho ao Senhor, porque não há alguém melhor com quem falar.
Confio em ti com todas as minhas circunstâncias hoje.

Deus nunca se afastará de quem se volta a Ele com fé.

Obsessão por comparação

Thomas J. DeLong, professor da *Harvard Business School*, observou uma tendência preocupante entre seus alunos e colegas — uma "obsessão por comparação". Ele escreve: "Mais do que nunca, os executivos de negócios, analistas da Bolsa de Valores, advogados, médicos e outros profissionais estão obcecados por comparar suas próprias realizações com as dos outros. Isto é ruim para os indivíduos e para as empresas. Ao definir o sucesso com base em critérios externos em vez de internos, você diminui a sua satisfação e o seu compromisso."

LEITURA:
Mateus 20:1-16

...não me é lícito fazer o que quero do que é meu? Ou são maus os teus olhos porque eu sou bom? v.15

Essa obsessão não é nova. As Escrituras nos alertam para os perigos de nos compararmos aos outros. Ao fazê-lo, tornamo-nos orgulhosos e os desdenhamos (LUCAS 18:9-14), ciumentos e queremos ser como eles ou ter o que eles têm (TIAGO 4:1). Falhamos em não atentarmos para o que Deus nos deu para fazer. Jesus sugeriu que a obsessão por comparação vem de crer que Deus é injusto e não tem o direito de ser mais generoso para com os outros do que para conosco (MATEUS 20:1-16).

Por Sua graça, podemos aprender a superar obsessão por comparação focando-nos na vida que Ele nos deu. Ao dedicar momentos para agradecer as bênçãos diárias, transformamos nosso pensamento e começamos a crer profundamente que Ele é bom.

MLW

Senhor. Ajuda-me a manter meus olhos longe dos outros, e sim em Ti e Tua bondade para com todos nós.

Deus expressa a Sua bondade para com Seus filhos à Sua própria maneira.

Gigantes na terra

Após acampar perto do Monte Sinai por 2 anos, o povo de Israel estava prestes a entrar em Canaã — a Terra Prometida. Deus lhes disse para enviar doze espias para avaliar a terra e seus habitantes. Ao verem a força dos cananeus e o tamanho de suas cidades, dez deles disseram: "Nós não podemos!" E dois disseram: "Nós podemos!". O que fez a diferença?

LEITURA:
Números 13:25–14:9

...Subamos e possuamos a terra, porque, certamente, prevaleceremos contra ela. 13:30

Quando os dez compararam os gigantes a si mesmos e eles pareceram grandes, os dois — Calebe e Josué — compararam os gigantes a Deus e eles ficaram pequenos. "...[O] SENHOR é conosco; não os temais" (NÚMEROS 14:9).

A incredulidade jamais nos permite superar as dificuldades — as cidades inconquistáveis e os gigantes impossíveis. Ela também se preocupa com os problemas, e nos leva a meditar excessivamente sobre eles, confrontando-os com os simples recursos humanos.

A fé, por outro lado, embora nunca minimize os perigos e dificuldades de qualquer circunstância, desvia os seus olhos delas e os põe em Deus e conta com a Sua invisível presença e poder.

Quais são os seus "gigantes"? Um hábito que você não consegue perder? Uma tentação à qual não consegue resistir? Um casamento difícil? Um filho ou filha usuários de drogas?

Se nos compararmos às nossas dificuldades, sempre estaremos oprimidos. A fé afasta o seu olhar da grandeza da tarefa para olhar para a grandiosidade do Deus todo-poderoso, sempre presente.

HDR

Senhor, quando os "gigantes" de minha vida começam a me oprimir com medo, ajuda-me a confiar em ti.

Quando o medo bater à sua porta, responda com fé.

Que possamos

Enquanto estava na fila de uma atração do parque temático, notei que a maioria das pessoas estavam conversando e sorrindo, em vez de reclamar da longa espera. Isso me fez ponderar sobre o que fazia da espera naquela fila uma experiência agradável. A resposta pareceu ser que pouquíssimas pessoas estavam ali sozinhas. Em vez disso, amigos, famílias, grupos e casais estavam compartilhando a experiência, o que era muito diferente do que ficar parado e sozinho.

LEITURA:
Hebreus 10:19-25

Consideremo-nos [...] uns aos outros, para nos estimularmos ao amor e às boas obras. v.24

A vida cristã deve ser vivida na companhia de outros, não sozinho. Hebreus 10:19-25 nos exorta a viver em comunidade com outros seguidores de Jesus: "... aproximemo-nos, com sincero coração, em plena certeza de fé [...]. Guardemos firme a confissão da esperança, sem vacilar, pois quem fez a promessa é fiel. Consideremo-nos também uns aos outros, para nos estimularmos ao amor e às boas obras. Não deixemos de congregar-nos..." (vv.22-25). Em comunidade, nos tranquilizamos e reforçamo-nos mutuamente, "[fazendo] admoestações" (v.25).

Até os nossos dias mais difíceis podem se tornar uma parte significativa de nossa jornada de fé quando os outros os compartilham conosco. Não enfrente a vida sozinho. Viajemos juntos.

DCM

Senhor, que possamos cumprir o Teu chamado percorrendo com outros o caminho da fé e do encorajamento.

A vida em Cristo foi feita para ser uma experiência compartilhada.

Em risco de queda

Quando minha amiga Elaine se recuperava após uma forte queda, um funcionário do hospital colocou-lhe uma pulseira amarela que dizia: Risco de queda, e significava: Observe esta pessoa com cuidado. Ela pode desequilibrar-se. Ajude-a a ir de um lugar a outro.

LEITURA:
1 Coríntios 10:1-13

Aquele, pois, que pensa estar em pé veja que não caia. v.12

Em 1 Coríntios 10 lemos algo como um aviso de "Risco de queda" para os cristãos. Observando seus antepassados, Paulo notou o potencial humano para cair em pecado. Os israelitas murmuravam, adoravam ídolos e tinham relacionamentos imorais. Deus ficou insatisfeito e lhes permitiu sofrer consequências por sua transgressão. Entretanto, Paulo disse: "Estas coisas lhes sobrevieram como exemplos e foram escritas para advertência nossa [...]. Aquele, pois, que pensa estar em pé veja que não caia" (vv.11,12).

É fácil nos enganarmos e pensar que não cometemos mais certo tipo de pecado. Mesmo tendo passado pelo pior de tudo — admitido nosso problema, nos arrependido e nos comprometido a seguir os caminhos de Deus —, a tentação pode nos chamar. Deus nos possibilita evitar recair nos mesmos padrões, e fornece uma saída para o ato pecaminoso que estamos considerando. Nossa parte é responder à Sua oferta de fuga. *JBS*

Senhor, permita que eu veja a rota de fuga que ofereces quando sou tentado. Dá-me força para aceitar a Tua ajuda para poder permanecer fiel a ti. Sei que este é o Teu desejo para mim e te agradeço por estares agindo em mim.

As grandes bênçãos, com frequência, são seguidas por grandes tentações.

A fala de Deus

Recentemente, meu genro estava explicando à minha neta que podemos falar com Deus e que Ele se comunica conosco. Quando ele disse para a filha que, às vezes, Deus nos fala pela Bíblia, ela respondeu sem hesitar: "Ele nunca me disse nada. Eu nunca ouvi Deus falar comigo."

LEITURA:
Hebreus 1:1-12

...[recebemos] o Espírito que vem de Deus, para que conheçamos o que por Deus nos foi dado... 1 Coríntios 2:12

Provavelmente, a maioria de nós concordaria com ela, se o que queremos dizer com Deus se comunicar conosco é ouvir uma voz audível nos dizendo: "Venda sua casa e vá cuidar dos órfãos em uma terra distante." Mas, quando falamos em ouvir Deus "falar", habitualmente queremos dizer algo muito diferente.

Nós "ouvimos" Deus pela leitura das Escrituras. A Bíblia nos conta sobre Jesus e diz que Deus "nos falou pelo Filho [...] que é o resplendor da glória e a expressão exata do seu ser" (HEBREUS 1:2-3). As Escrituras nos dizem como encontrar a salvação em Jesus e como viver de maneira que lhe agrada (2 TIMÓTEO 3:14-17). Além da própria Bíblia, temos o Espírito Santo. Em 1 Coríntios 2:12 diz que o Espírito nos é dado "para que conheçamos o que por Deus nos foi dado gratuitamente".

Faz algum tempo que você ouviu falar de Deus? Fale com Ele e dê ouvido ao Espírito, que nos revela Jesus por Sua Palavra. Sintonize-se com as coisas maravilhosas que Deus tem para lhe dizer.

JDB

Fala comigo, Senhor.
Ajuda-me a compreender a mensagem das Escrituras,
as lições de Jesus e os apelos do Espírito Santo.

Deus fala por meio de Sua Palavra quando dedicamos tempo para ouvi-lo.

Vigie e ore

LEITURA:
Marcos 14:32-42

Vigiai e orai, para que não entreis em tentação... v.38

De minha janela posso ver um monte de 1.700 metros chamado *Cerro del Borrego* ou "Monte da Ovelha". Em 1862, o exército francês invadiu o México. Enquanto o inimigo acampava no parque central de Orizaba, o exército mexicano estabeleceu sua posição no topo do monte. Entretanto, o general mexicano negligenciou proteger o acesso ao topo. Enquanto os soldados mexicanos dormiam, os franceses atacaram e mataram dois mil deles.

Isso me faz lembrar de um outro monte, o Monte das Oliveiras e o jardim em seu sopé, onde um grupo de discípulos adormeceu. Jesus os repreendeu, dizendo: "Vigiai e orai, para que não entreis em tentação; o espírito, na verdade, está pronto, mas a carne é fraca" (MARCOS 14:38).

Como é fácil dormir ou tornar-se descuidado em nossa caminhada cristã. A tentação ataca quando estamos mais vulneráveis. Quando negligenciamos certas áreas de nossa vida espiritual — como oração e estudo da Bíblia —, ficamos sonolentos e baixamos a guarda, tornando-nos alvos fáceis para o nosso inimigo, Satanás, atacar (1 PEDRO 5:8).

Precisamos estar alertas às possibilidades de um ataque e orar para manter a vigilância. Se permanecermos atentos e orarmos — por nós mesmos e pelos outros —, o Espírito nos capacitará para resistirmos à tentação.

KO

Senhor Jesus, sei que meu espírito está pronto, mas meu corpo é fraco. Ajuda-me a vigiar e orar hoje por mim mesmo e pelos outros.

Satanás é impotente contra o poder de Cristo.

Lembrando...

Uma parte difícil do envelhecimento é o medo de demência e a perda da memória de curto prazo. Mas o Dr. Benjamin Mast, um especialista em doença de *Alzheimer*, dá algum encorajamento. Ele diz que, frequentemente, os cérebros dos pacientes são tão "treinados" e "habituados" que podem ouvir um antigo hino e cantá-lo inteiro. Ele sugere que as práticas espirituais como: ler as Escrituras, orar e cantar hinos embutem a verdade em nosso cérebro, deixando-as prontas para acesso quando necessário.

LEITURA:
Sl 119:17-19,130-134

Guardo no coração as tuas palavras... v.11

No Salmo 119:11 lemos como o poder de guardar as palavras de Deus em nosso coração pode nos impedir de pecar. Isso pode nos fortalecer, ensinar obediência e dirigir nossos passos (vv.28,67,133). Isso, por sua vez, nos dá esperança e entendimento (vv.49,130). Mesmo quando começamos a perceber deslizes de memória em nós mesmos ou na vida de um ente querido, a Palavra de Deus, memorizada anos antes, ainda está lá, "guardada" no coração (v.11). Mesmo que nossa mente perca o fio da juventude, sabemos que as palavras de Deus, escondidas em nosso coração, continuarão a nos falar.

Nada — nem mesmo memórias falhas — pode nos separar de Seu amor e cuidado. Temos a Sua palavra.

CHK

Senhor, tu és um incrível conforto para nós.
Obrigado por nossa salvação e bem-estar espiritual
não dependerem de nossa mente e corpo falho,
mas de ti e de Tua fidelidade à Tua Palavra.

As promessas de Deus nunca falham.

Vida honrosa

Num famoso discurso, um respeitado líder e estadista chamou a atenção de sua nação ao declarar que a maioria dos Membros do Parlamento (MPs) de seu país era bastante *desonrosa*. Citando corrupção, atitudes pomposas, linguajar chulo e outros vícios, ele os repreendeu e os exortou a se corrigirem. Como esperado, eles não aceitaram bem os comentários e o criticaram.

LEITURA:
1 Pedro 2:9-12

...sois raça eleita, sacerdócio real, nação santa, povo de propriedade exclusiva de Deus... v.9

Nós, que seguimos Cristo, podemos não ser servidores públicos em cargos de liderança, mas somos "...raça eleita, sacerdócio real, nação santa, povo [...] de Deus..." (1 PEDRO 2:9). Como tal, o nosso Senhor nos chama a estilos de vida que o honrem.

Pedro deu conselhos práticos sobre isso. Ele nos exortou a nos abstermos "...das paixões carnais, que fazem guerra contra a alma" (v.11). Embora não tenha usado a palavra *honrosa*, ele nos chamou para um comportamento digno de Cristo.

Paulo expressou-se assim: "...tudo o que é puro, tudo o que é amável, tudo o que é de boa fama, se alguma virtude há e se algum louvor existe, seja isso o que ocupe o vosso pensamento" (FILIPENSES 4:8). De fato, essas são as características de comportamento que honram o nosso Senhor. *LD*

Senhor, quando somos honestos contigo, compreendemos o quanto não temos um comportamento honrado. Sabemos o quanto precisamos de ti. Pelo Teu Espírito, ajuda-nos a trocar pensamentos, palavras e ações egoístas por algo que te agrade e atraia outros a ti.

Honramos o nome de Deus quando o chamamos de nosso Pai e vivemos como Seus filhos.

O porta-voz de Deus

Com os nervos à flor da pele, esperei o telefone tocar e a entrevista de rádio começar. Eu imaginava que perguntas o locutor faria e como eu responderia. "Senhor, eu sou muito melhor em papel", orei. "Mas suponho ser o mesmo caso de Moisés — preciso confiar que me darás as palavras a dizer."

LEITURA:
Êxodo 4:1-12

Quem fez a boca do homem? [...] Não sou eu, o SENHOR? [...] eu serei com a tua boca... vv.11,12

É claro que não estou me comparando a Moisés, o líder do povo de Deus que os ajudou a fugir da escravidão no Egito para a vida na Terra Prometida. Líder relutante, Moisés precisou do Senhor para assegurá-lo de que os israelitas o ouviriam. O Senhor lhe revelou vários sinais, como transformar o cajado de pastor em uma serpente (ÊXODO 4:3), mas Moisés hesitou em aceitar o manto da liderança, dizendo ser pesado de boca (v.10). Então, Deus o lembrou de que Ele é o Senhor e de que Ele o ajudaria a falar. Ele seria "com a sua boca" (tradução da expressão original, segundo estudiosos da Bíblia).

Sabemos que, desde a vinda do Espírito Santo no Pentecostes, o Espírito de Deus vive em Seus filhos e que, por mais inadequados que possamos nos sentir, Ele nos permitirá levar a cabo as tarefas que Ele nos dá. O Senhor "será com a nossa boca". *ABP*

Senhor Jesus, que habita em mim, que as minhas palavras hoje edifiquem alguém para a Tua glória.

Como povo de Deus, somos Seus porta-vozes para divulgar as boas-novas.

Dando um nome a Deus

Em seu livro *O Deus que eu não entendo* (Ultimato, 2011) Christopher Wright observa que uma pessoa improvável é uma das primeiras a dar um nome a Deus. É Agar!

A história de Agar lança um olhar perturbadoramente honesto sobre a história humana. Anos antes, Deus disse a Abrão e Sarai que eles teriam um filho, e Sarai só ficou mais velha e impaciente. Para "ajudar" Deus, ela recorre a um costume daquela época. Ela dá a seu marido sua escrava Agar, que engravida.

LEITURA:
Gênesis 16:1-13

Não olhei eu neste lugar para aquele que me vê? v.13

Previsivelmente, surge uma discórdia. Sarai maltrata Agar, que foge. Sozinha no deserto, ela encontra o anjo do Senhor, que lhe faz uma promessa surpreendentemente semelhante à anterior — a Abrão (GÊNESIS 15:5). "...Multiplicarei sobremodo a tua descendência, de maneira que, por numerosa, não será contada" (16:10). O anjo dá ao filho de Agar o nome Ismael — "Deus escuta" (v.11). Em resposta, essa escrava de uma cultura com vários deuses, incapazes de ver ou ouvir, dá a Deus o nome "Tu és Deus que vê" (v.13).

O Deus que nos vê é o Deus dos heróis impacientes e dos fugitivos impotentes. Ele é o Deus dos ricos e bem-relacionados, bem como dos pobres e solitários. Ele ouve, vê e cuida, extrema e profundamente, de cada um de nós.

TG

Senhor, tu não amenizaste a história do Teu povo na Bíblia e, ainda assim, os amaste — como nos amas — apesar de toda a sujeira e o drama. Tu és o Deus que nos vê e nós ainda podemos correr para ti.

Deus nos vê com olhos compassivos.

A viagem definitiva

A **Estrada Nacional** 5 de Madagascar oferece a beleza de uma costa com areia branca, bosques de palmeiras e o Oceano Índico. Mas, com seus 200 km de pista única, rochas, areia e lama, ela é uma das piores estradas do mundo. Turistas em busca de vistas deslumbrantes precisam de um veículo com tração nas quatro rodas, um motorista experiente e um mecânico a bordo.

LEITURA:
Isaías 40:1-11

...Preparai o caminho do SENHOR; endireitai no ermo vereda a nosso Deus. v.3

João Batista veio anunciar a boa-nova da vinda do Messias aos que andavam por estradas irregulares e paisagens estéreis. Repetindo as palavras de Isaías, ele instou multidões curiosas: "...Preparai o caminho do SENHOR, endireitai as suas veredas" (LUCAS 3:4,5; ISAÍAS 40:3).

João sabia que, para o povo de Jerusalém ter condição de acolher seu muito aguardado Messias, seus corações precisavam mudar. Montanhas de orgulho religioso tinham de vir abaixo. Quem estava no vale de desespero por sua vida doente tinha de ser levantado.

Nada disso podia ser feito por puro esforço humano. Os que se recusaram a responder ao Espírito de Deus aceitando o batismo de arrependimento de João falharam em não reconhecer o seu Messias quando Ele veio (LUCAS 7:29,30). Porém, os que viram que necessitavam mudar descobriram em Jesus a bondade e o milagre de Deus.

MRD

Pai celestial, precisamos que faças em nós o que não podemos fazer por nós mesmos. Remove toda montanha de orgulho ou vale de desespero que nos impede de receber-te em nossa vida.

O arrependimento abre o caminho para nossa caminhada com Deus.

Moldando seus pensamentos

Quando Marshall McLuhan disse "o meio é a mensagem", em 1964, não tínhamos computadores pessoais, celulares e internet. Hoje entendemos sua antevisão de como o nosso pensamento é influenciado na era digital. No livro *The Shallows: What the Internet Is Doing to Our Brains* (Os superficiais: O que a internet está fazendo aos nossos cérebros), Nicholas Carr escreve: "[A mídia] fornece o substrato do pensamento, mas também molda esse processo. E o que a internet parece estar fazendo é diminuir minha capacidade de concentração e contemplação. Quer eu esteja on-line ou não, agora minha mente espera absorver informação do modo como a internet a distribui: numa rápida torrente de partículas."

LEITURA:
Romanos 12:1-8

...não vos conformeis com este século, mas transformai-vos pela renovação da vossa mente... v.2

J. B. Phillips parafraseia a mensagem de Paulo aos romanos: "Não deixem que o mundo ao seu redor os esprema no molde dele; deixem Deus remodelar as suas mentes de dentro para fora, para que vocês possam provar na prática que o plano de Deus para vocês é bom, atende a todas as Suas exigências e avança para a verdadeira maturidade" (ROMANOS 12:2). Hoje isso é importante, pois nossos pensamentos e o modo como processamos informações são afetados pelo mundo ao redor.

Não podemos deter as informações, mas podemos diariamente pedir a Deus para nos ajudar a focarmos nele e moldarmos nosso pensamento por meio de Sua presença em nossa vida.

DCM

Pai, enche-me com os Teus pensamentos durante este dia.

Deixe o Espírito de Deus, não o mundo, moldar a sua mente.

Verdadeiramente livre

Olaudah Equiano (1745–96) tinha apenas 11 anos ao ser sequestrado e vendido como escravo. Ele foi levado da África Ocidental às Índias Ocidentais, de lá para a colônia de Virgina e, depois, Inglaterra. Aos 20 anos, comprou sua própria liberdade, ainda carregando as cicatrizes emocionais e físicas do tratamento desumano que havia sofrido.

LEITURA:
João 8:31-37

Se, pois, o Filho vos libertar, verdadeiramente sereis livres. v.36

Incapaz de desfrutar de sua liberdade enquanto outros ainda eram escravos, Equiano se tornou ativo no movimento para abolir a escravidão na Inglaterra. Ele escreveu sua autobiografia (algo inédito para um ex-escravo naquela época), na qual relatou o horrível tratamento dado aos escravos.

Quando Jesus veio, travou uma batalha por todos nós, escravos e incapazes de lutar por nós mesmos. Nossa escravidão não é exterior. Somos acorrentados por nossa própria fragilidade e pecado. Jesus disse: "...todo o que comete pecado é escravo do pecado. O escravo não fica sempre na casa; o filho, sim, para sempre. Se, pois, o Filho vos libertar, verdadeiramente sereis livres" (JOÃO 8:34-36).

Onde quer que tal liberdade pareça inaudita, Suas palavras precisam ser declaradas. Podemos ser libertos de nossa culpa, vergonha e desesperança. Confiando em Jesus, podemos ser verdadeiramente livres!

WEC

Obrigado, Senhor Jesus, por Teu sacrifício que garantiu a minha liberdade e vida eterna. Que eu aprenda a te amar de maneira que honre o amor que me mostraste.

O preço de nossa libertação do pecado foi pago com o sangue de Jesus.

Conflitos que destroem

LEITURA:
Gênesis 4:1-16

...eis que o pecado jaz à porta; o seu desejo será contra ti, mas a ti cumpre dominá-lo. v.7

O **super-homem** do filósofo alemão Nietzsche, de fato, se aproxima mais do Batman: um homem comum que com seu cinto de utilidade pode fazer quase qualquer coisa. E tudo o que possui em sua Batcaverna é invenção sua. Também podemos agir assim e, com nossos aparatos especiais, pensar que controlamos as adversidades, nos achando sábios o suficiente para não dependermos de ninguém.

Esse era o sentimento de Caim: autodeterminação, independência, quase onipotência. Embora Abel, por ser mais novo, não possuísse o direito sucessório, sua vida consagrada a Deus representava ameaça e crítica, sem palavras, à arrogância de Caim. Isso gerou em Caim um conflito com Deus. Em sua ira, só se preocupava em impedir que a oferta de Abel fosse novamente aceita.

Jesus considera assassino tanto quem mata quanto quem odeia (MT 5:21,22), pois o sentimento que está por trás deles é o mesmo: eliminar a concorrência. Matamos as pessoas quando não queremos vê-las, não as perdoamos, e em nosso interior lhes desejamos o mal.

Deus alertou Caim para controlar os maus desejos em seu coração (vv.6,7). Se não queremos ser transformados, forçamos o mundo a se ajustar a nós e vemos todos como culpados de nossa dor.

Não adianta termos uma religião que cumpre todas as obrigações, mas que não gera transformação. Esse culto Deus não aceita.

PPJ

O que precisa mudar em você e em sua forma de se relacionar com os outros?

Espírito Santo, há tanto de Caim em meu ser. Entra em meu coração e transforma-me.

Como esculpir um pato

Minha esposa Carolyn e eu conhecemos Phipps Festus Bourne em 1995 em sua loja na Virginia. Bourne, que morreu em 2002, era um magistral escultor de madeira cujas esculturas são réplicas quase exatas de objetos reais. "Esculpir um pato é simples," ele dizia. "Você simplesmente olha para um pedaço de madeira, coloca em sua mente a imagem de um pato e então corta fora tudo o que não tenha essa aparência."

LEITURA:
Sl 138:7,8; Ef 2:6-10

...aos que de antemão conheceu, também os predestinou para serem conformes à imagem de seu Filho... Romanos 8:29

Assim é com Deus. Ele olha para mim e para você — blocos de madeira rústica — vê a imagem de pessoas semelhantes a Cristo escondida sob a casca, as intumescências e galhos e começa a tirar tudo o que não se encaixa nessa imagem. Ficaríamos maravilhados se pudéssemos ver a beleza que teremos quando formos "patos" já esculpidos.

Mas primeiro precisamos aceitar que somos blocos de madeira e permitir que o Artista nos corte, molde e lixe onde Ele quiser. Isto significa enxergar nossas circunstâncias — agradáveis ou não — como ferramentas de Deus para nos moldar. Ele nos forma, parte por parte, até que sejamos as belas criaturas que Ele concebeu ao olhar para nosso deselegante bloco de madeira.

Às vezes, o processo é maravilhoso; outras doloroso. Mas no fim das contas, todas as ferramentas de Deus nos moldam "...à imagem de seu Filho..." (v.29).

Você anseia por essa semelhança? Coloque-se nas mãos do Grande Escultor.

DHR

Pai, obrigado por moldar-me à imagem que planejaste.

Crescer em Cristo é resultado do relacionamento profundo com Ele.

Boa imitação

"Hoje vamos** jogar um jogo chamado *Imitação*," o pastor disse às crianças sentadas ao seu redor para ouvir o sermão. "Eu vou dizer o nome de algo e vocês me mostram o que isso faz. Prontos? *Galinha!*" As crianças bateram os braços, cacarejaram e imitaram o canto dos galos. O seguinte foi o *elefante*, depois um *jogador de futebol*, e então uma *bailarina*. O último foi *Jesus*. Muitas crianças hesitaram, mas um menino de seis anos, com um grande sorriso no rosto, imediatamente abriu os braços amplamente como que em acolhimento. A congregação aplaudiu.

LEITURA:
1 Ts 1:1-10

...vos tornastes imitadores nossos e do Senhor... v.6

Como é fácil esquecermos que nosso chamado é para sermos como Jesus nas situações diárias da vida. "Sede, pois, imitadores de Deus, como filhos amados; e andai em amor, como também Cristo nos amou e se entregou a si mesmo por nós, como oferta e sacrifício a Deus, em aroma suave" (EFÉSIOS 5:1,2).

O apóstolo Paulo elogiou os seguidores de Jesus em Tessalônica por demonstrarem sua fé em circunstâncias difíceis. Ele escreveu: "...vos tornastes imitadores nossos e do Senhor [...] de sorte que vos tornastes o modelo para todos os crentes na Macedônia e na Acaia" (1 TESSALONICENSES 1:6,7).

A vida de Jesus em nós nos encoraja e capacita a caminhar neste mundo como Ele caminhou — com as boas-novas do amor de Deus e braços amplamente abertos em acolhimento a todos.

DCM

Senhor Jesus, que o Teu convite:
"Venha a mim" seja realidade em minha vida.

Os braços de acolhimento de Jesus estão sempre abertos.

Fazendo o que Ele diz

Como eu precisava de uma cisterna subterrânea e sabia exatamente como a queria, dei instruções claras ao empreiteiro. No dia seguinte, quando inspecionei o projeto, irritei-me ao perceber que ele não tinha seguido as instruções. Ele havia mudado o plano e, portanto, o resultado. A desculpa que deu irritou tanto quanto o seu fracasso em seguir minhas ordens.

LEITURA:
Dt 5:28-33

Andareis em todo o caminho que vos manda o SENHOR, vosso Deus... v.33

Enquanto o observava refazer a parte de concreto, e conforme minha frustração diminuía, uma convicção de culpa tomou conta de mim: Quantas vezes precisei refazer as coisas em minha vida por obediência ao Senhor?

Como os israelitas da antiguidade que frequentemente falhavam em fazer o que Deus lhes pedia, com frequência agimos igual. Contudo a obediência é o que se espera quando aprofundamos o nosso relacionamento com Deus. Moisés disse ao povo: "Cuidareis em fazerdes como vos mandou o SENHOR [...]. Andareis em todo o caminho que vos manda o SENHOR..." (5:32,33). Muito depois de Moisés, Jesus instou os Seus discípulos a confiar nele e a amar uns aos outros.

Este ainda é o tipo de submissão de nosso coração que nos traz bem-estar. À medida que o Espírito nos ajuda a obedecer, é bom lembrarmos de que Ele é "...quem efetua em vós tanto o querer como o realizar, segundo a sua boa vontade" (FILIPENSES 2:13). *LD*

Senhor, obrigado pelas chances extras.
Ajuda-me a querer seguir os Teus caminhos
e a segui-los em obediência.

Quanto mais perto de Deus caminhamos,
mais claramente vemos a Sua liderança.

O frescor de uma bolha

Um menino deu um banho de bolhas em mim e em meu marido Carl ao passar correndo pelo calçadão da praia. Foi um momento leve e divertido em um dia difícil. Tínhamos ido à cidade para visitar nosso cunhado que estava no hospital e para ajudar a irmã de Carl que estava lutando e tendo dificuldades para comparecer em suas consultas médicas. Neste momento em que fazíamos um intervalo e caminhávamos no calçadão da praia, estávamos nos sentindo um pouco sobrecarregados com as necessidades de nossa família.

LEITURA:
2 Coríntios 4:7-18

...não atentando nós nas coisas que se veem, mas nas que se não veem... v.18

Nesta hora vieram as bolhas. Apenas bolhas sopradas em nós aleatoriamente por um pequeno menino, na brisa do oceano — mas para mim tiveram um significado especial. Eu amo bolhas e tenho um recipiente em meu escritório para soprar bolhas sempre que preciso de um sorriso. Aquelas bolhas e o vasto oceano me lembraram daquilo com que posso contar: Deus está sempre perto. Ele é poderoso. Ele sempre se preocupa. E Ele pode usar as menores experiências e os momentos mais breves para nos ajudar a lembrar que a Sua presença é como um oceano de graça em meio aos nossos momentos mais opressivos.

Talvez um dia os nossos problemas parecerão bolhas — momentâneos à luz da eternidade, pois as coisas "...que se veem são temporais, e as que se não veem são eternas" (4:18). *AMC*

Que dádivas de graça Deus lhe concedeu num momento difícil?
De que maneira você pode abençoar outros?

Jesus provê um oásis de graça no deserto de aflições.

Graduado com graça

LEITURA:
Romanos 5:6-15

...pelo fato de ter Cristo morrido por nós, sendo nós ainda pecadores. v.8

Os olhos azuis de meu filho brilharam de empolgação ao mostrar-me um papel que ele trouxera da escola. Era uma prova de matemática, marcada com uma estrela vermelha e a nota 100. Ao olharmos a prova, ele disse que ainda precisava responder três questões quando a professora anunciou que o tempo havia acabado. Confusa, perguntei-lhe como poderia ter recebido a nota máxima. Ele respondeu "Minha professora foi misericordiosa. Ela permitiu que eu terminasse a prova mesmo depois do horário."

No momento em que meu filho e eu conversávamos sobre o significado da graça — misericórdia, ressaltei que Deus nos deu, por meio de Cristo, mais do que merecemos. Nós merecemos a morte por causa de nosso pecado (ROMANOS 3:23). Contudo "...Deus prova o seu próprio amor para conosco pelo fato de ter Cristo morrido por nós, sendo nós ainda pecadores" (5:8). Nós éramos indignos, entretanto Jesus — sem pecado e santo — abriu mão de Sua vida para que pudéssemos nos livrar da punição por nosso pecado e um dia vivermos para sempre na eternidade.

A vida eterna é uma dádiva de Deus. Não é algo que adquirimos como paga por nosso esforço. Somos salvos pela graça de Deus, por meio da fé em Cristo (EFÉSIOS 2:8,9).

JBS

Amado Deus, o Teu favor imerecido possibilitou que eu fosse salvo de meu pecado. Obrigado pela dádiva da Tua graça.

Graça e misericórdia são bênçãos imerecidas.

Ela fez o que pôde

Quando os amigos de Charlotte postam coisas descuidadas ou ultrajantes nas mídias sociais, ela se posiciona discordando com firmeza e gentileza. Ela respeita a dignidade de todos e suas palavras são infalivelmente positivas.

Há alguns anos ela se tornou amiga, no *Facebook*, de um homem que nutria ira contra os cristãos. Ele estimava a rara honestidade e graça dela e, com o tempo, a hostilidade dele se dissolveu. Charlotte, então, sofreu uma grave queda. E agora, restrita em casa, se afligia pensando no que poderia fazer. Nessa mesma época esse amigo morreu e Charlotte recebeu a seguinte mensagem da irmã do rapaz: "[Por causa de seu testemunho] sei que ele agora está vivenciando o amor completo e eterno de Deus por ele."

LEITURA:
Marcos 14:3-9

Ela fez o que pôde... v.8

Durante a semana em que Cristo seria morto, Maria de Betânia o ungiu com perfume muito caro (JOÃO 12:3; MARCOS 14:3). Alguns dos presentes naquele momento se horrorizaram, mas Jesus a elogiou. "...Ela praticou boa ação para comigo. [...] fez o que pôde: antecipou-se a ungir-me para a sepultura" (MARCOS 14:6-8).

"Ela fez o que pôde." As palavras de Cristo tiram toda a pressão. Nosso mundo está repleto de pessoas destruídas e feridas. Não precisamos nos preocupar com o que não podemos fazer. Charlotte fez o que pôde. E nós podemos fazer o que pudermos. O restante está nas mãos do Senhor.

TG

Pai, mostra-nos como podemos demonstrar
o Teu amor aos outros.

Faça o seu melhor, e deixe o restante com o Senhor. HENRY WADSWORTH LONGFELLOW

Tudo vem de Deus

Aos 18 anos tive o meu primeiro trabalho em período integral e aprendi uma importante disciplina: economizar dinheiro. Trabalhei e guardei dinheiro até ter o suficiente para pagar um ano de faculdade. Então minha mãe precisou fazer uma cirurgia de emergência e percebi que tinha o dinheiro no banco para pagar pela cirurgia.

LEITURA:
1 Crônicas 29:14-19

Ó SENHOR, nosso Deus [...] tudo isso veio de ti, e tudo é teu. v.16 (NTLH)

Meu amor por minha mãe teve prioridade sobre meus planos para o futuro. Estas palavras no livro *Passion and Purity* (Paixão e Pureza) de Elisabeth Elliot ganharam novo significado: "Se nos apegarmos firmemente a qualquer coisa que nos é dada, sem disposição de abrir mão dela, quando o momento chegar ou sem disposição de permitir que isto seja usado como o Doador pretenda usar, retardamos o crescimento da alma. É fácil cometer um erro aqui; nós dizemos: 'Se Deus me deu, é meu. Posso fazer o que quiser com isso.' Não. A verdade é que isto é nosso para que sejamos gratos a Ele e é nosso para que lhe ofereçamos, [...] é nosso para que disso abramos mão."

Percebi que o emprego e a disciplina para poupar eram dádivas de Deus! Eu poderia dar generosamente à minha família porque tinha certeza de que Deus era capaz de prover para mim, durante a faculdade, de algum outro jeito; e assim Ele fez.

De que maneira Deus pode querer que pratiquemos hoje a oração de Davi: "...pois tudo vem de ti, e nós somente devolvemos o que já era teu" (1 CRÔNICAS 29:14 NTLH)?

KO

Tudo pertence a Deus.

O que mais importa

Conforme o amado discípulo de Jesus, João, envelhecia, seu ensino se restringiu, focando-se inteiramente no amor de Deus em suas três cartas. No livro *Knowing the Truth of God's Love* (Conhecendo a verdade sobre o amor de Deus, inédito), Peter Kreeft cita uma antiga lenda que diz que um dos jovens discípulos de João, certa vez, foi até ele reclamando: "Por que você não fala sobre mais nada?" João respondeu: "Porque não há mais nada."

LEITURA:
1 João 4:7-19

...em haver Deus enviado o seu Filho unigênito ao mundo, para vivermos por meio dele. v.9

O amor de Deus está certamente no centro da missão e mensagem de Jesus. Em seu relato anterior no evangelho, João registrou as palavras: "Porque Deus amou ao mundo de tal maneira que deu o seu Filho unigênito, para que todo o que nele crê não pereça, mas tenha a vida eterna" (JOÃO 3:16).

O apóstolo Paulo nos diz que o amor de Deus está no centro do modo como vivemos e nos lembra que "...nem a morte, nem a vida, nem os anjos, nem os principados, nem as coisas do presente, nem do porvir, nem os poderes, nem a altura, nem a profundidade, nem qualquer outra criatura poderá separar-nos do amor de Deus, que está em Cristo Jesus, nosso Senhor" (ROMANOS 8:38,39).

O amor de Deus é tão forte, disponível e firme que podemos confiantemente iniciar cada dia sabendo que as boas coisas são dons de Sua mão e que os desafios podem ser enfrentados na força dele. Por toda a vida, o Seu amor é o que mais importa.

WEC

Obrigado, Senhor, por Teu imensurável amor!

O amor de Deus mantém-se firme, quando o restante está arruinado.

A decisão de Eva

Eva foi uma das 25 adolescentes do coral de um colégio de Ensino Médio que viajou à Jamaica para cantar, testemunhar e mostrar o amor de Deus a pessoas de uma cultura e geração diferentes. E para ela, um dos dias dessa viagem foi, particularmente, especial, memorável e repleto de alegria.

LEITURA:
Atos 1:1-8

E disse-lhes: Ide por todo o mundo e pregai o evangelho a toda criatura.
Marcos 16:15

Naquele dia, o coral foi a uma casa de repouso para cantar e visitar os seus moradores. Depois de terem cantado, Eva sentou-se ao lado de uma jovem que morava nesse local, uma mulher de uns 30 anos. Ao começarem a conversar, Eva sentiu que deveria falar-lhe de Jesus — quem Ele é e o que fez por nós. Ela mostrou-lhe os versículos na Bíblia que explicavam a salvação. Em pouco tempo, a mulher lhe disse que queria confiar em Jesus como seu Salvador. E ela fez exatamente isso.

Por causa da decisão de Eva de iniciar uma conversa sobre Jesus, o nosso grupo, naquele dia, celebrou um novo nascimento na família de Deus.

Em Marcos 16:15 lemos que o que Eva fez é o esperado de todos os cristãos: "...Ide por todo o mundo e pregai o evangelho a toda criatura."

Que nunca subestimemos o milagre que isso possa significar para alguém, em algum lugar, ouvir as boas-novas e dizer sim para o nosso Salvador.

JDB

Senhor, não é fácil iniciar uma conversa sobre o evangelho. Permite que o Teu Espírito aja em mim para que eu esteja disposto e capacitado para divulgar as boas-novas a qualquer pessoa que precise de ti.

As testemunhas eficazes não apenas conhecem a sua fé, mas também a demonstram.

Oração de emergência

Em 11 de setembro de 2001, Stanley Praimnath estava trabalhando no 81.º andar do *World Trade Center* na torre sul quando viu um avião voando em direção a ele. Stanley fez uma rápida oração ao mergulhar sob uma mesa para se proteger: "Senhor, eu não consigo! Tome o controle!"

LEITURA:
Salmo 71:1-12

Sê tu para mim uma rocha habitável em que sempre me acolha... v.3

O terrível impacto do avião encurralou Stanley atrás de uma parede de escombros. Mas ao orar e clamar por ajuda, Brian Clark, um funcionário de outro escritório, ouviu e respondeu. Abrindo caminho entre pedregulhos e escuridão, os dois acharam a saída descendo 80 andares até o térreo e saíram.

Quando encontrava ameaças terríveis, Davi pedia ajuda a Deus. Ele queria ter certeza da proximidade de Deus ao enfrentar os inimigos na batalha. Em uma petição sincera Davi disse: "Sê tu para mim uma rocha habitável em que sempre me acolha [...]. Não te ausentes de mim, ó Deus; Deus meu, apressa-te em socorrer-me" (vv.3,12).

Não nos é prometida a libertação de toda situação difícil que enfrentamos. Mas podemos ter confiança de que Deus ouve as nossas orações e caminhará ao nosso lado em todas as situações.

HDF

Caminha ao meu lado, Senhor, para ajudar-me,
independentemente do que me assolar.
Não consigo passar por nada sem ti.

Achegar-se a Deus é a nossa segurança. A criança no escuro é consolada ao segurar a mão de seu pai. SPURGEON

Pronta para o casamento

"**Estou com** fome," disse minha filha de 8 anos. "Sinto muito," eu respondi: "não tenho nada para você comer. Vamos jogar o jogo da velha." Estávamos esperando há mais de uma hora pela chegada da noiva à igreja para o que deveria ser um casamento ao meio-dia. Enquanto me questionava quanto mais ainda esperaríamos, desejava poder ocupar minha filha até que o casamento começasse.

LEITURA:
Mateus 25:1-13

Vigiai, pois, porque não sabeis o dia nem a hora. v.13

Enquanto aguardávamos, senti como se estivéssemos interpretando uma parábola. Ainda que morássemos muito perto da igreja, eu sabia que se fosse buscar alguns biscoitos, a noiva poderia chegar a qualquer momento e eu perderia a entrada. Ao mesmo tempo que empregava várias técnicas de distração com minha filha esfomeada, também pensava na parábola de Jesus sobre as dez virgens (MATEUS 25:1-13). Cinco foram preparadas com óleo suficiente para suas lâmpadas permanecerem acesas enquanto esperavam o noivo, e as outras cinco não. Assim como era tarde demais para eu correr buscar algo, também era tarde demais para as jovens comprarem mais óleo para suas lâmpadas.

Jesus contou esta parábola para enfatizar que precisamos estar preparados, pois quando Ele vier novamente prestaremos contas sobre o estado de nosso coração. Estamos esperando e prontos?

ABP

Como a espera pelo retorno de Jesus altera a tua rotina
Você deixou algo por fazer que poderia ser resolvido hoje?

Precisamos estar prontos para o retorno de Cristo.

Pronto para uma mudança?

O **domínio próprio** é provavelmente uma das coisas mais difíceis de alcançar. Com que frequência somos derrotados por um hábito ruim, uma atitude torpe ou uma disposição equivocada? Fazemos promessas de aperfeiçoamento. Pedimos a alguém que nos ouça prestar contas. Mas lá no fundo, sabemos que não temos a vontade ou a habilidade de mudar. Podemos falar, planejar, ler livros de autoajuda, mas ainda achamos difícil vencer e controlar muitas coisas em nosso interior!

LEITURA:
Gálatas 5:16-25

Mas o fruto do espírito é [...] domínio próprio...
vv.22,23

Felizmente, Deus conhece as nossas fraquezas e Ele também conhece o remédio! A Bíblia diz: "Mas o fruto do Espírito é: amor, alegria, paz, longanimidade, benignidade, bondade, fidelidade, mansidão, domínio próprio..." (GÁLATAS 5:22,23). A única forma de alcançar o domínio próprio é permitindo que o Espírito Santo nos controle.

Em outras palavras, nossa prioridade não é o *esforço* mas a *entrega* — viver cada momento confiando de modo submisso no Senhor ao invés de em si mesmo. Paulo diz que este é o significado de "andar no Espírito" (v.16).

Você está pronto para uma mudança? Você pode mudar, pois Deus habita em seu coração. Conforme você entregar-lhe o controle, Ele o ajudará a dar frutos de santidade. *JFG.*

Senhor, necessito do Teu poder para que eu possa mudar e crescer. Entrego-me a ti. Ajuda-me a entender como ser submisso a ti para que eu seja cheio do Teu Espírito.

Deus está muito mais preocupado com nossa entrega do que com nossa habilidade.

Além do tempo

Em 2016, companhias de teatro na Inglaterra e ao redor do mundo encenaram produções especiais para marcar o 400.º aniversário da morte de William Shakespeare. Concertos, palestras e festivais atraíram multidões que celebraram a duradoura obra do homem amplamente considerado como o maior dramaturgo da língua inglesa. Ben Jonson, um dos contemporâneos de Shakespeare, escreveu sobre ele: "Ele não pertencia a uma era, mas a todos os tempos."

LEITURA:
João 6:53-69

...Senhor, para quem iremos? Tu tens as palavras da vida eterna; e nós temos crido e conhecido que tu és o Santo de Deus. vv.68,69

Ainda que a influência de alguns artistas, escritores e pensadores possa durar por séculos, Jesus Cristo é a única pessoa cuja vida e obra permanecerá além do tempo. Ele afirmou ser: "o pão que desceu do céu, [...] quem comer este pão viverá eternamente" (v.58).

Quando muitas pessoas que ouviram o ensino de Jesus se ofenderam com Suas palavras e deixaram de segui-lo (JOÃO 6:61-66), o Senhor perguntou aos Seus discípulos se eles também queriam ir embora (v.67). Pedro respondeu: "...Senhor, para quem iremos? Tu tens as palavras da vida eterna; e nós temos crido e conhecido que tu és o Santo de Deus" (vv.68,69).

Quando convidamos Jesus para entrar em nossa vida como nosso Senhor e Salvador, nos juntamos aos Seus primeiros discípulos e a todos aqueles que o seguiram em uma nova vida que durará para sempre — além do tempo.

DCM

Senhor Jesus, obrigado pelo dom da vida eterna em comunhão contigo, hoje e para sempre.

Jesus é o Filho de Deus, o Homem além do tempo, que nos concede a vida eterna.

Ajudando uns aos outros

"O **Corpo de** Cristo" é uma expressão misteriosa usada mais de 30 vezes no Novo Testamento. O apóstolo Paulo usou esta expressão especialmente como representação da igreja. Depois que Jesus ascendeu ao céu, Ele entregou Sua missão a homens e mulheres falhos e desajeitados. Ele assumiu o papel de cabeça da Igreja, deixando as tarefas dos braços, pernas, ouvidos, olhos e voz para os discípulos errantes — e para mim e você.

LEITURA:
2 Coríntios 1:3-7

É ele que nos conforta [...] para podermos consolar os que estiverem em qualquer angústia...
v.4

A decisão de Jesus de agir como a cabeça invisível de um grande corpo com muitas partes significa que Ele geralmente conta conosco para nos ajudarmos uns aos outros durante tempos de sofrimento. O apóstolo Paulo deve ter tido algo parecido em mente quando escreveu estas palavras: "É ele que nos conforta em toda a nossa tribulação, para podermos consolar os que estiverem em qualquer angústia, com a consolação com que nós mesmos somos contemplados por Deus. Porque, assim como os sofrimentos de Cristo se manifestam em grande medida a nosso favor, assim também a nossa consolação transborda por meio de Cristo" (2 CORÍNTIOS 1:4,5). E durante todo o seu ministério Paulo colocou esse princípio em prática, fazendo coletas para vítimas da fome, despachando assistentes para áreas com dificuldades, reconhecendo os dons dos cristãos como dons do próprio Deus.

A expressão "o Corpo de Cristo" simboliza bem aquilo que somos chamados para fazer: representar fisicamente como Cristo é, especialmente àqueles em necessidade.

PDY

A presença de Deus nos traz consolo;
nossa presença leva consolo a outros.

O bom perfume

Uma perfumista declarou que reconhece certas combinações de aromas e adivinha quem criou a fragrância. Inalando apenas uma vez, consegue dizer: "Este foi feito por Fulano."

LEITURA:
2 Coríntios 2:12-17

...nós somos para com Deus o bom perfume de Cristo... v.15

Ao escrever aos seguidores de Cristo da cidade de Corinto, Paulo usou um exemplo que os teria lembrado de um exército romano vitorioso queimando incenso em uma cidade conquistada (2 CORÍNTIOS 2:14). O general entrava na cidade por primeiro, seguido de suas tropas e depois do exército derrotado. Para os romanos, o aroma de incenso significava vitória; para os prisioneiros, significava morte.

Paulo disse que somos para Deus o agradável aroma da vitória de Cristo sobre o pecado. Deus nos deu a fragrância do próprio Cristo para que nos tornemos um sacrifício de louvor com cheiro suave. Mas como podemos viver de modo que espalhemos este bom perfume a outros? Podemos mostrar generosidade e amor e podemos compartilhar o evangelho com outros para que eles encontrem o caminho para a salvação. Podemos permitir que o Espírito demonstre, por meio de nós, Seus dons de amor, alegria e bondade (GÁLATAS 5:22,23).

Será que outros nos observam e dizem: "Este foi feito por Jesus?" Estamos permitindo que Ele espalhe a Sua fragrância por meio de nós? Estamos falando sobre Ele a outros? Ele é o Perfumista Maior — a fragrância inigualável que jamais encontrará igual.

KO

As outras pessoas reconhecem a obra de Deus em minha vida?

Uma vida piedosa é uma fragrância que atrai outros a Cristo.

Flutuação de sobrevivência

A luz do sol resplandecia na piscina à minha frente. Eu ouvi um instrutor falando com um aluno que já estava na água há algum tempo. Ele disse: "Parece que você está ficando cansado. Quando você estiver cansado e em águas profundas, use a flutuação de sobrevivência."

LEITURA:
Salmo 55:4-23

Confia os teus cuidados ao SENHOR, e ele te susterá... v.22

Algumas situações na vida exigem que invistamos energia mental, física e emocional de forma intensa demais. Davi descreveu uma época em que seus inimigos o ameaçavam e ele sentia o peso emocional da ira deles. Ele precisava escapar da aflição que estava vivenciando.

Conforme processava seus sentimentos, Davi encontrou uma forma de descansar mesmo com seus pensamentos inquietos. Ele disse: "Confia os teus cuidados ao SENHOR, e ele te susterá..." (SALMOS 55:22). Reconheceu que Deus nos sustenta se ousarmos entregar nossos problemas a Ele. Não precisamos ter o controle de todas as situações e tentar construir um resultado — isso é exaustivo! Deus está no controle de todos os aspectos de nossa vida.

Em vez de tentar fazer tudo o que pudermos, sozinhos, podemos encontrar descanso em Deus. Algumas vezes é tão simples, basta pedir a Ele que lide com os nossos problemas. Podemos então parar, relaxar e desfrutar do entendimento de que o Senhor nos sustém.

JBS

Deus, entrego hoje os meus problemas a ti.
Sei que estás no controle de tudo e creio que estás pronto
a ajudar-me a encontrar a paz em ti.

Deus é um lugar de descanso seguro.

Preparativos

Enquanto olhávamos o corpo de meu sogro em um caixão na capela funerária, um de seus filhos pegou o martelo que era do pai e o colocou ao lado de suas mãos. Anos depois, quando minha sogra morreu, um dos filhos colocou um jogo de agulhas de tricô sob os dedos dela. Esses doces gestos nos consolaram ao lembrarmos como usavam essas ferramentas enquanto viviam.

LEITURA:
João 14:1-6

E, quando eu for e vos preparar lugar, voltarei e vos receberei para mim mesmo... v.3

Sabíamos que não iriam precisar destes itens na eternidade. Não tínhamos ilusões, como os egípcios da antiguidade, de que as ferramentas, dinheiro ou armas enterradas com alguém preparariam melhor a pessoa para a vida seguinte. Você não pode levar nada! (SALMO 49:16,17; 1 TIMÓTEO 6:7).

Mas meus sogros tinham se preparado para a vida eterna. E isso ocorreu anos antes, quando eles confiaram em Jesus como seu Salvador.

O planejamento para a vida eterna não pode começar no momento de nossa morte. Cada um de nós deve preparar o coração aceitando o dom da salvação proporcionado pelo sacrifício de Jesus na cruz.

Ao mesmo tempo, Deus também fez os Seus preparativos: "E, quando eu for e vos preparar lugar, voltarei e vos receberei para mim mesmo, para que, onde eu estou, estejais vós também" (JOÃO 14:3). Ele prometeu preparar um lugar para nós passarmos a eternidade com Ele.

CHK

Pai, somos gratos, pois teremos um lugar contigo, um dia, e porque o Senhor nos encherá de alegria em Tua presença.

Deus nos dá tempo para nos prepararmos para a eternidade.

Vale a pena?

Eu amo *roti prata*, uma panqueca popular em Singapura, minha terra natal. Então fiquei intrigada ao ler que uma pessoa de 57 quilos deve correr oito quilômetros por hora durante 30 minutos para queimar 240 calorias. Isso equivale a apenas uma daquelas panquecas!

LEITURA:
Filipenses 4:4-9

...se alguma virtude há e se algum louvor existe, seja isso o que ocupe o vosso pensamento. v.8

Desde que comecei a treinar na academia, esses números têm um novo significado para mim. E me questiono se vale a pena ingerir essa quantidade de calorias?

Ainda que seja sábio vigiar nosso consumo de alimentos, mais importante é vigiar nosso consumo de mídia. Pesquisas mostram que o que assistimos pode ficar em nossa mente por longo tempo e influenciar nosso comportamento. Há nisso um "efeito aderente," como a teimosa gordura tão difícil de perdermos.

Com a variedade de conteúdo de mídia hoje, precisamos ser consumidores conscientes. Isso não significa ler apenas literatura cristã ou assistir só filmes relacionados à fé. Significa sermos cuidadosos com o que os nossos olhos veem. Podemos questionar se vale a pena investir tempo nisto?

Em Filipenses 4:8, o apóstolo Paulo, em essência, nos diz: "...tudo o que é verdadeiro, tudo o que é respeitável, tudo o que é justo, tudo o que é puro, tudo o que é amável, tudo o que é de boa fama, [...] seja isso o que ocupe o vosso pensamento." Esta é a "dieta" digna do que Cristo fez e está fazendo em nós. *PFC*

Ajuda-me Senhor a fazer escolhas sábias.

A mente é influenciada por aquilo que absorve. WILL DURANT

Ligando os pontos

O **artista francês** Georges Seurat (1880) apresentou uma forma de arte conhecida como pontilhismo. Ele usava pequenos pontos de cor, em lugar de pinceladas de pigmentos misturados, para criar a imagem artística. De perto, sua obra se parece com agrupamentos de pontos individuais. Contudo, se o observador recua, o olho humano combina os pontos formando retratos ou paisagens brilhantemente coloridas.

LEITURA:
Lucas 24:13-32

E, [...] expunha-lhes o que a seu respeito constava em todas as Escrituras. v.27

A ideia geral da Bíblia é semelhante. Olhando de perto, sua complexidade pode nos deixar com a impressão de que são pontos numa tela. Ao lê-la, podemos nos sentir como os amigos na estrada de Emaús. Eles não entendiam "os detalhes" que ocorreram no fim de semana da Páscoa. Esperavam que Jesus fosse "redimir a Israel" (v.21), mas tinham acabado de testemunhar a morte dele.

Repentinamente, um homem que eles não reconheceram caminhava ao seu lado. Ele demonstrou interesse na conversa deles e os ajudou a ligar os pontos do sofrimento e morte de seu Messias tão esperado. Depois, ao comerem juntos, Jesus permitiu-lhes reconhecê-lo — e partiu tão misteriosamente quanto tinha chegado.

Será que as cicatrizes em Suas mãos lhes chamaram a atenção? Sabemos que quando ligamos os pontos das Escrituras e do sofrimento de Jesus (vv.27,44), vemos um Deus que nos ama mais do que imaginamos.

MRD

Pai, ajuda-nos a ver a figura completa de Teu Livro para entender o quanto precisamos de Teu Filho.

Jesus entregou a Sua vida para demonstrar o Seu amor por nós.

Provações ardentes

O fogo pode ser um dos piores inimigos das árvores. Mas também pode ser útil. Especialistas dizem que incêndios pequenos e frequentes, chamados de "incêndios frios" limpam o solo da floresta acabando com as folhas e galhos mortos, mas não destroem as árvores. Eles deixam cinzas que são perfeitas para o crescimento das sementes. Surpreendentemente, incêndios de baixa intensidade são necessários para o crescimento saudável das árvores.

LEITURA:
Tiago 1:2-12

Meus irmãos, tende por motivo de toda alegria o passardes por várias provações. v.2

Da mesma forma, provações — retratadas como fogo na Bíblia — são necessárias para nossa saúde e crescimento espiritual (1 PEDRO 1:7; 4:12). Tiago escreveu: "Meus irmãos, tende por motivo de toda alegria o passardes por várias provações, sabendo que a provação da vossa fé, uma vez confirmada, produz perseverança. Ora, a perseverança deve ter ação completa, para que sejais perfeitos e íntegros, em nada deficientes" (TIAGO 1:2-4).

Nas provações, os propósitos de Deus geralmente se realizam. Ali as condições são adequadas para crescermos em maturidade espiritual, nos equipam para viver e refletir Jesus mais acuradamente a um mundo que precisa tanto dele.

Nas mãos do Pai, nossas provações podem alcançar os Seus propósitos para o nosso bem e Sua honra. E nos moldar à semelhança de Seu Filho.

WEC

Pai, ensina-me a confiar que me darás força para suportar as dificuldades e fé para esperar que os Teus bons propósitos sejam realizados em mim.

Encoraje outros! Fé é ver Deus no escuro e na luz.

Os portões da adoração

LEITURA:
Salmo 100

Entrai por suas portas com ações de graças e [...], com hinos de louvor; rendei-lhe graças... v.4

Quando você vai a algumas das maiores cidades do mundo, você encontra portões famosos como o Portão de Brandemburgo (Berlim), o Portão de Jaffa (Jerusalém) e os portões de *Downing Street* (Londres). Independentemente de seu propósito ter sido defesa ou cerimônias, todos representam a diferença entre estar fora ou dentro de certas áreas da cidade. Alguns são abertos, outros fechados, exceto para umas poucas pessoas.

Os portões de acesso à presença de Deus estão sempre abertos. O Salmo 100 é um convite aos israelitas para entrarem na presença de Deus pelos portões do templo: "Celebrai com júbilo [...] apresentai-vos diante dele com cântico" (vv.1,2). Celebrar com júbilo era uma expressão adequada quando se saudava um monarca no mundo antigo. Toda a terra deveria cantar alegremente sobre Deus! O motivo deste alarido jubiloso era por Deus ter-lhes dado sua identidade (v.3). Eles entravam pelos portões com louvor a ação de graças pela bondade de Deus e por Seu amor constante e permanente que se prolonga por todas as gerações (vv.4,5). Mesmo quando eles se esqueceram de sua identidade e se afastaram de Deus, o Senhor permaneceu fiel e ainda os convidava a entrar em Sua presença.

Os portões de acesso à presença de Deus ainda estão abertos, convidando-nos a adorá-lo.

MLW

O que deveria nos motivar a adorar a Deus? Que declaração de louvor você poderia fazer ao Senhor hoje?

Os portões de acesso à presença de Deus estão sempre abertos.

Palavras para o cansado

Alguns dias após seu pai morrer, C. S. Lewis, que estava com 30 anos, recebeu uma carta da mulher que havia cuidado da sua mãe enferma, até ela vir a falecer, duas décadas antes. A mulher oferecia seus sentimentos pela perda do pai dele, perguntando-lhe se ele se lembrava dela. "Minha querida enfermeira Davison," eles respondeu. "Se me lembro de você? Mas é claro que sim."

LEITURA:
Isaías 50:4-10

O SENHOR Deus me deu língua de eruditos, para que eu saiba dizer boa palavra ao cansado... v.4

Lewis lembrou-se do quanto a presença da enfermeira em sua casa fora significativa para ele assim como para seu irmão e seu pai durante uma época difícil. Ele lhe agradeceu por suas palavras de condolências e disse: "É *realmente* consolador ser levado de volta àqueles velhos dias. A época em que você esteve com minha mãe pareceu ser, para uma criança, um período muito longo e você se tornou parte do lar."

Quando lutamos com circunstâncias da vida, uma palavra encorajadora de outros pode elevar os nossos olhos e espírito ao Senhor. O profeta Isaías, do Antigo Testamento, escreveu: "O SENHOR Deus me deu língua de eruditos, para que eu saiba dizer boa palavra ao cansado..." (50:4). E quando olhamos para o Senhor, Ele oferece palavras de esperança e luz em meio à escuridão.

DCM

Pai celestial, ajuda-me a ouvir a Tua Palavra de esperança hoje e a pronunciar palavras de esperança e encorajamento a outros, levando-os a ti.

As palavras amáveis podem reerguer um coração abatido.

Passe adiante

Gosto muito de assistir as corridas de revezamento. A força física, velocidade, habilidade e resistência exigidas dos atletas me maravilham. Mas um ponto crucial da corrida sempre recebe minha atenção especial e me deixa ansioso: o momento em que o bastão é passado ao atleta seguinte. Um momento de atraso, uma escorregadela e a corrida pode estar perdida.

LEITURA:
Salmo 78:1-8

...contaremos à vindoura geração os louvores do SENHOR... v.4

De certa forma, os cristãos estão numa corrida de revezamento, carregando o bastão da fé e do conhecimento do Senhor e de Sua Palavra. E a Bíblia nos ensina sobre nossa necessidade de passar este bastão de uma geração à outra. No Salmo 78, Asafe declara: "Abrirei os lábios [...] publicarei enigmas dos tempos antigos. O que ouvimos e aprendemos, o que nos contaram nossos pais, [...] contaremos à vindoura geração os louvores do SENHOR, e o seu poder, e as maravilhas que fez" (VV.2-4).

Moisés disse algo semelhante aos israelitas: "...não esqueças daquelas coisas que os teus olhos têm visto, e se não apartem do teu coração todos os dias da tua vida, e as farás saber a teus filhos e aos filhos de teus filhos" (DEUTERONÔMIO 4:9).

Nós, e as gerações que virão, somos chamados a fazer com amor e coragem tudo o que pudermos para passar adiante "...as virtudes daquele que vos chamou das trevas para a sua maravilhosa luz" (1 PEDRO 2:9).

LD

Pai, ajuda-me a ser fiel em passar minha fé adiante para alguém.

Nós influenciamos as gerações futuras vivendo por Cristo hoje.

Palavras significativas

Quando comecei a trabalhar como editor do *Pão Diário*, eu selecionava o versículo da capa de cada mês. Após algum tempo, comecei a me questionar se isso fazia alguma diferença.

LEITURA:
1 João 1:1-4

...o que temos ouvido, o que temos visto [...] com respeito ao Verbo da vida. v.4

Não muito tempo depois disso, uma leitora nos escreveu contando que tinha orado por seu filho durante mais de 20 anos, e mesmo assim ele nunca quis saber de Jesus. Mas certo dia, ele foi visitá-la e leu o versículo na capa do livreto que estava sobre a mesa. O Espírito usou aquelas palavras para convencê-lo e ele entregou Sua vida a Jesus naquele mesmo momento.

Não me lembro do versículo nem do nome dessa mãe. Mas nunca esquecerei a clareza dessa mensagem de Deus a mim naquele dia. Ele escolheu responder as orações de uma mulher por meio do versículo selecionado quase um ano antes. De um lugar atemporal, Ele trouxe o milagre maravilhoso da Sua presença ao meu trabalho e às Suas palavras.

O discípulo João chamava Jesus de "Verbo da Vida" (1 JOÃO 1:1). Ele queria que todos soubessem o que isso significava. "...[E] vo-la anunciamos, a vida eterna, a qual estava com o Pai e nos foi manifestada", e escreveu sobre Jesus (v.2). Nós "...anunciamos também a vós outros, para que vós, igualmente, mantenhais comunhão conosco" (v.3).

Não há nada de mágico ao colocar palavras numa página. Mas há um poder transformador de vida nas palavras das Escrituras, porque elas nos direcionam ao Verbo da vida — Jesus. TG

As palavras que nos direcionam a Cristo são sempre relevantes.

Acalmando a alma

Enquanto assistia a um concerto musical, minha mente desviou-se para uma questão desagradável que exigia minha atenção. Felizmente, a distração durou pouco, à medida que as palavras de um belo hino começaram a tocar profundamente o meu ser. Um grupo de homens estava cantando à capela "Confiança em Deus (HNC 156)". Lágrimas verteram conforme eu ouvia as palavras e contemplava a paz serena que somente Deus pode dar:

LEITURA:
Mateus 11:25-30

Aquietai-vos e sabei que eu sou Deus...
Salmo 46:10

Descansa, ó alma! eis o Senhor ao lado;
Paciente leva, e sem queixar-te, a cruz;
Deixa o Senhor tomar de ti cuidado,
É imutável teu fiel Jesus!

Quando Jesus estava acusando as cidades nas quais havia operado a maioria de Seus milagres por não se arrependerem (MATEUS 11:20-24), ainda teve palavras de consolo para aqueles que iriam a Ele, lhes dizendo: "Vinde a mim, todos os que estais cansados e sobrecarregados [...] aprendei de mim, porque sou manso e humilde de coração; e achareis descanso para a vossa alma" (vv.28,29).

Esta afirmação é admirável! Imediatamente após Suas fortes palavras àqueles que o estavam rejeitando, Jesus estendeu um convite a todos para aproximarem-se dele para encontrar a paz pela qual todos nós ansiamos. Jesus é o único que pode acalmar a nossa alma agitada e cansada.

JMS

Venho a Tua presença, Senhor,
precisando de descanso para o meu coração.
Ajuda-me a confiar em ti e confiar em Teu amor.

Quando priorizamos Jesus em nossa vida,
Ele mantém o nosso ser em paz.

Verdadeiras riquezas

N**o funeral** do pai de minha amiga alguém disse a ela: "Até conhecer o seu pai, eu não sabia que uma pessoa conseguia se divertir enquanto ajudava os outros." O pai dela fez a sua parte ao ajudar a edificar o reino de Deus por meio do serviço a outros, rindo e amando e conhecendo estranhos que se tornaram amigos. Quando morreu, ele deixou um legado de amor. Em contraste, a tia de minha amiga — irmã mais velha de seu pai— via os seus bens como seu legado e investiu seus últimos anos preocupando-se em encontrar alguém que protegesse suas relíquias e livros raros.

LEITURA:
Lucas 12:22-34

...porque, onde está o vosso tesouro, aí estará também o vosso coração. v.34

Em Seu ensino e por Seu exemplo, Jesus alertou os Seus seguidores a evitar o acúmulo de posses, dar aos pobres e a valorizar o que não enferruja ou deteriora. Jesus falou: "[Porque], onde está o vosso tesouro, aí estará também o vosso coração" (LUCAS 12:34).

Podemos pensar que nossas posses trazem significado à nossa vida. Mas quando o último aparelho quebra ou quando perdemos algo de valor, começamos a perceber que é nosso relacionamento com o Senhor que satisfaz e permanece. É nosso amor e esmero pelos outros que não definha nem esvanece.

Peçamos ao Senhor que nos ajude a ver claramente o que valorizamos, para nos mostrar onde está o nosso coração e nos ajudar a buscar o Seu reino acima de tudo (12:31). *ABP*

O que você valoriza?
Leia o texto em Êxodo 16 e compare
com as palavras de Jesus em Lucas 12.

O que valorizamos revela a condição do nosso coração.

Orando por você hoje

Quando enfrentamos uma situação desconcertante ou um problema difícil, geralmente pedimos a nossos irmãos em Cristo que orem por nós. É um grande encorajamento saber que outros se preocupam e nos colocam diante de Deus em oração. Mas e se você não tem amigos próximos que sejam cristãos? Talvez você more onde o evangelho de Cristo seja rejeitado. Quem vai orar por você?

LEITURA:
Romanos 8:22-34

...o mesmo Espírito intercede por nós [...] Cristo Jesus [...] também intercede por nós. v.26,34

Romanos 8, um dos grandes e triunfantes capítulos da Bíblia, declara: "...não sabemos orar como convém, mas o mesmo Espírito intercede por nós sobremaneira, com gemidos inexprimíveis. [...] segundo a vontade de Deus é que ele intercede pelos santos" (ROMANOS 8:26,27). O Espírito Santo está orando por você hoje.

Além disso, "...Cristo Jesus quem morreu ou, antes, quem ressuscitou, o qual está à direita de Deus e também intercede por nós" (v.34). O Senhor Jesus que está vivo está orando por você hoje.

Pense nisso! O Espírito Santo e o Senhor Jesus Cristo mencionam o seu nome e suas necessidades a Deus o Pai, que o ouve e age em seu favor.

Não importa onde você está ou quão confusa seja sua situação, você não está enfrentando a vida sozinho. O Espírito e o Filho estão orando por você hoje!

DCM

Amado Deus, curvo-me em humilde gratidão pelas orações feitas por mim, pelo Espírito Santo e por Seu Filho hoje. Que verdade incrível!

O Espírito Santo e Jesus estão sempre orando por você.

Quem pode atirar as pedras?

No momento em que um grupo de líderes religiosos levava uma mulher adúltera a Jesus, eles não podiam imaginar que a levavam para ser atingida pela graça. A esperança do grupo era desacreditar Jesus. Se Ele lhes dissesse para deixá-la ir, eles poderiam afirmar que Jesus estava infringindo a lei mosaica. Mas se Jesus a condenasse à morte, as multidões que o seguiam rejeitariam Suas palavras de misericórdia e graça.

LEITURA:
João 7:53–8:11

...Aquele que dentre vós estiver sem pecado seja o primeiro que lhe atire pedra. 8:7

Mas Jesus virou o jogo. As Escrituras dizem que em lugar de lhes responder diretamente, Jesus começou a escrever na areia. Quando os líderes continuaram a questioná-lo, Ele convidou qualquer um deles que jamais tivesse pecado para jogar a primeira pedra e recomeçou a escrever na areia. Quando Jesus ergueu a cabeça, todos os acusadores o haviam deixado.

Agora a única pessoa que poderia ter jogado uma pedra — o único sem pecado — olhou para a mulher e lhe concedeu misericórdia, dizendo: "...Nem eu tampouco te condeno; vai e não peques mais" (JOÃO 8:11).

Se hoje você precisa de perdão por julgar outros ou deseja a garantia de que nenhum pecado é maior do que a Sua graça, então seja encorajado por isto: ninguém hoje jogará pedras; vá e seja transformado pela misericórdia de Deus.

RKK

Pai, limpa-me de minha natureza crítica
e liberta-me dos laços do pecado. Permita-me provar
da Tua misericórdia e ajuda-me a ter uma vida transformada.

Servimos o Salvador que anseia perdoar.

Fé ruim, fé boa

As pessoas dizem: "Você precisa ter fé." Mas o que isso quer dizer? *Qualquer* fé é boa?

"Acredite em você mesmo e em tudo o que você é," escreveu um pensador há um século. "Saiba que há algo em seu interior maior do que qualquer obstáculo." Por mais agradável que isso soe, se desmorona quando se choca com a realidade. Precisamos de uma fé em algo maior do que nós mesmos.

LEITURA:
Romanos 4:18-25

...não duvidou, [...] da promessa de Deus; mas, pela fé, se fortaleceu, dando glória a Deus. v.20

Deus prometeu a Abraão que ele teria uma multidão de descendentes (GÊNESIS 15:4,5), dessa forma, Abraão enfrentou um grande obstáculo — estava velho e sem filhos. Quando ele e Sara se cansaram de esperar que Deus cumprisse tal promessa, tentaram sobrepor esse obstáculo por conta própria. Como resultado, fenderam sua família e criaram muita discórdia desnecessária (GÊNESIS 16; 21:8-21).

Nada que Abraão fez com suas próprias forças funcionou. Mas no fim das contas, ele ficou conhecido como um homem de tremenda fé. Paulo escreveu que: "Abraão, esperando contra a esperança, creu, para vir a ser pai de muitas nações, segundo lhe fora dito: Assim será a tua descendência" (ROMANOS 4:18). Esta fé, disse Paulo: "...lhe foi também [imputada] para justiça" (v.22).

A fé deste homem estava em algo bem maior do que ele mesmo — no único Deus. É o objeto de nossa fé que faz toda a diferença.

TG

Senhor, que a minha fé no Senhor seja forte.
Nada sou sem a Tua presença em minha vida.

Nossa fé é boa se estiver alicerçada na pessoa de Jesus.

Segure firme

LEITURA:
Filipenses 3:12–4:1

...permanecei [...] firmes no Senhor. 4:1

A montanha Tianmen, em Zhangjiajie, China, é considerada uma das mais belas do mundo. Para ver seus penhascos imponentes em todo o seu glorioso esplendor, é preciso tomar o bondinho Tianmen Shan, que percorre 7.455 metros. É surpreendente como esse bondinho consegue percorrer uma longa distância e escalar montanhas tão íngremes sem qualquer motor no próprio veículo. Contudo, ele se move com segurança até aquelas alturas espetaculares fortemente firmado num cabo movido por um motor possante.

Em nossa jornada de fé, como podemos terminar bem a carreira e "[prosseguir] para o alvo, para o prêmio da soberana vocação de Deus em Cristo Jesus" (FILIPENSES 3:14)? Tal qual o bondinho, nós nos firmamos em Cristo, que é o que Paulo quis dizer com "...permanecei [...] firmes no Senhor" (4:1). Não temos recursos próprios. Dependemos totalmente de Cristo para nos mantermos avançando. Ele nos guiará ao atravessarmos os maiores desafios e nos conduzirá em segurança ao lar.

Aproximando-se do fim de sua vida terrena, o apóstolo Paulo declarou: "Combati o bom combate, completei a carreira, guardei a fé" (2 TIMÓTEO 4:7). Você também pode fazer isso. Basta ficar firme em Cristo.

AL

Somos gratos, Senhor, porque, quando nos firmamos em ti, tu sempre nos amparas! Somos gratos porque ages em nós e nos dás o que precisamos para que continuemos a confiar em ti em nossa jornada de fé.

Manter a fé significa confiar que Deus nos sustentará fielmente.

Os lembretes de Deus

Meu amigo Bob Horner se refere a Jesus como "o Mestre dos Lembretes". E isso é bom, porque somos muito indecisos e esquecidos. Independentemente da frequência com que Jesus supria as necessidades das pessoas que o procuravam, quando Ele estava aqui na Terra, Seus primeiros discípulos temeram ser, de algum modo, abandonados com necessidades. Mesmo após testemunharem milagres, eles não compreendiam o significado maior daquilo que o Senhor desejava que eles se lembrassem.

LEITURA:
Marcos 8:11-21

Ao que lhes disse Jesus: Não compreendeis ainda? v.21

Durante uma travessia do mar da Galileia, os discípulos perceberam que tinham se esquecido de levar pão e conversavam sobre isso. Jesus lhes perguntou: "...Ainda não considerastes, nem compreendestes? Tendes o coração endurecido? Tendo olhos, não vedes? E, tendo ouvidos, não ouvis? Não vos lembrais...?" (MARCOS 8:17,18). Então, lembrou-lhes de que, quando Ele alimentou cinco mil pessoas com cinco pães, os discípulos haviam recolhido doze cestos de sobras. E, quando alimentou quatro mil com sete pães, eles encheram sete cestos com as sobras. Então, "...lhes disse Jesus: Não compreendeis ainda?" (v.21).

A provisão miraculosa do Senhor para as necessidades físicas das pessoas indicava a verdade maior — que Ele era o Pão da Vida e que o Seu corpo seria "partido" por eles e por nós.

Sempre que comemos do pão e bebemos do cálice na Ceia do Senhor, somos lembrados do grande amor e da provisão do nosso Senhor para nós.

DCM

A Santa Ceia é o lembrete do
amor e da provisão do Senhor para nós.

A Santa Ceia é um lembrete do sacrifício de Cristo.

Sem estranhos

Na remota região de Gana, África, onde vivi quando menino, a expressão "Refeição sem amigão" era um provérbio comum. Era um jeito brincalhão de reconhecer que os alimentos em certas áreas eram escassos, e os ganenses, por natureza, são pessoas caridosas. Se você chegar nessa hora, muito provavelmente, eles lhe darão o último de sua provisão.

LEITURA:
Dt 10:12-22

...que é que o SENHOR requer de ti? Não é que temas o SENHOR, teu Deus...? v.12

Nas Filipinas, onde também morei por algum tempo, se alguém chegar na hora da refeição sem avisar, os anfitriões insistirão em compartilhar, tendo ou não o suficiente para si mesmos.

Quando os israelitas saíram do Egito, Deus lhes deu instruções específicas para moldar a sua cultura. Mas as regras — até as de Deus — não transformam os corações. Por isso, Moisés disse: "Circuncidai, pois, o vosso coração e não mais endureçais a vossa cerviz" (10:16). Curiosamente, Moisés abordou, a seguir, o tratamento aos estrangeiros. Deus "...ama o estrangeiro", disse ele, "dando-lhe pão e vestes. Amai, pois, o estrangeiro, porque fostes estrangeiros..." (vv.18,19).

Israel servia ao "...Deus dos deuses e o Senhor dos senhores, o Deus grande, poderoso e temível" (v.17). O povo devia demonstrar a sua identificação com Deus amando os estrangeiros, estranhos à sua cultura.

O que esse pequeno retrato do caráter de Deus pode significar para nós hoje? De que maneira podemos demonstrar o Seu amor aos marginalizados e aos necessitados de nosso mundo? *TG*

Em Cristo, não há estrangeiros.

Libertando os prisioneiros

Quando minha mulher e eu visitamos o Museu Nacional da Poderosa Oitava Força Aérea, na Geórgia, EUA, fomos especialmente tocados pela mostra dos prisioneiros de guerra, e a recriação das barracas de um campo alemão de prisioneiros de guerra. Jim, o meu sogro, serviu nessa divisão, em missões sobre a Europa durante a Segunda Guerra. Nesse período, os homens que serviram nessa Força Aérea sofreram com mais de 47 mil feridos e 26 mil mortos. Jim foi abatido e mantido como prisioneiro de guerra. Ao caminharmos pela mostra, nos lembramos de Jim contando sobre a absoluta alegria que ele e seus colegas prisioneiros sentiram no dia em que foram libertos.

LEITURA:
Salmo 146

O SENHOR liberta os encarcerados. v.7

O cuidado de Deus pelos oprimidos e a libertação dos prisioneiros são declaradas no Salmo 146. O salmista descreve aquele que "...faz justiça aos oprimidos e dá pão aos que têm fome", que "...liberta os encarcerados" (v.7). Tudo isso é motivo de celebração e louvor. No entanto, a maior liberdade de todas é a liberdade de nossa culpa e vergonha. Não admira Jesus ter dito: "Se, pois, o Filho vos libertar, verdadeiramente sereis livres" (JOÃO 8:36).

Por meio do sacrifício de Cristo, somos libertos da prisão do pecado para conhecer Sua alegria e amor, e a liberdade que somente o perdão pode trazer.

WEC

Para descobrir mais sobre o que Cristo fez para nos libertar, leia o livreto da série *Descobrindo a Palavra*: *O escárnio e a majestade do Calvário.*

A prisão do pecado não consegue resistir ao poder do perdão de Cristo.

Bom remédio

Moro em Acra, Gana, e aqui dirigir sem muito cuidado, com o ânimo exaltado e o uso de linguagem chula por alguns motoristas de táxi e micro-ônibus causam constantes brigas de trânsito. Porém, testemunhei um incidente que tomou outro rumo. Um ônibus quase foi abalroado por um taxista descuidado. Eu esperava que o motorista do ônibus fosse irar-se e gritar com o do táxi, mas ele não o fez. Em vez disso, relaxou seu rosto austero e deu um grande sorriso para o taxista com cara de culpado. Aquele sorriso fez maravilhas. Levantando a mão, o taxista se desculpou, sorriu e se afastou — a tensão se dissipou.

LEITURA:
Efésios 4:25-32

O coração alegre é bom remédio...
Provérbios 17:22

Um sorriso exerce um efeito fascinante sobre a química do nosso cérebro. Os pesquisadores descobriram que "quando sorrimos, o cérebro libera substâncias químicas denominadas endorfinas, que exercem um efeito fisiológico relaxante". O sorriso pode não apenas dissipar uma situação tensa, mas também fazer desaparecer a tensão que há em nós. As nossas emoções afetam a nós e aos outros. A Bíblia nos ensina: "Longe de vós, toda amargura, e cólera, e ira, e gritaria, e blasfêmias, e bem assim toda malícia. Antes, sede uns para com os outros benignos, compassivo..." (EFÉSIOS 4:31,32).

Quando a ira, tensão ou amargura ameaça o nosso relacionamento com o Senhor e com os outros, é bom lembrar que "o coração alegre é bom remédio" para nossa própria alegria e bem-estar.

LD

De que maneira a ira já afetou a sua vida?

Encontramos alegria quando aprendemos a viver no amor de Jesus.

Louvar e pedir

O ***Desafio Jovem,*** um ministério para jovens em situação de risco iniciado em Nova Iorque, surgiu como o resultado de um compromisso incomum com a oração. O seu fundador, David Wilkerson, vendeu o seu televisor e dedicou à oração, as duas horas por noite que costumava assistir TV. Nos meses seguintes, ele não só obteve clareza sobre seu novo empreendimento, mas também aprendeu sobre o equilíbrio entre louvar a Deus e pedir-lhe por ajuda.

LEITURA:
2 Crônicas 6:12-21

...os céus e até o céu dos céus não te podem conter, quanto menos esta casa que eu edifiquei. v.18

A oração de dedicação do templo, feita pelo rei Salomão, mostra esse equilíbrio. Salomão começou destacando a santidade e a fidelidade de Deus. Em seguida, creditou a Deus o sucesso do projeto e enfatizou a grandeza divina, declarando: "...os céus e até o céu dos céus não te podem conter, quanto menos esta casa que eu edifiquei" (6:18).

Após exaltar a Deus, Salomão lhe pediu para dar especial atenção a tudo o que ocorria no interior do templo. Ele pediu a Deus para ter misericórdia dos israelitas e para provê-los quando eles confessassem seus pecados.

Imediatamente após a oração de Salomão: "...desceu fogo do céu e consumiu o holocausto e os sacrifícios; e a glória do SENHOR encheu a casa" (7:1). Esta incrível resposta nos lembra de que o Poderoso a quem louvamos e com o qual falamos ao orarmos é o mesmo que escuta e se importa com os nossos pedidos. *JBS*

O que pode ajudá-lo
a aproximar-se mais de Deus ao orar?

A oração não faz Deus ver as coisas como as vemos;
ela nos ajuda a vê-las como o Senhor as vê.

Segurando a cruz

Em 1856, o grande pregador Charles Spurgeon, de Londres, fundou uma "Faculdade de Pastores" a fim de treinar homens para o ministério cristão. Em 1923, foi renomeado como Universidade Spurgeon. O brasão atual da faculdade mostra uma mão segurando uma cruz e as palavras em latim: *Et Teneo, Et Teneor*, que significam: "Seguro e sou segurado". Em sua autobiografia, Spurgeon escreveu: "Esse é o lema de nossa faculdade. Empunhamos a Cruz de Cristo com mão audaz porque essa Cruz nos mantêm firmes por seu poder de atração. Desejamos que todo o homem possa permanecer na Verdade e ser fortalecido por ela; especialmente a verdade do Cristo crucificado."

LEITURA:
Filipenses 3:7-12

Não que [...] tenha já obtido a perfeição; mas prossigo para conquistar... v.12

Em sua carta aos Filipenses, Paulo expressou essa verdade como o fundamento de sua vida. "Não que eu [...] tenha já obtido a perfeição; mas prossigo para conquistar aquilo para o que também fui conquistado por Cristo Jesus" (3:12). Como seguidores de Jesus, estendemos a mensagem da cruz aos outros, enquanto Jesus nos sustenta em Sua graça e poder. "Estou crucificado com Cristo; logo, já não sou eu quem vive, mas Cristo vive em mim..." (GÁLATAS 2:19,20).

O nosso Senhor nos segura com o Seu amor todos os dias — e nós levamos a Sua mensagem de amor aos outros. *DCM*

Jesus, a Tua cruz é o ponto focal da história
e o ponto de mudança em nossa vida.
Ampara-nos firmemente enquanto nos firmamos em Tua cruz
e levamos o Teu amor aos outros.

Nós nos seguramos na Cruz de Cristo
e somos amparados por ela.

O livro potável

Em várias partes do mundo, é muito difícil encontrar água potável; por isso, a organização *Water Is Life* (Água é vida) desenvolveu um maravilhoso recurso: "O livro potável". O papel do livro é recoberto com nanopartículas de prata, que filtram quase 99,9% das bactérias nocivas! Cada página destacável pode ser usada e reutilizada para filtrar até 100 litros de água ao custo de apenas quatro centavos de dólar por página.

LEITURA:
João 4:7-15

...a água que eu lhe der será nele uma fonte a jorrar para a vida eterna. v.14

A Bíblia também é um livro incomumente "potável". Em João 4, lemos sobre um tipo específico de sede e um tipo especial de água. A mulher junto ao poço precisava muito mais do que saciar sua sede física com água limpa e potável. Ela estava ansiosa por conhecer a fonte de "água viva". Ela precisava da graça e do perdão que vêm somente de Deus.

A Palavra de Deus é o Livro "potável" definitivo que apresenta o Filho de Deus como a única fonte de "água viva". E aqueles que aceitarem a água que Jesus lhes dá experimentarão "...uma fonte a jorrar para a vida eterna".

CHK

Pai, ansiamos pela satisfação que somente tu podes conceder. Ajuda-nos a eliminar tudo que nos deixa vazios e sedentos, e a trocar pela satisfação da água viva que tu ofereces.

Jesus é a única fonte de água viva.

Unidos em Cristo

Quando encontramos uma lista de nomes na Bíblia, nossa primeira reação pode ser passar por cima desse texto. Mas podemos encontrar tesouros ali, como na lista dos doze apóstolos que Jesus chamou para servir em Seu nome. Muitos são familiares — Simão, a quem Jesus chamou Pedro, a rocha. Os irmãos Tiago e João, pescadores. Judas Iscariotes, o traidor. Mas seria fácil passar despercebido que Mateus, o coletor de impostos, e Simão, o Zelote, devem ter sido inimigos anteriormente.

LEITURA:
Marcos 3:13-19

Então, designou doze para estarem com ele e para os enviar a pregar. v.14

Mateus coletava impostos para Roma; portanto, aos olhos de seus compatriotas judeus, colaborava com o inimigo. Eles eram desprezados por suas práticas corruptas e por exigir que o povo judeu desse dinheiro a uma autoridade que não fosse Deus. Por outro lado, antes do chamado de Jesus, Simão, o Zelote, era devoto de um grupo de nacionalistas judeus que odiavam Roma e buscavam derrubá-la, frequentemente empregando meios agressivos e violentos.

Embora Mateus e Simão defendessem crenças políticas opostas, os evangelhos não documentam os dois brigando ou lutando por elas. Eles devem ter sido bem-sucedidos ao deixar para trás suas fidelidades anteriores para seguir a Cristo.

Quando fixamos os nossos olhos em Jesus, o Deus que se tornou homem, também podemos desenvolver maior unidade com os outros cristãos pelo vínculo do Espírito Santo.

ABP

Pai, Filho e Espírito Santo coexistem em harmonia.

Nossa maior fidelidade é a Cristo, que nos dá a unidade com os outros cristãos.

Fazendo o oposto

Uma excursão no deserto pode parecer assustadora, mas para os entusiastas da natureza é apenas mais um atrativo. Por necessitarem de mais água do que podem carregar, os caminhantes compram garrafas com filtros incorporados para poderem usar fontes de água encontradas no caminho. Porém, beber nesses recipientes é contrário à lógica. Inclinando-se a garrafa, nada acontece. O caminhante sedento deve soprar dentro dela para forçar a água a atravessar o filtro. A realidade é contrária ao que parece natural.

LEITURA:
Colossenses 2:20–3:4

Porque morrestes, e a vossa vida está oculta juntamente com Cristo, em Deus. 3:3

Ao seguirmos Jesus, encontramos muitas coisas que são contrárias à lógica. Paulo destacou um exemplo: Cumprir as regras não nos aproximará de Deus. Ele perguntou: "Se morrestes com Cristo para os rudimentos do mundo, por que, como se vivêsseis no mundo, vos sujeitais a ordenanças: não manuseies isto, não proves aquilo, não toques aquiloutro, segundo os preceitos e doutrinas dos homens?..." (COLOSSENSES 2:20-22).

Então, o que fazer? Paulo respondeu: "...se fostes ressuscitados juntamente com Cristo, buscai as coisas lá do alto..." (3:1). Aos vivos, ele disse: "...morrestes, e a vossa vida está oculta juntamente com Cristo, em Deus" (v.3).

Devemos nos considerar "mortos" para os valores deste mundo e vivos para Cristo. Agora aspiramos a um modo de vida demonstrado por Aquele que disse: "...quem quiser tornar-se grande entre vós, será esse o que vos sirva" (MATEUS 20:26). *TG*

...Deus escolheu as coisas loucas do mundo para envergonhar os sábios... 1 CORÍNTIOS 1:27

Transformando corações

No último dia da Guerra Civil dos EUA, o oficial Joshua Chamberlain comandava o exército da União. Seus soldados se alinharam nos dois lados da estrada pela qual o exército Confederado teria de marchar em rendição. Uma única palavra errada ou um único ato belicoso, e a paz há tanto esperada poderia se transformar em chacina. Num ato brilhante e emocionante, Chamberlain ordenou às suas tropas que saudassem o inimigo! Nem insulto nem palavra perversa — somente armas em saudação e espadas elevadas em honra.

LEITURA:
Lucas 6:27-36

Sede misericordiosos, como também é misericordioso vosso Pai. v.36

Ao falar sobre perdão em Lucas 6, Jesus estava nos ajudando a entender a diferença entre pessoas que possuem ou não a graça. Os que conhecem o Seu perdão devem ser muito diferente dos outros. Precisamos fazer o que os outros acham impossível: perdoar e amar os nossos inimigos. Jesus disse: "Sede misericordiosos, como também é misericordioso vosso Pai" (v.36).

Imagine o impacto em nossos locais de trabalho e nossas famílias se abraçássemos esse princípio. Se uma saudação pode reanimar exércitos, que poder deve haver na graça de Cristo refletida por nós! A Escritura evidencia isso quando Esaú abraça seu irmão enganador (GÊNESIS 33:4), na alegre penitência de Zaqueu (LUCAS 19:1-10) e na imagem de um pai correndo para saudar o seu filho pródigo (LUCAS 15).

Com a graça de Cristo, seja este o último dia de amargor e disputa entre nossos inimigos e nós.

RKK

Dá-nos coragem para encerrarmos os nossos conflitos por Tua graça.

Quase sempre, a ira se dissipa diante da graça.

Alerta!

Os seguintes alertas foram encontrados em produtos de consumo:

"Remova a criança antes de dobrar" (carrinho de bebê).

"Não tem suprimento de oxigênio" (máscara para poeira).

"Não utilize a função viva voz do seu celular, enquanto estiver dirigindo (aplicativo para se usar enquanto se dirige).

"Este produto se move ao ser usado" (motocicleta).

LEITURA:
1 Samuel 25:1-12

...Nabal é o seu nome, e a loucura está com ele... v.25

Um alerta adequado que Nabal poderia ter usado teria sido: "Espere loucura de um louco" (1 SAMUEL 25). Certamente, ele foi irracional ao dirigir-se a Davi. Fugindo de Saul, Davi havia vigiado as ovelhas de um homem rico chamado Nabal. Ao saber que Nabal estava tosquiando aquelas ovelhas e celebrando com um banquete, Davi enviou dez de seus soldados para pedirem educadamente alimento como retribuição pelos serviços prestados (vv.4-8).

A resposta de Nabal ao pedido de Davi foi mais do que rude. Ele disse: "Quem é Davi [...]? Tomaria eu, pois, hoje o meu pão, e a minha água, e a carne [...] e o daria a homens que eu não sei donde vêm?" (vv.10,11). Ele descumpriu o código de hospitalidade da época não convidando Davi ao banquete, desrespeitando-o com insultos e, em essência, roubou dele não lhe pagando por seu trabalho.

A verdade é que todos temos um pouco da atitude de Nabal. Às vezes, agimos loucamente. A única cura para isso é reconhecer nosso pecado diante de Deus. Ele intervirá para nos perdoar, instruir e conceder a Sua sabedoria.

MLW

Senhor, concede-me integridade e compaixão.

A sabedoria de Deus ofusca o nosso egocentrismo.

Todos são bem-vindos!

Finalmente, chegara a tão esperada noite de filmes no grupo de jovens da igreja. Os cartazes tinham sido colocados em todo o vilarejo e as pizzas estavam sendo assadas no forno. Estevão, o pastor dos jovens, esperava que o filme — sobre membros de gangues urbanas defrontados com as afirmações de um jovem pastor sobre Jesus — trouxesse ao grupo novos jovens.

LEITURA:
Lucas 5:27-32

Não vim chamar justos, e sim pecadores, ao arrependimento. v.32

Mas ele não tinha percebido que um importante jogo de futebol seria exibido pela TV naquela noite; por isso, a plateia foi muito menor do que ele esperava. Suspirando em silêncio, ele estava prestes a reduzir as luzes e iniciar o filme quando entraram cinco homens do motoclube local com roupas de couro. Estevão empalideceu.

O líder do grupo acenou em direção a Estevão. "É grátis e para todos, certo?"— disse ele. Estevão ia dizer: "Só para os membros do grupo de jovens" quando o motociclista se abaixou e ajuntou uma pulseira com as letras OQJF (O Que Jesus Faria). "Isso é seu, colega?" — perguntou. Estevão assentiu, constrangido, e esperou os novos convidados se sentarem.

Você já enfrentou situação semelhante? Anseia por compartilhar a boa-nova de Jesus, mas tem uma lista mental das pessoas "certas" que seriam as ideais? As autoridades religiosas criticavam Jesus, frequentemente, por Suas companhias. Mas Ele acolhia as pessoas que todos os outros evitavam, porque sabia que eram os que mais precisavam dele (LUCAS 5:31,32).

MS

Senhor, ajuda-me a ver as pessoas pelos Teus olhos de amor e a acolher todos os que o Senhor traz em minha vida.

Um coração aberto a Cristo se abrirá àqueles a quem Ele ama.

Morrer pelos outros

Eu amo pássaros; por isso, comprei seis pássaros engaiolados e os levei a casa para nossa filha Alice, que começou a cuidar deles diariamente. Mas um dos pássaros adoeceu e morreu. Questionamos se eles não teriam maiores probabilidades de se desenvolver caso não estivessem engaiolados. Assim, libertamos os cinco sobreviventes e os observamos voar para longe, em festa.

LEITURA:
1 João 3:16,17

Eu sou o bom pastor. O bom pastor dá a vida pelas ovelhas.
João 10:11

Então, Alice observou: "Papai, você percebeu que foi a morte de um pássaro que nos fez libertar o restante?".

Não foi isso o que Senhor Jesus fez por nós? Assim como o pecado de um homem (Adão) trouxe condenação ao mundo, também a justiça de um Homem (Jesus) trouxe salvação aos que creem (ROMANOS 5:12-19). Jesus disse: "Eu sou o bom pastor. O bom pastor dá a vida pelas ovelhas" (JOÃO 10:11).

João deixa tudo mais prático ao dizer: "...Cristo deu a sua vida por nós; e devemos dar nossa vida pelos irmãos" (1 JOÃO 3:16). Provavelmente, isso não significará morte literal, mas ao alinharmos a nossa vida ao exemplo de amor sacrificial de Jesus, descobrimos estar dando a nossa vida. Por exemplo, podemos escolher privar-nos de bens materiais para compartilhá-los com os outros (v.17) ou arranjar tempo para estar com alguém que precisa de conforto e companheirismo.

Por quem você precisa se sacrificar hoje?

LD

De que maneiras outras
pessoas se sacrificaram pelo seu bem-estar?

O supremo sacrifício de Cristo por nós nos motiva a nos sacrificarmos pelos outros.

Torcedor vitalício

Um garoto de 12 anos enviou pelo correio 32 cartas manuscritas — uma para cada executivo de um time de futebol. Ele escreveu: "Minha família e eu amamos o futebol. Nós jogamos o *Futebol Fantasia* no console de jogos todos os fins de semana. Quero escolher um time do Campeonato Brasileiro para torcer pelo resto da minha vida!"

LEITURA:
Salmo 86:1-13

...clamo a ti, porque me respondes. v.7

O dono de um time respondeu com um bilhete também manuscrito por ele mesmo. A primeira linha dizia: "Ficaríamos honrados se o nosso [time] se tornasse o seu time. Nós faríamos você orgulhar-se dele." E prosseguiu, elogiando alguns dos seus jogadores. Essa carta foi não apenas pessoal e gentil, mas a única resposta que o garoto recebeu. Não foi nada surpreendente o fato de aquele garoto ter se tornado um torcedor leal do time cujo diretor entrara em contato com ele.

No Salmo 86, Davi falou de sua fidelidade ao único Deus verdadeiro. Ele disse: "No dia da minha angústia, clamo a ti, porque me respondes. Não há entre os deuses semelhante a ti, SENHOR..." (vv.7,8). Nossa devoção a Deus nasce de Seu caráter e cuidado por nós. Ele é aquele que responde às nossas orações, nos orienta por Seu Espírito e nos salva por meio da morte e ressurreição de Seu Filho, Jesus Cristo. Ele merece a nossa lealdade vitalícia.

JBS

Amado Deus, não há outro como tu.
Ajuda-me a permitir que a Tua santidade me leve
a uma devoção mais profunda a ti.

Somente Deus é digno da nossa adoração e devoção.

Mantenha o bom trabalho

M**eu filho** ama ler. Se ele lê mais livros do que o exigido pela escola, recebe um certificado de premiação. Esse pequeno incentivo o motiva a continuar se esforçando.

Ao escrever aos tessalonicenses, Paulo não os motivou com um prêmio, mas com palavras de incentivo. Ele disse: "Finalmente, irmãos, nós vos rogamos e exortamos no Senhor Jesus que, como de nós recebestes, quanto à maneira por que deveis viver e agradar a Deus, e efetivamente estais fazendo, continueis progredindo cada vez mais" (1 TESSALONICENSES 4:1). Estes cristãos estavam agradando a Deus com suas vidas e Paulo os incentivou a continuarem a viver mais e mais para Ele.

LEITURA:
1 Ts 4:1-12

...nós vos [...] exortamos [...] que [...] continueis progredindo cada vez mais. v.1

Talvez hoje você e eu estejamos fazendo o melhor para conhecer, amar e agradar ao nosso Pai. Tomemos as palavras de Paulo como um incentivo para prosseguirmos em nossa fé.

Porém, vamos dar uma passo a mais. A quem poderíamos incentivar com as palavras de Paulo hoje? Quem vêm a sua mente que seja diligente em seguir ao Senhor e buscar agradá-lo? Envie-lhe uma mensagem ou telefonema incentivando-a a permanecer em sua jornada de fé ao lado do Senhor. O que você disser poderá ser exatamente aquilo que essa pessoa precisa para continuar seguindo e servindo a Jesus.

KO

Amado Senhor, obrigado por incentivar-me, por meio da Tua Palavra, a continuar vivendo por ti.

Incentive alguém hoje a continuar vivendo para Deus.

Será que precisamos?

Fernanda iniciou a programação infantil com uma oração e, depois, cantou com as crianças. Emanuel, de 6 anos, contorcia-se em sua cadeira enquanto ela orava novamente, após apresentar o professor. E o professor iniciou sua palestra e a encerrou com oração. Emanuel reclamou: "Quatro orações! Não consigo ficar sentado e quieto por tanto tempo!"

LEITURA:
1 Ts 5:12-28

[Jesus] se retirava para lugares solitários e orava.
Lucas 5:16

Se você acha este desafio difícil, leia 1 Tessalonicenses 5:17: "Orai sem cessar" ou seja, esteja sempre em espírito de oração. Até mesmo alguns de nós, adultos, podemos achar que oração é maçante. Talvez porque não saibamos o que dizer ou não entendamos que a oração é uma conversa com nosso Pai.

No século 17, François Fénelon escreveu algumas palavras sobre a oração, que me ajudaram: "Diga a Deus tudo que está em seu coração, como alguém que abre seu coração, seus prazeres e suas dores, a um amigo estimado. Conte-lhe os seus problemas, para que Ele possa confortá-lo; conte-lhe as suas alegrias, para que Ele possa moderá-las; conte-lhe seus anseios, para que Ele possa purificá-los." Continuou: "Conte-lhe sobre suas tentações, para que Ele possa protegê-lo delas; mostre-lhe as feridas em seu coração, para que Ele possa sará-las. Assim, se você despejar todas as suas fraquezas, necessidades e dificuldades, não haverá falta do que dizer."

Cresçamos em nossa intimidade com Deus para desejarmos investir mais do nosso tempo com Ele.

AMC

Para compreender isso melhor leia
sobre o exemplo de Jesus em João 17 e Lucas 5:16

A oração é uma conversa íntima com o nosso Deus.

Direto do coração

Em muitas culturas, chorar alto, lamuriar-se e rasgar as vestes são modos aceitáveis de lamentar uma tristeza pessoal ou uma grande calamidade nacional. Para o povo de Israel do Antigo Testamento, manifestações semelhantes expressavam profundo pesar e arrependimento por se afastarem do Senhor.

LEITURA:
Joel 2:12-17

...convertei-vos ao SENHOR, vosso Deus, porque ele é misericordioso, e compassivo... v.13

Uma demonstração exterior de arrependimento pode ser um processo poderoso quando vem do nosso coração. Mas, sem uma resposta interior sincera a Deus, podemos simplesmente estar acompanhando a maré, mesmo em nossas comunidades de fé.

Após uma praga de gafanhotos devastar a terra de Judá, Deus, por meio do profeta Joel, chamou o povo a um sincero arrependimento para evitar Seu julgamento adicional. "Ainda assim, agora mesmo, diz o SENHOR: Convertei-vos a mim de todo o vosso coração; e isso com jejuns, com choro e com pranto" (JOEL 2:12).

Então, Joel pediu uma reação vinda do íntimo: "Rasgai o vosso coração, e não as vossas vestes, e convertei-vos ao SENHOR, vosso Deus, porque ele é misericordioso, e compassivo, e tardio em irar-se, e grande em benignidade, e se arrepende do mal" (v.13). O verdadeiro arrependimento provém do coração.

O Senhor deseja que confessemos nossos pecados a Ele e recebamos o Seu perdão, para que possamos amar e servi-lo com todo nosso coração, alma, mente e forças.

Seja o que for que você necessite contar ao Senhor hoje, conte — do fundo do coração.

DCM

Deus quer ouvir o seu coração.

O solitário do deserto

Desert Solitaire (O solitário do deserto, inédito) é a história pessoal do conservacionista Edward Abbey e dos verões em que ele foi guarda florestal num parque. Vale a pena ler o livro, nem que seja apenas pela linguagem vibrante do autor e suas vívidas descrições dos arredores daquele parque.

LEITURA:
Salmo 136:1-9

...viu Deus que isso era bom. Gênesis 1:12

Apesar de todo o talento artístico, Abbey era ateu e não enxergava nada além da superfície dessa beleza que tanto lhe agradava. Isso é muito triste! Ele viveu louvando a beleza e não entendendo o significado de tudo aquilo.

A maioria dos povos da antiguidade possuía teorias sobre a origem do Universo, que eram envoltas em lendas, mitos e canções. Por outro lado, a história da criação contada pelo povo de Israel era sem similar: Ela falava de um Deus que criou a beleza para a nossa satisfação e alegria de viver. Deus concebeu o cosmos, o trouxe à existência por meio da palavra e o declarou "belo" (a palavra hebraica para *bom* também significa *belo*). Em seguida, após criar um paraíso, Deus amorosamente *nos* trouxe à existência, nos colocou no Éden e nos disse: "Deleitem-se!".

Alguns veem e se deleitam com a beleza dos bons presentes do Criador ao seu redor, mas "...não o [glorificam] como Deus, nem lhe [dão] graças...". Eles "...se tornaram nulos em seus próprios raciocínios, obscurecendo-se lhes o coração insensato" (ROMANOS 1:21).

Outros enxergam a beleza, dizem "Obrigado, Deus" e adentram a Sua luz.

DHR

Amoroso Deus, louvamos-te porque és bom.

Toda a criação reflete a beleza de Deus.

A sua jornada

Cresci na década rebelde de 1960 e dei as costas à religião. Eu havia frequentado a igreja a vida toda, mas não conhecia o Salvador, pessoalmente, até os 20 e poucos anos, quando sofri um terrível acidente. Desde então, passei a minha vida adulta anunciando aos outros sobre o amor de Jesus por nós. Essa tem sido a minha jornada.

LEITURA:
João 14:15-21

Não vos deixarei órfãos, voltarei para vós outros. v.18

Certamente, *jornada* descreve a vida neste mundo caído. Ao longo do caminho, encontramos montanhas e vales, rios e planícies, rodovias cheias e estradas vazias — altos e baixos, alegrias e tristezas, conflitos e perdas, mágoa e solidão. Não conseguimos ver a estrada à frente; por isso, precisamos recebê-la como ela é, não como gostaríamos que fosse.

O seguidor de Cristo, porém, nunca enfrenta esta jornada sozinho. As Escrituras nos lembram da constante presença de Deus. Não há lugar onde possamos ir em que Ele não esteja (SALMO 139:7-12). Ele nunca nos deixará ou abandonará (DEUTERONÔMIO 31:6; HEBREUS 13:5). Após prometer enviar o Espírito Santo, Jesus disse aos Seus discípulos: "Não vos deixarei órfãos, voltarei para vós outros" (JOÃO 14:18).

Os desafios e as oportunidades que encontramos em nossa jornada podem ser encarados com confiança, porque Deus nos prometeu Sua infalível presença.

WEC

Senhor, obrigado por não só conheceres o caminho que trilho, mas também por andares comigo. Ajuda-me a confiar em Tua presença, ajuda e sabedoria todos os dias de minha jornada de vida.

A fé nunca sabe aonde está sendo levada, mas conhece e ama Aquele que a lidera. OSWALD CHAMBERS

Amor infalível

Em um voo recente, a aterrissagem foi um pouco brusca, balançando-nos para a esquerda e para a direita ao longo da pista. Alguns dos passageiros ficaram visivelmente nervosos, mas a tensão se dissipou quando duas menininhas sentadas atrás de mim aplaudiram: "Sim! Vamos de novo!".

LEITURA:
Lamentações 3:21-26

...a tua graça é melhor do que a vida; os meus lábios te louvam. Salmo 63:3

As crianças estão abertas a novas aventuras e veem a vida com um deslumbramento humilde, maravilhado. Talvez isso seja parte do que Jesus tinha em mente ao dizer que nós temos de "...receber o reino de Deus como uma criança..." (MARCOS 10:15).

A vida tem seus desafios e suas tristezas. Poucos sabiam disso melhor do que Jeremias, também chamado "o profeta chorão". Mas, em meio aos seus problemas, Deus o encorajou com uma surpreendente verdade: "As misericórdias do SENHOR são a causa de não sermos consumidos, porque as suas misericórdias não têm fim; renovam-se cada manhã. Grande é a tua fidelidade" (LAMENTAÇÕES 3:22,23).

As misericórdias renovadas de Deus podem adentrar nossa vida a qualquer momento. Elas estão sempre presentes; nós as vemos quando vivemos com expectativa infantil — observando e esperando por aquilo que só Ele pode fazer. Jeremias sabia que a bondade de Deus não é definida somente pelas nossas circunstâncias imediatas e que a Sua fidelidade é maior do que as dificuldades da vida. Busque as misericórdias renovadas de Deus hoje.

JB

Senhor, ajuda-me a ter fé como uma criança.

Deus é maior do que qualquer coisa que nos aconteça.

Meus irmãos e irmãs

Quando a economia da região declinou, o pastor de uma igreja do local viu dificuldades, mas também oportunidades. Então, agendou uma reunião com o prefeito de sua cidade e perguntou: "O que a nossa igreja pode fazer para ajudá-lo?". O prefeito ficou atônito. As pessoas costumavam recorrer a ele em busca de ajuda. Ali estava um pastor lhe oferecendo os serviços de toda uma congregação.

LEITURA:
Mateus 25:31-40

...sempre que o fizestes a um destes meus pequeninos irmãos, a mim o fizestes. v.40

Juntos, o prefeito e o pastor criaram um plano para atender várias necessidades urgentes. Somente naquela comarca, mais de 20 mil idosos haviam passado o ano anterior sem receber sequer visitas de apoio. Centenas de crianças necessitavam de famílias que as abrigassem. Muitas outras crianças precisavam de aulas particulares para irem bem nos estudos.

Algumas dessas necessidades podiam ser atendidas sem muito investimento financeiro, mas todas exigiam tempo e interesse. E era isso o que a igreja tinha para dar.

Jesus falou aos Seus discípulos acerca de um dia futuro em que Ele diria aos Seus fiéis seguidores: "...Vinde, benditos de meu Pai! Entrai na posse do reino que vos está preparado..." (MATEUS 25:34). Ele também disse que eles ficariam surpresos com sua recompensa. Então, Ele lhes diria: "...sempre que o fizestes a um destes meus pequeninos irmãos, a mim o fizestes" (v.40).

A obra do reino de Deus é feita quando damos generosamente do tempo, do amor e dos recursos que Ele nos deu. *TG*

Quais pessoas o Espírito do Senhor está trazendo à sua mente neste momento? Você pode visitar, escrever ou lhes telefonar?

Dar não cabe só aos ricos, mas a todos nós.

Estou contigo

Quando servia como estagiário numa revista cristã, escrevi a história de um homem que se tornara cristão. Numa mudança dramática, ele disse adeus à vida anterior e abraçou seu novo Mestre: Jesus. Alguns dias após a revista chegar às bancas, num telefonema anônimo, alguém ameaçou: "Cuidado, Darmani. Estamos observando você! Sua vida corre perigo neste país se você escrever essas histórias."

LEITURA:
Jeremias 1:1-10

Não temas diante deles, porque eu sou contigo para te livrar, diz o SENHOR. v.8

Essa não foi a única vez que fui ameaçado por direcionar pessoas a Cristo. Certa ocasião, um homem me disse para dar fim ao folheto que eu estava lhe oferecendo, caso contrário...! Nos dois casos, eu me acovardei. Mas essas foram apenas ameaças verbais. Muitos cristãos tiveram ameaças cumpridas contra eles. Em alguns casos, o simples fato de ter um estilo de vida que agrada a Cristo, atrai o abuso por parte de algumas pessoas.

O Senhor disse a Jeremias: "...a todos a quem eu te enviar irás; e tudo quanto eu te mandar falarás" (1:7); e Jesus disse aos Seus discípulos: "...eu vos envio como ovelhas para o meio de lobos..." (MATEUS 10:16). Sim, podemos encontrar ameaças, dificuldades e até mesmo dor, mas Deus nos assegura de Sua presença. "...eu sou contigo...", disse Ele a Jeremias (1:8), e Jesus assegurou aos Seus seguidores: "...estou convosco todos os dias..." (MATEUS 28:20).

Seja o que for que enfrentarmos ao tentar viver para o Senhor, podemos confiar na presença dele. *LD*

Senhor, por favor, protege o Teu povo ao redor do mundo.

Bem-aventurados os perseguidos por causa da justiça, porque deles é o reino dos céus. MATEUS 5:10

Escolhendo mudar

Quando comprou um pequeno robô, meu filho se divertiu programando-o para executar tarefas simples. Ele podia fazê-lo mover-se à frente, parar e retroceder pelo mesmo caminho, tocar uma buzina e reproduzir ruídos gravados. O robô fazia exatamente o que meu filho lhe mandava fazer. Ele nunca ria espontaneamente ou se desviava numa direção não planejada. Ele não tinha escolha.

LEITURA:
Ezequiel 18:25-32

Lançai de vós todas as vossas transgressões com que transgredistes e criai em vós coração novo... v.31

Ao criar os seres humanos, Deus não fez robôs. Deus nos fez à Sua imagem; isso significa que podemos pensar, raciocinar e tomar decisões. Somos capazes de escolher entre o certo e errado. Mesmo tendo adquirido o hábito de desobedecer a Deus, podemos decidir redirecionar a nossa vida.

Quando os israelitas se viram em apuros com Deus, Ele lhes falou por meio do profeta Ezequiel, dizendo: "Convertei-vos e desviai-vos de todas as vossas transgressões; e a iniquidade não vos servirá de tropeço [...] criai em vós coração novo e espírito novo..." (EZEQUIEL 18:30,31).

Este tipo de mudança pode começar com uma única escolha, no poder do Espírito Santo (ROMANOS 8:13). Ela pode significar dizer não em um momento crítico. Chega de fofoca. Chega de ganância. Chega de ciúmes. Chega de ________ (você preenche). Se você conhece Jesus, não é escravo do pecado. Você pode escolher mudar e, com a ajuda de Deus, esta revolução pessoal pode começar hoje.

JBS

Com Deus todas as coisas são possíveis.

Para um novo começo, peça a Deus um novo coração.

Este presente

Vários anos atrás, escrevi um ensaio que tratava de minha coleção de bastões, bordões e bengalas, e refleti sobre a possibilidade de um dia ser promovido para o uso de um andador. Bem, esse dia já chegou. A combinação de problemas nas costas e neuropatia periférica me pôs a empurrar um andador de três rodas. Não posso fazer longas caminhadas; não posso pescar; não posso fazer muitas coisas que costumavam dar-me enorme alegria.

LEITURA:
2 Coríntios 12:6-10

...De boa vontade, pois, mais me gloriarei nas fraquezas, para que sobre mim repouse o poder de Cristo. v.9

Estou, porém, tentando aprender que minha limitação, qualquer que seja, é um presente de Deus e é com este presente que devo servi-lo. *Este* presente, não outro. Isto se aplica a todos nós, quer nossos limites sejam emocionais, físicos ou intelectuais. Paulo foi ousado para dizer que se gloriava em sua fraqueza porque quando estava fraco o poder de Deus se revelava nele (2 CORÍNTIOS 12:9).

Enxergar dessa maneira as nossas deficiências nos capacita a fazer o que devemos com confiança e coragem. Em vez de reclamarmos, sentirmos pena de nós mesmos ou nos excluirmos, nos tornamos disponíveis a Deus para os Seus propósitos.

Não tenho a mínima ideia do que Ele tem em mente para você e para mim, mas não devemos nos preocupar com isso. Nossa tarefa hoje é apenas aceitar as coisas como são e ficar contentes, sabendo que no amor, na sabedoria e na providência de Deus este momento é o melhor que pode existir.

DHR

Querido Senhor, sei que és bom e que me amas.
Confio em Tuas provisões para o dia de hoje.

O contentamento capacita você a crescer onde Deus o plantou.

Restaurando corações

Há pouco tempo, fui a uma costureira para modificar algumas roupas. Ao entrar em seu ateliê, senti-me encorajado pelo que vi nas paredes. Um cartaz dizia: "Podemos restaurar as suas roupas, mas só Deus pode restaurar o seu coração." Perto dele havia uma pintura de Maria Madalena chorando angustiada quando o Cristo ressurreto estava prestes a revelar-se a ela. Outro cartaz perguntava: "Precisa de oração? Permita-nos orar com você."

LEITURA:
Mateus 5:1-16

Vós sois a luz do mundo... v.14

A proprietária me contou que mantinha aquele pequeno negócio há 15 anos. "Temos nos surpreendido com o modo como o Senhor age aqui por meio das declarações de fé que afixamos em diferentes lugares. Pouco tempo antes, alguém se entregou a Cristo como seu Salvador bem aqui. É surpreendente observar o agir de Deus." Eu lhe disse que também era cristão e a elogiei por falar aos outros acerca de Cristo em seu local de trabalho.

Nem todos nós somos capazes de ser tão ousados em nosso local de trabalho, mas podemos encontrar muitas maneiras criativas e práticas de demonstrar aos outros o amor inesperado, a paciência e bondade onde quer que estejamos. Desde que saí daquele ateliê, tenho pensado em quantas maneiras existem de expressar a afirmação do nosso Senhor: "Vós sois a luz do mundo..." (MATEUS 5:14).

HDF

Aproveite as oportunidades para ser luz em seu mundo.

Deus derrama o Seu amor em nosso coração para que transborde para a vida de outras pessoas.

Etapa por etapa

LEITURA:
Nm 33:1-15,36,37

Escreveu Moisés as suas saídas, caminhada após caminhada, conforme o mandado do SENHOR... v.2

Podemos ler o capítulo da Bíblia em Números 33 sem refletir. Ele parece ser nada além de uma longa lista de lugares recordando a peregrinação de Israel desde Ramessés, no Egito, até a chegada às planícies de Moabe. Mas deve ser importante, porque é a única parte de Números que contém as palavras: "Escreveu Moisés as suas saídas [...] conforme o mandado do SENHOR..." (v.2).

Por que manter um registro disto? Será que esta lista traz uma estrutura sobre a qual os israelitas saindo do deserto poderiam retraçar, em seus pensamentos, aquela jornada de 40 anos e lembrar-se da fidelidade de Deus em cada local?

Eu imagino um pai israelita, sentado perto de uma fogueira, recordando-se com seu filho: "Nunca me esquecerei de Refidim! Eu estava morrendo de sede, com nada além de areia e sálvia estendendo-se por centenas de quilômetros. Então, Deus orientou Moisés a pegar seu bordão e bater numa rocha — uma dura laje de pederneira. Pensei: Que gesto fútil; ele nunca tirará alguma coisa daquela pedra. Mas, para minha surpresa, água jorrou daquela rocha! Um generoso fluir que satisfez a sede dos milhares de israelitas. Nunca me esquecerei daquele dia!" (SALMO 114:8; NÚMEROS 20:8-13; 33:14).

Então, por que não tentar? Reflita sobre a sua vida — etapa por etapa — e lembre-se de todos os modos como Deus lhe mostrou Seu amor fiel, aliança de amor.

DHR

Conte as suas bênçãos. Liste-as uma a uma e reflita sobre o poder de Deus.

A fidelidade de Deus se estende a todas as gerações.

Aprendendo a contar

Meu filho está aprendendo a contar de um a dez. Ele conta tudo, desde brinquedos até árvores. Ele conta coisas que eu tendo a negligenciar, como as flores silvestres a caminho da escola ou os dedos dos meus pés.

Meu filho está também me ensinando a contar novamente. Frequentemente, fico tão imersa em coisas que não terminei ou que não tenho, que deixo de ver todas as coisas boas à minha volta. Esqueci-me de contar as novas amizades feitas este ano e as orações respondidas, as lágrimas de alegria derramadas e os tempos de risadas com bons amigos.

LEITURA:
Salmo 139:14-18

Que preciosos para mim, ó Deus, são os teus pensamentos!... v.17

Meus dez dedos não são suficientes para contar tudo que Deus me dá dia após dia. "São muitas, SENHOR, Deus meu, as maravilhas que tens operado e também os teus desígnios para conosco; ninguém há que se possa igualar contigo. Eu quisera anunciá-los e deles falar, mas são mais do que se pode contar" (SALMO 40:5). Como podemos sequer começar a contar todas as bênçãos de salvação, reconciliação e vida eterna?

Unamo-nos a Davi em seu louvor a Deus por todos os Seus preciosos pensamentos sobre nós e tudo que Ele fez por nós, quando o salmista diz: "Que preciosos para mim, ó Deus, são os teus pensamentos! E como é grande a soma deles! Se os contasse, excedem os grãos de areia..." (139:17,18).

Aprendamos a contar novamente!

KO

Senhor, Tuas obras são tantas e tão boas que não consigo contá-las todas. E eu te agradeço por todas.

Agradeçamos a Deus por Suas incontáveis bênçãos.

O paciente que orava

O obituário de um homem de minha cidade, o descreveu como "acima de tudo, uma dedicada testemunha de Cristo". Após a narração sobre a sua vida familiar e carreira, o artigo mencionava quase uma década de sua saúde em declínio. Ele concluía dizendo: "Suas internações hospitalares ... lhe garantiram o honroso título de 'O paciente que orava'", devido ao seu ministério a outros pacientes. Ali estava um homem que, em seus tempos de angústia, orava por e com as pessoas necessitadas ao seu redor.

LEITURA:
João 17:6-19

Pai santo, guarda-os em teu nome, que me deste, para que eles sejam um, assim como nós. v.11

Horas antes de Judas traí-lo, Jesus orou por Seus discípulos. "Já não estou no mundo, mas eles continuam no mundo, ao passo que eu vou para junto de ti. Pai santo, guarda-os em teu nome, que me deste, para que eles sejam um, assim como nós" (v.11). Sabendo o que estava prestes a acontecer, Jesus olhou para além de si mesmo para focar-se nos Seus seguidores e amigos.

Durante nossos tempos de enfermidade e angústia, ansiamos pelas orações dos outros e necessitamos delas. Como essas orações nos ajudam e encorajam! Que também nós, como o nosso Senhor, elevemos os nossos olhos para orar por aqueles à nossa volta que estão grandemente necessitados. *DCM*

Senhor, mesmo em nossos tempos difíceis, que possamos honrar-te e encorajar os outros orando pelos que estão sofrendo hoje.

Nossos problemas podem encher as nossas orações de amor e empatia pelos outros.

Ouvindo a Deus

Eu me sentia como se estivesse submersa; os sons eram abafados e emudecidos por um resfriado e alergias. Durante semanas, lutei para ouvir com clareza. Meu estado de saúde me fez perceber o quanto confio em minha audição.

LEITURA:
1 Samuel 3:1-10

...[Samuel] respondeu: Fala, porque o teu servo ouve. v.10

O jovem Samuel, no templo, deve ter ficado a imaginar sobre o que estava ouvindo ao esforçar-se para acordar aos chamados de seu nome (1 SAMUEL 3:4). Três vezes ele se apresentou diante de Eli, o sumo sacerdote. Somente na terceira vez Eli percebeu que era o Senhor falando a Samuel. A palavra do Senhor era rara naquele tempo (v.1) e o povo não estava em sintonia com a Sua voz. Mas Eli instruiu Samuel sobre como responder (v.9).

O Senhor fala muito mais agora do que nos dias de Samuel. A carta aos Hebreus nos diz: "Havendo Deus, outrora, falado [...] aos pais, pelos profetas, nestes últimos dias, nos falou pelo Filho..." (1:1,2). E, em Atos 2, lemos sobre a vinda do Espírito Santo no Pentecostes (vv.1-4), para nos orientar sobre o que Cristo nos ensinou (JOÃO 16:13). Mas precisamos aprender a ouvir a Sua voz e a responder em obediência. Assim como eu com meu resfriado, podemos ouvir como se estivéssemos submersos. Precisamos testar o que pensamos ser a orientação do Senhor com a Bíblia e com outros cristãos maduros. Como filhos amados de Deus, nós ouvimos a Sua voz. Ele ama pronunciar vida sobre nós.

ABP

Abre os nossos olhos, Senhor, para que possamos ver-te.
Abre os nossos ouvidos para ouvir-te.
Abre a nossa boca, para que possamos louvar-te.

O Senhor fala aos Seus filhos,
mas nós precisamos discernir a Sua voz.

Nunca se acaba

Quando perguntei a uma amiga que estava perto de aposentar-se o que ela mais temia quanto à sua próxima etapa de vida, ela disse: "Quero ter a certeza de não ficar sem dinheiro." No dia seguinte, ao conversar com meu conselheiro financeiro, ele me aconselhou sobre como eu poderia evitar ficar sem dinheiro. De fato, todos nós queremos ter a segurança de saber que teremos os recursos de que necessitaremos durante o restante de nossa vida.

LEITURA:
1 Pedro 1:3-9

...[Deus] nos regenerou [...] para uma herança incorruptível... vv.3,4

Nenhum plano financeiro é capaz de proporcionar uma garantia absoluta de segurança terrena. Mas há um plano que se estende muito além desta vida e adentra indefinidamente no futuro. O apóstolo Pedro o descreve assim: "...o Deus e Pai de nosso Senhor Jesus Cristo, [...] segundo a sua muita misericórdia, nos regenerou para uma viva esperança, mediante a ressurreição de Jesus Cristo dentre os mortos, para uma herança incorruptível, sem mácula, imarcescível..." (1 PEDRO 1:3,4).

Quando depositamos nossa fé em Jesus para perdoar os nossos pecados, recebemos uma herança eterna por meio do poder de Deus. Por causa dessa herança, viveremos eternamente e nunca nos faltará o que necessitamos.

Planejar-se para a aposentadoria é uma boa ideia, se pudermos fazê-lo. No entanto, mais importante do que isso é ter a herança eterna que jamais se esgota — e essa só está disponível mediante a fé em Jesus Cristo.

JDB

Pai, obrigado pela salvação
e por reservar-me um lugar no reino eterno.

A promessa do céu é a nossa esperança eterna.

Corra para mim

Durante uma caminhada num parque local, meus filhos e eu encontramos um casal de cães soltos. Seu dono não parecia perceber que um deles havia começado a intimidar meu filho que tentou enxotar o cão, mas o animal só ficou mais disposto a incomodá-lo.

LEITURA:
Provérbios 18:4-12

Torre forte é o nome do SENHOR, à qual o justo se acolhe e está seguro. v.10

Meu filho acabou entrando em pânico. Ele correu vários metros, mas o cão o perseguiu. A "caçada" continuou até eu gritar: "Corra para mim!" Ele fez isso e se acalmou, e o cão finalmente decidiu comportar-se mal em outro lugar.

Em nossa vida há momentos em que Deus nos chama e diz: "Corra para mim!" Algo importuno está ao nosso encalço. Quanto mais rápido e longe vamos, mais de perto somos perseguidos. Não conseguimos nos livrar. Estamos demasiadamente receosos para nos voltarmos e confrontar o problema sozinhos. Porém, na verdade, não estamos sozinhos. Deus está presente, pronto para nos ajudar e confortar. Tudo o que temos de fazer é nos afastarmos do que nos apavora e irmos em Sua direção. Sua Palavra diz: "Torre forte é o nome do SENHOR, à qual o justo se acolhe e está seguro" (PROVÉRBIOS 18:10).

JBS

Amado Jesus, tu és o Príncipe da Paz.
Eu necessito do tipo de paz que somente tu podes dar.
Ajuda-me a voltar-me a ti quando estou em apuros.

Deus é o nosso refúgio em tempos de tribulação.

Jesus chorou

Enquanto eu lia, minha amiga se inclinou para ver o que era. Ela recuou e me olhou horrorizada. "Que título sombrio!", disse.

Eu lia "O caixão de vidro", dos *Contos de Grimm*, e a palavra *caixão* a perturbou. A maioria de nós não gosta de ser lembrada da nossa mortalidade, mas a realidade é que, de cada mil pessoas, mil morrem.

A morte sempre provoca emoções profundas. Foi no funeral de um de seus amigos queridos que Jesus demonstrou emoções fortes. Ao ver Maria, cujo irmão havia morrido recentemente, "...agitou-se no espírito e comoveu-se" (JOÃO 11:33). Outra tradução diz: "...ficou comovido e aflito..." (NTLH).

LEITURA:
João 11:1-4,38-44

Graças a Deus, que nos dá a vitória por intermédio de nosso Senhor Jesus Cristo.
1 Coríntios 15:57

Jesus ficou agitado — até mesmo aflito — mas, por quê? Possivelmente, Ele estava indignado com o pecado e suas consequências. Deus não fez um mundo cheio de doença, sofrimento e morte. Mas o pecado entrou no mundo e desfigurou o belo plano de Deus.

O Senhor vem a nós em nossa dor e chora conosco na nossa tristeza (V.35). Mas, mais ainda, Cristo derrotou o pecado e a morte ao morrer em nosso lugar e ressuscitar dos mortos (1 CORÍNTIOS 15:56,57).

Jesus promete: "...Quem crê em mim, ainda que morra, viverá" (JOÃO 11:25). Como cristãos, podemos ter comunhão com o nosso Salvador agora e ansiar pela eternidade com Ele, onde não haverá mais lágrimas, dor, doença ou morte.

PFC

O túmulo vazio de Cristo garante a nossa vitória sobre a morte.

Conduzindo com amor

Em seu livro *Liderança espiritual* (Publicações Pão Diário, 2017), J. Oswald Sanders explora as qualidades e a importância de *tato* e *diplomacia*. Diz ele: "A combinação dessas duas palavras traz à tona a ideia de ser hábil na reconciliação de pontos de vista opostos sem causar ofensa e sem abrir mão dos princípios."

LEITURA:
Filemom 8-18

Prefiro, todavia, solicitar em nome do amor... v.9

Durante sua prisão em Roma, Paulo se tornou mentor espiritual e amigo íntimo de um escravo fugido chamado Onésimo, cujo dono era Filemom. Quando escreveu a este, um líder da igreja em Colossos, pedindo-lhe para receber Onésimo como irmão em Cristo, Paulo deu um exemplo de tato e diplomacia; "...ainda que eu sinta plena liberdade em Cristo para te ordenar o que convém, prefiro, todavia, solicitar em nome do amor [...] que o recebas [...] como irmão caríssimo, especialmente de mim e, com maior razão, de ti, quer na carne, quer no Senhor" (FILEMOM 8,9,15,16).

Paulo, um respeitado líder da igreja primitiva, frequentemente dava ordens claras aos seguidores de Jesus. Neste caso, porém, ele apelou a Filemom com base em igualdade, amizade e amor. "Nada, porém, quis fazer sem o teu consentimento, para que a tua bondade não venha a ser como que por obrigação, mas de livre vontade" (v.14).

Em todos os nossos relacionamentos, busquemos preservar a harmonia e o princípio no espírito do amor. *DCM*

Pai celestial, dá-nos graça e sabedoria para sermos líderes, pais e amigos sábios.

Líderes que são servos servirão como bons líderes.

Conquistador forte

A maioria de nós espera por um bom governo. Votamos, servimos e nos posicionamos por causas que acreditamos ser razoáveis e justas. Mas as soluções políticas permanecem impotentes para mudar a condição de nosso coração.

LEITURA:
João 18:10-14,36,37

...O meu reino não é deste mundo... v.36

Muitos seguidores de Jesus esperavam por um Messias que traria uma firme reação política a Roma e a sua forte opressão. Pedro não era exceção. Quando os soldados romanos chegaram para prender Cristo, Pedro sacou da espada e decepou a orelha do servo do sumo sacerdote.

Jesus interrompeu a guerra de Pedro com um só homem, dizendo: "...Mete a espada na bainha; não beberei, porventura, o cálice que o Pai me deu?" (JOÃO 18:11). Horas depois, diria a Pilatos: "O meu reino não é deste mundo. Se o meu reino fosse deste mundo, os meus ministros se empenhariam por mim, para que não fosse eu entregue aos judeus..." (v.36).

A contenção do Senhor naquele momento em que Sua vida estava por um fio, nos assombra quando ponderamos sobre o âmbito da Sua missão. Em um dia futuro, Ele liderará os exércitos celestiais em batalha. João escreveu: "[Ele] julga e peleja com justiça" (APOCALIPSE 19:11).

Porém, ao sofrer a Sua prisão, julgamento e crucificação, Jesus manteve o foco na vontade de Seu Pai. Acolhendo a morte na cruz, Ele iniciou uma cadeia de eventos que verdadeiramente transforma vidas. E, no processo, nosso forte Conquistador derrotou a própria morte.

TG

Pai, mostra-me a Tua vontade para a minha vida. Amém

A fraqueza não é uma restrição verdadeira, porque provém da força genuína.

Amor em ação

"**Você quer** que eu lave alguma roupa sua?", perguntei a um de nossos visitantes. Seu rosto se iluminou e, quando sua filha passou por nós, ele lhe disse: "Pegue as suas roupas sujas — Amy vai lavá-las!" Eu sorri, percebendo que minha oferta havia se estendido de algumas peças para alguns fardos.

LEITURA:
Filipenses 1:27–2:4

Nada façais por partidarismo ou vanglória, mas por humildade, considerando cada um os outros... 2:3

Mais tarde, ao estender as roupas no varal externo, passou por minha mente uma frase de minha leitura matinal da Bíblia: "...por humildade, considerando cada um os outros superiores a si mesmo" (FILIPENSES 2:3). Eu havia lido a carta de Paulo às pessoas de Filipos, na qual as exorta a viverem de modo digno do chamado de Cristo servindo e sendo unidos aos outros. Eles sofriam perseguição, mas Paulo queria neles a unidade de pensamento. Ele sabia que a unidade deles, nascida por meio de sua união com Cristo e demonstrada pelo serviço mútuo, os capacitaria a se firmarem em sua fé.

Podemos alegar que amamos aos outros sem ambição egoísta ou vaidade, mas o verdadeiro estado de nosso coração não é revelado até colocarmos o nosso amor em prática. Embora eu tenha tido vontade de murmurar, eu sabia que, como seguidora de Cristo, meu chamado era para colocar em prática o meu amor pelos meus amigos — com um coração limpo.

Que possamos encontrar maneiras de servir nossa família, amigos e próximos para glória de Deus.

ABP

Reflita sobre o exemplo de Jesus em Lucas 22:22-17.

A dádiva da unidade pode ser a consequência de servirmos uns aos outros.

Um lugar seguro

Um jovem japonês tinha um problema — medo de sair de casa. Para evitar as outras pessoas, ele dormia o dia todo e passava a noite toda assistindo TV. Ele era um *hikikomori* — um ermitão moderno. O problema começou quando ele deixou de ir à escola devido às más notas. Quanto mais ele permanecia afastado da sociedade, mais se sentia um desajustado social. Finalmente, rompeu todas as comunicações com seus amigos e parentes. Porém, foi ajudado em sua jornada à recuperação visitando, em Tóquio, um clube de jovens conhecido como *ibasho* —um lugar seguro onde as pessoas abatidas podiam começar a reinserir na sociedade.

LEITURA:
1 Co 6:9-11; 13:4-7

...mas vós vos lavastes, mas fostes santificados, mas fostes justificados em o nome do Senhor Jesus Cristo...
1 Coríntios 6:11

E se pensássemos na igreja como um *ibasho* — e muito mais? Sem dúvida, somos uma comunidade de pessoas fragilizadas. Quando escreveu à igreja de Corinto, o apóstolo Paulo descreveu o estilo de vida anterior deles como antissocial, nocivo e perigoso para eles mesmos e para os outros (1 CORÍNTIOS 6:9,10). Mas, em Jesus, eles estavam sendo transformados e curados. E Paulo encorajou estas pessoas resgatadas a se amarem mutuamente, a serem pacientes e bondosas, e não serem ciumentas, orgulhosas ou rudes (13:4-7).

A igreja deve ser um *ibasho* onde todos nós, independentemente de nossas lutas ou fragilidades, possamos conhecer e experimentar o amor de Deus. Que o mundo sofrido possa experimentar a compaixão de Cristo por intermédio de todos os Seus seguidores.

PFC

Somente Deus pode transformar uma alma manchada pelo pecado em uma obra de arte de Sua graça.

Uma colina difícil

No alto de uma dobra do Pico Jughandle, nas montanhas ao norte de nossa casa em Idaho, EUA, há um lago glacial. A trilha que leva ao lago revela um cume íngreme exposto, com pedregulhos e pedras soltas pelo caminho. É uma subida que requer esforço.

LEITURA:
Salmo 110

De caminho, bebe na torrente e passa de cabeça erguida. v.7

No início da escalada, porém, há um riacho — uma fonte que escorre de uma terra mole e musgosa e flui por um prado exuberante. Aquele é um lugar tranquilo para reidratar e se preparar para a difícil subida à frente.

Na clássica alegoria à vida cristã *O Peregrino* (Publicações Pão Diário, 2014) de John Bunyan, Cristão chega ao sopé de uma subida íngreme chamada Colina Dificuldade, "no fundo da qual havia uma fonte [...] então, Cristão foi até a fonte e bebeu para refrescar-se, depois começou a subir a colina".

Talvez a montanha difícil que você enfrenta seja um filho rebelde ou um diagnóstico médico desagradável. O desafio parece maior do que você consegue suportar.

Antes de enfrentar a sua próxima grande tarefa, visite a fonte de refrigério que é o próprio Deus. Vá a Ele com todas as suas fraquezas, fadigas, desamparo, medos e dúvidas. Então, encha-se profundamente do Seu poder, força e sabedoria. Deus conhece todas as suas circunstâncias e o suprirá com conforto, fortalecimento espiritual e consolação. Ele erguerá a sua cabeça e lhe dará força para seguir adiante.

DHR

Pai, peço a Tua força e fé para prosseguir.

Aquele que prevalece sobre todas as coisas nos capacita a continuar no Seu caminho.

Não tínhamos ideia

Os voluntários de uma igreja local passaram uma noite fria distribuindo alimentos para os moradores de um conjunto habitacional de baixa renda. Uma senhora que recebeu os alimentos ficou radiante. E lhes mostrou a sua despensa vazia, dizendo-lhes que eles tinham sido uma resposta às suas orações.

LEITURA:
Gálatas 6:2-10

Levai as cargas uns dos outros... v.2

Quando os voluntários voltaram à igreja, uma voluntária começou a chorar e nos relatou. "Quando eu era menininha, aquela senhora era a minha professora da Escola Dominical. Ela vai à igreja todos os domingos. Não tínhamos ideia de que ela estava quase passando fome!".

Como Paulo sugere em Gálatas 6:2, estas pessoas preocupadas estavam procurando maneiras de levar as cargas de outras. Porém, de algum modo, não haviam percebido a necessidade desta senhora — que elas viam todos os domingos, mas que não havia lhes falado sobre a sua carência. Este pode ser, para nós, um lembrete sutil para estarmos mais atentos aos que nos rodeiam e, como disse Paulo, "...[fazer] o bem a todos, mas principalmente aos da família da fé" (6:10).

As pessoas que adoram juntas têm o privilégio de auxiliarem umas às outras para que nenhum membro do Corpo de Cristo fique sem ajuda. Quando nos conhecermos e cuidarmos mutuamente, talvez jamais precisaremos dizer: "Não tínhamos ideia".

JDB

Senhor, ajuda-me a perceber as necessidades à minha volta e a fazer o que eu puder para supri-las em Teu nome.

Nada custa tanto quanto cuidar-se — exceto não se cuidar.

Sinais e sentimentos

Conheço um jovem que costuma pedir sinais a Deus. Isso não é necessariamente condenável, mas suas orações tendem a buscar confirmação das suas *sensações*. Ele ora: "Deus, se queres que eu faça X, então por favor faça Y e eu saberei que é Tua vontade."

LEITURA:
Mateus 16:1-4

Lâmpada para os meus pés é a tua palavra e, luz para os meus caminhos.
Salmo 119:105

Devido ao modo como ora e como pensa que Deus está respondendo, ele sente que deve voltar à sua ex-namorada. Não surpreende que ela possa sentir fortemente que Deus não quer isso.

Os líderes religiosos do tempo de Jesus exigiram dele um sinal para validar as Suas alegações (MATEUS 16:1). Eles não estavam buscando a direção de Deus, e sim desafiando a Sua autoridade divina. Jesus respondeu: "Uma geração má e adúltera pede um sinal..." (V.4). Sua reação não foi uma declaração genérica para impedir as pessoas de buscarem a direção de Deus: Ele as estava acusando de ignorar as claras profecias das Escrituras que indicavam que Ele era o Messias.

Deus quer que busquemos a Sua direção em oração (TIAGO 1:5). Ele também nos dá a direção do Espírito (JOÃO 14:26) e a Sua Palavra (SALMO 119:105). O Senhor nos dá mentores e líderes sábios. E deu-nos também o exemplo do próprio Jesus.

É sábio pedir a Deus por uma direção clara, mas nem sempre ela virá da maneira como esperamos ou desejamos. Talvez o objetivo maior da oração seja aprendermos mais sobre a natureza de Deus e desenvolvermos um relacionamento com o nosso Pai.

TG

A melhor maneira de conhecer a vontade de Deus é dizer "sim" a Ele.

Um novo propósito

O **alfaiate Jacob Davis** tinha um problema. A Corrida do Ouro do século 19 no Oeste dos EUA estava no auge, e as calças de trabalho desses mineradores se desgastavam continuamente. Davis encontrou uma solução: foi a um empório local, cujo proprietário era Levi Strauss, comprou lona de fazer tendas e confeccionou calças de trabalho com aquele material grosso e resistente — e assim nasceram as calças jeans. Hoje, as calças jeans, numa variedade de formas, estão dentre as vestimentas mais populares do mundo, só porque um material utilizado para fazer tendas recebeu uma nova utilidade.

LEITURA:
Marcos 1:16-22

Disse-lhes Jesus: Vinde após mim, e eu vos farei pescadores de homens. v.17

Simão e seus amigos eram pescadores no mar da Galileia, quando Jesus aproximou-se deles e os chamou para segui-lo. Ele lhes deu um novo propósito. Eles não mais pescariam peixes. Como lhes disse Jesus: "...Vinde após mim, e eu vos farei pescadores de homens" (MARCOS 1:17).

Com esse novo objetivo estabelecido para as suas vidas, eles foram ensinados e treinados por Jesus para que, após a Sua ascensão, eles pudessem ser usados por Deus para capturar o coração das pessoas com a mensagem da cruz e da ressurreição de Cristo. Hoje, seguimos os passos deles ao compartilharmos a boa-nova do amor e da salvação de Cristo.

Que a nossa vida declare e exiba este amor que pode transformar a vida, o propósito e o destino eterno de outras pessoas.

WEC

Ajuda-me, Senhor, a representar-te bem, para que outros possam se aproximar do Teu amor e salvação. Amém

Com a nossa nova vida em Cristo nos foi dado um novo propósito.

Enxergando bem

Certa vez, numa sala de espera uma menina de 4 anos sentou-se ao lado de um senhor muito alto e musculoso. O tamanho dele, ao seu lado, a assustou, mas ele procurou ser agradável, amável e conversar com a garota sobre as figuras de um livro que ela folheava.

LEITURA:
João 15:12-17

Vós sois meus amigos, se fazeis o que eu vos mando. v.14

Passados alguns minutos, os dois conversavam alegremente e, a curiosidade da garota encorajou os que estavam ao redor a se envolverem na conversa. E todos perceberam que aquele homem era uma criatura muito amável, apesar de tão grande e musculoso.

Ser amável com os que o cercam me lembra do que lemos sobre Jesus no Novo Testamento. Ele era acessível — acolhia as crianças (MATEUS 19:13-15). Foi bondoso com a mulher flagrada em adultério (JOÃO 8:1-11). A compaixão o motivou a ensinar às multidões (MARCOS 6:34). Ao mesmo tempo, o Seu poder era espantoso. As cabeças meneavam e os queixos caíam quando Jesus subjugava demônios, acalmava tempestades e ressuscitava mortos! (MARCOS 1:21-34; 4:35-41; JOÃO 11).

O modo como vemos Jesus determina a natureza do nosso relacionamento com Ele. Se focamos somente em Seu poder, podemos tratá-lo como se fosse apenas um super-herói de quadrinhos. Se enfatizamos demais apenas a Sua bondade, corremos o risco de tratá-lo com excessivo descuido. Na verdade, Jesus é suficientemente poderoso para merecer a nossa obediência, e suficientemente humilde para nos chamar de amigos. *JBS*

Senhor jesus, eu te adoro como o Filho de Deus,
cheio de graça e glória. Amém

O que pensamos acerca de Jesus mostra como nos relacionamos com Ele.

Pão!

Moro numa pequena cidade do México, onde todas as manhãs e tardes posso ouvir um grito característico: "Pão!" Um homem com um imenso cesto em sua bicicleta passa vendendo uma enorme variedade de pães fresquinhos, doces e salgados. Antes, eu morava numa cidade maior, onde tinha de ir à panificadora para comprar pão. Por isso, me agrado de ter pão fresco trazido à minha porta.

LEITURA:
João 6:34-51

Eu sou o pão da vida. v.48

Mudando do pensamento de alimentar a fome física para o campo da fome espiritual, penso nas palavras de Jesus: "Eu sou o pão vivo que desceu do céu; se alguém dele comer, viverá eternamente..." (JOÃO 6:51).

Alguém disse que evangelismo é, na verdade, um mendigo dizendo a outro mendigo onde ele encontrou pão. Muitos de nós podemos dizer: "Eu tinha fome espiritual, estava espiritualmente morrendo de fome devido aos meus pecados. Então, ouvi a boa-nova. Alguém me disse onde encontrar pão: em Jesus. E minha vida se transformou!".

Hoje temos o privilégio e a responsabilidade de direcionar outros para esse Pão da Vida. Podemos compartilhar sobre Jesus em nosso bairro, em nosso local de trabalho, em nossa escola, em nossos lugares de recreação. Podemos falar sobre Jesus na sala de espera, no ônibus ou no trem. Podemos levar a boa-nova a outros através de portas de amizade.

Jesus é o Pão da Vida. Contemos a todos a grande notícia. *KO*

Senhor Jesus, eu quero testemunhar sobre ti por onde eu for.

Compartilhe o Pão da Vida onde quer que você estiver.

Preste muita atenção

Sentado no auditório, eu mantinha os meus olhos fixos no pastor. Minha postura sugeria que eu estava absorvendo tudo o que ele estava dizendo. De repente, ouvi todos rindo e aplaudindo. Surpreso, olhei à minha volta. Aparentemente, o pregador tinha dito algo engraçado, mas eu não imaginava o que poderia ter sido. Todas as aparências indicavam que eu estivera escutando com atenção, mas, na realidade, minha mente estava muito distante.

LEITURA:
Ne 8:2-6; Atos 8:4-8

...todo o povo tinha os ouvidos atentos ao Livro da Lei.
Neemias 8:3

É possível ouvir o que está sendo dito, mas não escutar; observar, mas não ver; estar presente, contudo ausente. Em tal condição, podemos perder mensagens importantes dirigidas a nós.

Quando Esdras leu as instruções de Deus para o povo de Judá, "...todo o povo tinha os ouvidos atentos ao Livro da Lei" (NEEMIAS 8:3). Sua atenção à explicação produziu entendimento (V.8), o que resultou em seu arrependimento e restauração. Em outra situação, em Samaria, Filipe pregou aos samaritanos após o início da perseguição dos cristãos em Jerusalém (ATOS 8:1). As multidões não só observavam os sinais milagrosos que ele fazia, mas também "...atendiam, unânimes, às coisas que Filipe dizia..." (V.6). "E houve grande alegria naquela cidade" (V.8).

A mente pode ser como um aventureiro errante que perde muito do entusiasmo ao seu lado. Nada merece mais atenção do que as palavras que nos ajudam a descobrir a alegria e as maravilhas de nosso Pai celestial.

LD

Senhor, ajuda-nos a estarmos atentos àqueles que nos instruem em Tua Palavra.

A recepção da Palavra consiste em atenção da mente e intenção da vontade. WILLIAM AMES

Todos juntos agora

LEITURA:
Romanos 15:1-7

...concordemente e a uma voz glorifiqueis ao Deus e Pai de nosso Senhor Jesus Cristo. v.6

Enquanto Nicholas Taylor embarcava num trem em Perth, na Austrália, sua perna ficou presa no vão entre a plataforma e o vagão. Não conseguindo soltá-lo, os agentes de segurança coordenaram os esforços de quase 50 passageiros que se alinharam e, contando até três, empurraram o lado do trem. Operando em uníssono, eles deslocaram o peso o suficiente para liberar a perna de Taylor.

Em muitas de suas cartas às igrejas do primeiro século, o apóstolo Paulo reconheceu o poder da cooperação mútua. Ele instou os cristãos de Roma a aceitarem uns aos outros da maneira como Cristo os aceitara e disse: "...o Deus da paciência e da consolação vos conceda o mesmo sentir de uns para com os outros, segundo Cristo Jesus, para que concordemente e a uma voz glorifiqueis ao Deus e Pai de nosso Senhor Jesus Cristo" (ROMANOS 15:5,6).

A unidade com outros cristãos nos capacita a difundir a grandeza de Deus e também nos ajuda a suportar a perseguição. Sabendo que os filipenses pagariam um preço por sua fé, Paulo os encorajou a se esforçarem "...em um só espírito, como uma só alma, lutando juntos pela fé evangélica; e que em nada estais intimidados pelos adversários..." (FILIPENSES 1:27,28).

Satanás ama dividir e conquistar, mas seus esforços desmoronam quando, com a ajuda de Deus, "[nos esforçamos] diligentemente por preservar a unidade do Espírito no vínculo da paz" (EFÉSIOS 4:3).

JBS

Pai, permita que os cristãos em toda parte experimentem a bênção da unidade em ti.

Nossa unidade é a consequência do nosso relacionamento com Cristo.

Sou importante?

Em pé na fila do caixa do supermercado local, olho ao redor. Vejo adolescentes com cabeças raspadas e argolas no nariz examinando os salgadinhos; um jovem profissional comprando um filé, alguns aspargos e uma batata doce; uma idosa examinando a qualidade dos pêssegos e morangos. E me pergunto: *Deus conhece todas essas pessoas pelo nome? Elas realmente importam para Ele?*

LEITURA:
Eclesiastes 1:1-11

[Jesus Cristo] a si mesmo se esvaziou, assumindo a forma de servo... Filipenses 2:7

Quem fez todas as coisas é o mesmo Criador de todos os seres humanos; e cada um de nós é considerado digno da Sua atenção e amor individual. Deus demonstrou pessoalmente esse amor nas colinas retorcidas de Israel e, finalmente, na cruz.

Ao visitar a Terra na forma de servo, Jesus mostrou que a mão de Deus não é demasiadamente grande para a menor pessoa do mundo. Sua mão tem os nossos nomes individuais gravados e também as cicatrizes dos Seus ferimentos, o custo por Deus nos amar tanto.

Quando me vejo cheio de autocomiseração, sobrecarregado pela solidão tão bem articulada em livros como Jó e Eclesiastes, volto-me aos relatos dos evangelhos sobre as histórias e feitos de Jesus. Se concluo que minha existência "...debaixo do sol" (ECLESIASTES 1:3) não faz diferença para Deus, contradigo uma das principais razões para Deus ter vindo à Terra. Jesus é, de fato, a resposta à pergunta: *Sou importante?*.

PDY

Pai, sobrecarregados pela dor da solidão, podemos buscar somente a ti, pois Jesus nos mostrou o quanto importamos e somos-te gratos!

O bom Pastor dá a vida pelas ovelhas. JESUS

O décimo-segundo homem

No estádio de futebol de uma universidade americana há uma placa que diz: "LAR DO 12.º HOMEM". Embora cada time possa ter 11 jogadores em campo, o 12.º homem representa a presença de milhares de alunos que ficam de pé durante o jogo todo, para incentivar o seu time. Essa tradição remonta a 1922, quando o técnico, de então, chamou um aluno da arquibancada para vestir-se e estar pronto para substituir um jogador machucado. Embora ele nunca tenha entrado no jogo, sua presença na lateral do campo incentivou fortemente o time.

LEITURA:
Hebreus 11:32–12:3

...corramos, com perseverança, a carreira que nos está proposta. 12:1

Hebreus 11 descreve os heróis da fé que enfrentaram enormes provações e permaneceram leais a Deus. No capítulo 12:1 lemos: "Portanto, também nós, visto que temos a rodear-nos tão grande nuvem de testemunhas, desembaraçando-nos de todo peso e do pecado que tenazmente nos assedia, corramos, com perseverança, a carreira que nos está proposta."

Não estamos sós em nossa jornada de fé. Os grandes santos e pessoas comuns que foram fiéis ao Senhor nos encorajam com seu exemplo e também por estarem presentes no céu. E temos Jesus como nosso "torcedor" divino nos encorajando enquanto permanecemos em campo defendendo a Sua causa. Ao fixarmos nossos olhos em Jesus, "...o Autor e Consumador da fé..." (12:2), somos encorajados pelo exemplo de todos aqueles que o seguiram.

DCM

Senhor, dá-nos forças para correr a nossa carreira de fé hoje.

A vida dos cristãos fiéis do passado nos servem de inspiração para seguirmos a Cristo hoje.

Uma fachada

K**átia se** esforça para que as pessoas a admirem. Ela finge estar feliz a maior parte do tempo, para que os outros percebam e a elogiem por sua atitude alegre. Alguns a apoiam porque a veem ajudando pessoas da comunidade. Mas, num momento de transparência, ela admite: "Eu amo ao Senhor, mas, às vezes, sinto como se minha vida fosse uma fachada." Seu próprio senso de insegurança está por trás de boa parte de seu esforço em tentar parecer bem aos outros. Ela diz que está perdendo a energia para prosseguir dessa maneira.

LEITURA:
Mateus 6:1-6

...a tua esmola fique em secreto; e teu Pai, que vê em secreto, te recompensará. v.4

Provavelmente, todos nós nos identificamos com isso de algum modo, porque não é possível ter motivos perfeitos. Nós amamos ao Senhor e aos outros, mas, às vezes, nossos motivos para viver a vida cristã se entrelaçam com o nosso desejo de sermos valorizados ou elogiados.

Jesus falou sobre aqueles que ofertam, oram e jejuam para serem vistos (MATEUS 6:1-6). No Sermão do Monte, Ele ensinou: "...a tua esmola fique em secreto...", "...orarás a teu Pai, que está em secreto..." e "quando jejuardes, não vos mostreis contristados..." (vv.4,6,16).

Com frequência, servimos publicamente, mas talvez um pouco de anonimato possa nos ajudar a aprender a descansar na opinião que Deus tem de nós. Aquele que nos criou à Sua imagem nos valoriza tanto, que deu o Seu Filho e nos demonstra o Seu amor todos os dias.

AMC

Deus, ajuda-me a conservar
puras as minhas motivações em servir-te.

Nosso desejo de agradar a Deus deve ser o nosso maior motivo para obedecê-lo.

Amor sem limites

Durante a *Rebelião dos Boxers* na China, em 1900, os missionários encurralados numa casa decidiram que a sua única esperança de sobrevivência estava em correr pelo meio da multidão que clamava pela morte deles. Com a ajuda de armas que possuíam, eles escaparam da ameaça imediata. Entretanto, Edith Coombs, percebeu que dois de seus alunos chineses feridos não haviam escapado, correu de volta para o perigo. Ela resgatou um deles, mas tropeçou em sua volta para buscar o segundo aluno e foi morta.

LEITURA:
Lucas 22:39-46

Ninguém tem maior amor do que este: de dar alguém a própria vida em favor dos seus amigos. João 15:13

Enquanto isso, missionários em outro local haviam escapado e estavam escondidos no campo, acompanhados por seu amigo chinês Ho Tsuen Kwei. Porém, ele foi capturado enquanto procurava uma rota de fuga para seus amigos escondidos e foi martirizado por recusar-se a revelar onde eles estavam.

Na vida de Edith Coombs e Tsuen Kwei vemos o amor que ultrapassa o caráter cultural ou nacional. O sacrifício deles nos traz à mente a graça e amor maior do nosso Salvador.

Enquanto esperava por Sua prisão e subsequente execução, Jesus orou ardorosamente: "...Pai, se queres, passa de mim este cálice...". Porém, concluiu aquele pedido com esse resoluto exemplo de coragem, amor e sacrifício: "...contudo, não se faça a minha vontade, e sim a tua" (LUCAS 22:42). Sua morte e ressurreição possibilitaram nossa vida eterna.

RKK

Senhor, que o mundo veja o nosso amor uns pelos outros e deseje conhecer-te.

Somente a luz do amor de Cristo é capaz de eliminar as trevas do ódio.

Observador do céu

Perturbado por problemas no trabalho e em casa, Mateus decidiu ir caminhar. O ar da noite primaveril era convidativo. Enquanto o céu infinito passava de azul para negro, um nevoeiro que se espessava descia lentamente sobre o brejo. Estrelas começaram a brilhar, anunciando a lua cheia subindo no leste. Para Mateus, aquele momento foi profundamente espiritual. *Ele está aqui*, pensou ele. *Deus está aqui e é o dono disso.*

LEITURA:
Isaías 40:21-31

...Aquele que faz sair o seu exército de estrelas [...] as quais ele chama pelo nome... v.26

Algumas pessoas olham para o céu noturno e veem nada além da natureza. Outras veem um deus tão distante e frio quanto Júpiter. Mas o mesmo Deus que "...está assentado sobre a redondeza da terra..." também "...faz sair o seu exército de estrelas [...] as quais ele chama pelo nome..." (ISAÍAS 40:22,26). Ele conhece a Sua criação intimamente.

Foi esse Deus pessoal quem perguntou ao Seu povo: "Por que, pois, dizes, ó Jacó, e falas, ó Israel: O meu caminho está encoberto ao SENHOR, e o meu direito passa despercebido ao meu Deus?..." Entristecido por eles, Deus os lembrou da sabedoria de buscá-lo. "Não sabes, não ouviste que [Deus] faz forte ao cansado e multiplica as forças ao que não tem nenhum vigor" (vv.27–29).

Somos facilmente tentados a nos esquecer de Deus. Nossos problemas não desaparecerão com uma caminhada noturna, mas podemos encontrar o descanso e a segurança de que Deus está sempre agindo por Seus bons propósitos. "Estou aqui", diz Ele. "Sou seu Senhor."

TG

Senhor, ajuda-nos a confiar em ti
pelo que ainda não nos foi revelado.

Devemos dar a Deus o mesmo lugar em nosso coração, que Ele ocupa no Universo.

Fé sacrificial

É domingo à tarde e estou sentada no jardim de casa, perto da igreja da qual meu marido é o pastor. Ouço músicas de louvor e adoração flutuando pelo ar no idioma Farsi. Nossa igreja em Londres acolhe uma congregação iraniana vibrante, e sentimo-nos comovidos pela paixão que nutrem por Cristo, à medida que eles compartilham algumas de suas histórias de perseguição e contam sobre aqueles, como o irmão do pastor-sênior, que foram martirizados por sua fé. Estes cristãos fiéis estão seguindo os passos de Estêvão, o primeiro mártir cristão.

LEITURA:
Atos 6:8-15; 7:59,60

Bem-aventurados os perseguidos por causa da justiça, porque deles é o reino dos céus.
Mateus 5:10

Estêvão, um dos primeiros líderes eleitos da igreja primitiva, chamou atenção em Jerusalém ao realizar "...prodígios e grandes sinais..." (ATOS 6:8), sendo levado às autoridades judias para defender seus atos. Ele fez uma apaixonada defesa da fé antes de descrever a dureza de coração dos seus acusadores. Mas, em vez de arrepender-se, eles "...enfureciam-se no seu coração e rilhavam os dentes contra ele" (7:54). Eles o arrastaram para fora da cidade e o apedrejaram até a morte, enquanto ele orava para que fossem perdoados.

As histórias de Estêvão e dos mártires modernos nos lembram de que a mensagem de Cristo pode ser recebida com brutalidade. Se nunca enfrentamos perseguição por nossa fé, oremos pela igreja perseguida em todo o mundo. E que possamos, se e quando formos testados, encontrar graça para sermos fiéis Àquele que sofreu muito mais por nós.

ABP

Senhor, pedimos-te o fortalecimento para os que estão sofrendo. Concede-nos a Tua misericórdia.

Que possamos encontrar graça para andar nos passos do Mestre.

E você?

Emily escutava as tradições familiares de Ação de Graças de seus amigos. "Ao redor da sala, cada um de nós diz pelo que é grato a Deus", disse Geraldo.

Outro amigo mencionou a refeição e o momento da oração. Ele se lembrou de um momento com seu pai antes da morte deste: "Embora papai tivesse demência, sua oração de agradecimento ao Senhor era clara." Ronaldo disse: "Minha família tem um momento especial em que cantamos juntos. Minha avó não para de cantar!". A tristeza e o ciúme de Emily aumentaram ao pensar em sua própria família, e ela reclamou: "Nossas tradições são comer peru, assistir TV e nunca mencionar algo sobre Deus ou dar graças."

LEITURA:
Efésios 4:25-32

A morte e a vida estão no poder da língua... Provérbios 18:21

Imediatamente, ela sentiu-se mal por sua atitude. *Você é parte dessa família. O que você pode fazer para mudar isto?*, perguntou a si mesma. Ela decidiu que diria a cada um que ela era grata ao Senhor por aquela pessoa ser sua irmã, sobrinha, irmão ou sobrinha-neta. Ao chegar o dia, ela expressou sua gratidão por eles um a um, e todos se sentiram amados. Não foi fácil — aquela não era uma conversa usual em sua família —, mas ela se alegrou ao compartilhar sobre o seu amor por cada um deles.

"Não saia da vossa boca nenhuma palavra torpe, e sim unicamente a que for boa para edificação...", escreveu o apóstolo Paulo (EFÉSIOS 4:29). Nossas palavras de gratidão podem relembrar os outros de seu valor para nós e para Deus.

AMC

Senhor, mostra-me como posso encorajar outros.

O espírito humano se enche de esperança ao som de uma palavra encorajadora.

Jogo da gratidão

Todos os outonos, fazemos uma deliciosa festa de Ação de Graças no campus da universidade. Nossos alunos amam isso! Ano passado, um grupo de alunos fez um jogo em sua mesa. Eles se desafiaram mutuamente a dizer algo pelo que eram gratos — em três segundos ou menos —, sem repetir algo que alguém já houvesse dito. Quem hesitava, saía do jogo.

LEITURA:
Colossenses 3:12–17

E tudo o que fizerdes, [...] fazei-o em nome do Senhor Jesus, dando por ele graças a Deus Pai. v.17

Há todos os tipos de coisas de que os alunos podem reclamar — testes, prazos, regras e uma infinidade de outras queixas estudantis. Porém, esses alunos haviam escolhido ser gratos. Acredito que todos eles se sentiram muito melhor após o jogo do que teriam se sentido se tivessem escolhido se queixar.

Embora sempre existirá coisas de que se queixar, se procurarmos cuidadosamente, sempre haverá bênçãos pelas quais agradecer. Quando Paulo descreve a nossa nova vida em Cristo, a gratidão é a única característica mencionada mais de uma vez. De fato, ela é mencionada três vezes. "...sejam agradecidos" (COLOSSENSES 3:15). Cantem a Deus "...com gratidão, em vosso coração" (v.16). E tudo que fizerem, certifiquem-se de estar "...dando [...] graças a Deus Pai" (v.17). A instrução de Paulo a sermos gratos é surpreendente quando consideramos que ele escreveu essa carta estando encarcerado!

Hoje, façamos a escolha de ter a atitude de gratidão. *JMS*

Senhor, ensina-me a libertadora alegria de ser grato e a expressar minha gratidão.

Escolha a atitude de gratidão.

Fama e humildade

Muitos de nós somos obcecados pela fama — seja querendo ser famosos ou seguindo cada detalhe da vida de celebridades, fazendo turismo internacional por causa de livros ou filmes. Ser entrevistado num *talk show*. Ter milhões de seguidores no *Twitter*.

LEITURA:
Filipenses 2:1-11

A si mesmo se humilhou, tornando-se obediente até à morte e morte de cruz. v.8

Em recente estudo realizado nos EUA, os pesquisadores classificaram os nomes de pessoas famosas usando um algoritmo especialmente desenvolvido que vasculhou a internet. Jesus encabeçou a lista como a pessoa mais famosa da história.

Porém, Jesus nunca se preocupou com obter o status de celebridade. Quando Ele esteve entre nós, Ele nunca buscou a fama (MATEUS 9:30; JOÃO 6:15) — embora obtivesse fama à medida que as notícias a Seu respeito corriam rapidamente por toda a região da Galileia (MARCOS 1:28; LUCAS 4:37).

Em todo lugar que Jesus fosse, logo se formavam multidões. Os milagres que o Senhor fazia atraíam as pessoas a Ele. Mas, quando tentaram fazê-lo rei à força, Ele se retirou sozinho (JOÃO 6:15). Unido a Seu Pai em propósito, Ele repetidamente se submetia à vontade e ao tempo de Deus (4:34; 8:29; 12:23). "A si mesmo se humilhou, tornando-se obediente até à morte e morte de cruz" (FILIPENSES 2:8).

A fama nunca foi a meta de Jesus. Seu propósito era simples. Como Filho de Deus, Ele se ofereceu humilde, obediente e voluntariamente como o sacrifício pelos nossos pecados.

CHK

O Teu nome está acima de todos. Todo joelho se dobrará e toda língua confessará que Teu Filho Jesus é o Senhor.

Jesus não veio para ser famoso, mas para humildemente oferecer-se como sacrifício pelos nossos pecados.

A BÍBLIA em UM ANO:
EZEQUIEL 22–23; 1 PEDRO 1

Com saudades de casa

Minha mulher entrou na sala e me encontrou com a cabeça dentro do gabinete do relógio de nosso avô. "O que você está fazendo?", perguntou. "Este relógio tem o mesmo cheiro da casa de meus pais", respondi acanhado, fechando a porta. "Acho que você poderia dizer que eu estava indo para casa por um momento."

LEITURA:
Hebreus 11:8-16

...agora, aspiram a uma pátria superior, isto é, celestial... v.16

O sentido do olfato tem a capacidade de evocar memórias fortes. Nós havíamos trazido o relógio da casa de meus pais no outro lado do país há quase vinte anos, mas o aroma da madeira no interior dele ainda me faz voltar à infância.

O escritor de Hebreus conta de outros que sentiam saudades de casa de um modo diferente. Em vez de olharem para trás, eles olhavam à frente, com fé, para sua nova morada celestial. Embora aquilo que esperavam parecesse muito distante, eles confiavam que Deus seria fiel para cumprir a Sua promessa de levá-los a um lugar onde eles pudessem estar com Ele para sempre (HEBREUS 11:13-16).

Filipenses 3:20 nos lembra de que: "...a nossa pátria está nos céus..." e devemos aguardar um Salvador vindo de lá, o Senhor Jesus Cristo. Ansiar por ver Jesus e receber tudo que Deus nos prometeu por intermédio dele nos ajuda a mantermos o nosso foco. O passado ou o presente jamais podem ser comparados com o que está à nossa frente!

JB

Jesus, obrigado por seres fiel para cumprir as Tuas promessas. Ajuda-me a sempre ansiar por Tua presença.

O melhor lar de todos é o nosso lar celestial.

O melhor negócio de todos os tempos

Quanto é o suficiente? Fazemos essa pergunta num momento em que os países desenvolvidos se dedicam cada vez mais ao consumo. Black Friday é um dia após o feriado de Ação de Graças nos EUA, no qual muitas lojas abrem cedo e oferecem descontos. Já se espalhou dos EUA para outras nações. Alguns compradores têm recursos limitados e estão tentando comprar algo a um preço que podem pagar. Mas infelizmente, para outros a motivação é a ganância, e são violentos quando disputam por barganhas.

LEITURA:
Eclesiastes 5:10-20

Onde os bens se multiplicam, também se multiplicam os que deles comem; que mais proveito, pois, têm os seus donos...? v.11

A sabedoria do escritor do Antigo Testamento conhecido como "Pregador" (ECLESIASTES 1:1) fornece um antídoto para o frenesi de consumismo que podemos encontrar nas lojas — e em nosso coração. E destaca que quem ama o dinheiro nunca terá o suficiente e será governado por suas posses. Ainda assim, morrerá sem nada: "Como saiu do ventre de sua mãe, assim nu voltará..." (5:15). O apóstolo Paulo ecoa o Pregador em sua carta a Timóteo, ao dizer que o amor ao dinheiro é a raiz de todos os males e que devemos nos esforçar por exercer a "piedade com [...] contentamento" (1 TIMÓTEO 6:6-10).

Quer vivamos num lugar de abundância ou não, podemos buscar maneiras não saudáveis de preencher o vazio em nosso coração que deveria ser ocupado somente por Deus. Mas quando buscarmos no Senhor nossa paz e bem-estar, Ele nos encherá com a Sua bondade e amor.

ABP

Tu nos formaste e nos inquietamos longe da Tua presença.

O verdadeiro contentamento não depende de coisa alguma deste mundo.

"Desenviar" e-mails

LEITURA:
1 Pedro 3:8-12

...quem quer amar a vida e ver dias felizes refreie a língua do mal e evite que os seus lábios falem dolosamente. v.10

Você já enviou um e-mail e, depois, percebeu que ele foi para a pessoa errada ou continha palavras ásperas e nocivas? Se você pudesse apertar uma tecla e interromper o envio. Bem, agora pode. Várias empresas oferecem uma função que lhe dá um breve tempo após o envio de um e-mail para impedir que ele saia do seu computador. Após isso, o e-mail é como uma palavra dita, que não pode ser recolhida. Em vez de ser vista como uma cura para tudo, uma função "desenviar" deve nos lembrar de que é extremamente importante tomar cuidado com o que dizemos.

Em sua primeira carta, o apóstolo Pedro disse aos cristãos: "...não pagando mal por mal ou injúria por injúria; antes, pelo contrário, bendizendo [...]. Pois quem quer amar a vida e ver dias felizes refreie a língua do mal e evite que os seus lábios falem dolosamente; aparte-se do mal, pratique o que é bom, busque a paz e empenhe-se por alcançá-la" (1 PEDRO 3:9-11).

O salmista Davi escreveu: "Põe guarda, SENHOR, à minha boca; vigia a porta dos meus lábios" (SALMO 141:3). Essa é uma ótima oração para o início de cada dia e em cada situação em que desejamos revidar com palavras.

Senhor, guarda nossas palavras hoje para que não venhamos a ferir os outros com o que dizemos.

DCM

Pai, ensina-nos primeiro a guardar nosso coração para podermos guardar nossa língua. E, quando dissermos algo de que nos arrependemos, ajuda-nos a humildemente pedir perdão.

A morte e a vida estão no poder da língua... PROVÉRBIOS 18:21

A isca vermelha

Vários anos atrás, deparei-me com iscas artificiais numa obra do escritor grego Eliano, do século 2 a.C.: "Entre Beroia e Tessalônica corre um rio chamado Astreu, no qual há peixes com pele sarapintada [trutas]". Depois, ele descreve um "engodo para o peixe, com o qual eles pegavam os melhores. Eles prendiam lã carmesim e duas penas em torno de um anzol. Então, lançavam o engodo; atraído pela cor, o peixe aparece, pensando ser comida" *On the Nature of Animals* (Quanto à natureza dos animais, inédito).

LEITURA:
Salmo 92:12-15

Na velhice darão ainda frutos... v.14

Os pescadores usam até hoje essa *isca vermelha*. Foi usada há mais de 2200 anos, e continua sendo uma isca útil para trutas com a qual "pegamos as melhores".

Ao ler essa obra antiga, pensei: *Nem todas as coisas velhas são ultrapassadas — especialmente as pessoas.* Se por meio de uma velhice satisfatória e alegre demonstrarmos aos outros a plenitude e a profundidade de Deus, seremos úteis até o fim de nossos dias. A velhice não tem de ser focada na saúde em declínio, desejando o que passou. Ela pode também ser repleta de tranquilidade, júbilo, coragem e bondade, o fruto daqueles que envelheceram na presença de Deus.

"Plantados na Casa do SENHOR, [...] Na velhice darão ainda frutos, serão cheios de seiva e de verdor" (SALMO 92:13,14). *DHR*

Senhor, obrigado por Tua fidelidade em nossa vida.
Ajuda-nos a findar bem a nossa jornada, servindo-te,
pois a velhice não significa inutilidade.

Enquanto os anos vão se somando,
a fidelidade de Deus continua se multiplicando.

Lindas

Imagine duas adolescentes. A primeira é forte e saudável. A outra nunca conheceu a liberdade de andar por conta própria. De sua cadeira de rodas, ela enfrenta não somente os desafios emocionais comuns da vida, mas também dores físicas e dificuldades intermináveis.

LEITURA:
Lucas 7:36–50

...Ela praticou boa ação para comigo.
Marcos 14:6

Porém, as duas sorriem alegremente na companhia uma da outra. Duas lindas adolescentes — cada uma vendo na outra o tesouro da amizade.

Jesus dedicou boa parte de Seu tempo e atenção às pessoas como a menina da cadeira de rodas. Pessoas com deficiências vitalícias ou deformidades físicas, bem como pessoas desprezadas pelos outros por diversos motivos. De fato, Jesus deixou uma "daquelas pessoas" ungi-lo com óleo, para desdém dos líderes religiosos (LUCAS 7:39). Em outra ocasião, quando uma mulher demonstrou o seu amor com um ato semelhante, Jesus disse aos que a criticavam: "...Deixai-a [...] Ela praticou boa ação para comigo" (MARCOS 14:6).

Deus valoriza a todos igualmente; não há distinções em Seus olhos. Na verdade, todos nós necessitamos desesperadamente do amor e perdão de Cristo. Seu amor o compeliu a morrer na cruz por nós.

Que possamos ver cada pessoa como Jesus a viu: feita à imagem de Deus e digna do Seu amor. Tratemos a todos que encontramos com apreciação cristã e aprendamos a ver a beleza como Ele a vê.

JDB

Senhor, ajuda-me a ver as pessoas
como tu as vês, feitas à Tua imagem.

Todas as pessoas que encontramos refletem a imagem de Deus.

Estou rico!

Talvez você tenha visto um comercial de TV no qual uma pessoa atende à porta e alguém lhe dá um cheque de uma enorme quantia de dinheiro. Então, o surpreso destinatário começa a gritar, dançar, pular e abraçar todos à sua volta. "Ganhei! Estou rico! Não acredito! Meus problemas estão resolvidos!". Ficar rico evoca uma enorme reação emocional.

LEITURA:
Salmo 119:9-16

Mais me regozijo com o caminho dos teus testemunhos do que com todas as riquezas. v.14

No Salmo 119, o maior capítulo da Bíblia, encontramos essa notável declaração: "Mais me regozijo com o caminho dos teus testemunhos do que com todas as riquezas" (v.14). Que comparação! Obedecer às instruções de Deus para a vida pode ser tão estimulante quanto receber uma fortuna! O versículo 16 repete este refrão, quando o salmista expressa uma grata alegria pelos mandamentos de Deus. "Terei prazer nos teus decretos; não me esquecerei da tua palavra."

Mas e se não nos sentimos assim? Como contentar-se com as instruções de Deus para a vida pode ser tão estimulante quanto receber uma fortuna? Tudo começa com a gratidão, que é uma atitude e uma escolha. Damos atenção ao que valorizamos; por isso, começamos expressando nossa gratidão pelas dádivas de Deus que nutrem a nossa alma. Nós lhe pedimos para abrir os nossos olhos para vermos o suprimento de sabedoria, conhecimento e paz que Ele nos deu na Sua Palavra.

Quando nosso amor por Jesus cresce a cada dia, realmente ficamos ricos!

DCM

Obrigado Senhor, pois os Teus ensinos são sempre sábios conselhos.

Os ricos tesouros da verdade de Deus aguardam por ser descobertos em Sua Palavra.

Quanto você vale?

Conta-se uma história que, no ano 75 a.C., um jovem nobre romano, chamado Júlio César, foi sequestrado por piratas e mantido em cativeiro. Quando eles exigiram 20 talentos de prata como resgate (atualmente cerca de 600 mil dólares), César riu e disse que, obviamente, eles não tinham ideia de quem ele era. Ele insistiu em que eles elevassem o resgate para 50 talentos! Por quê? Porque ele acreditava valer muito mais do que 20 talentos.

LEITURA:
1 Pedro 1:17-23

...não foi mediante coisas corruptíveis, como prata ou ouro, que fostes resgatados [...] mas pelo precioso [...] sangue de Cristo.
vv.18,19

Que diferença vemos entre a avaliação de César de seu próprio valor e o valor que Deus dá a cada um de nós. Não somos mensurados em termos de valor monetário, mas pelo que o nosso Pai celestial fez por nós.

Que resgate Ele pagou para nos salvar? Por meio da morte do Seu único Filho na cruz, o Pai pagou o preço para nos resgatar do nosso pecado: "...não foi mediante coisas corruptíveis, como prata ou ouro, que fostes resgatados do vosso fútil procedimento que vossos pais vos legaram, mas pelo precioso [...] sangue de Cristo" (1 PEDRO 1:18,19).

Deus nos amou tanto, que entregou Seu Filho para morrer na cruz e ressurgir dos mortos para nos resgatar e salvar. É isso o que você vale para ele.

WEC

Pai, obrigado pelo amor que demonstraste por mim e pelo preço que pagaste pelo meu perdão. Ajuda-me para que a minha vida seja uma contínua expressão de gratidão, porque tu és Aquele cujo valor é incomparável.

Nosso valor é mensurado pelo que Deus pagou pelo nosso resgate.

A vida da perspectiva de Deus

A **sua visão** da vida influenciará em como investirá o seu tempo, dinheiro, usará seus talentos e valorizará seus relacionamentos. Se você pensa que a vida é uma festa, seu principal valor é divertir-se. Se a vê como uma corrida, provavelmente estará apressado a maior parte do tempo. Se para você a vida é uma batalha ou jogo, vencer lhe será muito importante.

LEITURA:
Efésios 2:4-7

[Deus] nos fez assentar nos lugares celestiais em Cristo Jesus... v.6

Você pode ter recebido sua visão da vida de seus pais, amigos ou de qualquer meio falível. Porém, os discípulos de Cristo são desafiados a contestar o pensamento convencional e substituí-lo pelas definições bíblicas da vida (ROMANOS 12:2). À medida que amadurecemos na fé e no conhecimento da Palavra, percebemos que somos apenas peregrinos nessa Terra (1 PEDRO 2:11) e não nos apegamos às coisas deste mundo.

Desde o dia em que recebemos Jesus como Salvador, podemos enxergar a vida do ponto de vista de Deus, pois Ele "nos fez assentar nos lugares celestiais em Cristo Jesus" (EFÉSIOS 2:6). Se tenho um olhar bíblico da vida, vejo a manifestação da glória do Senhor em toda a parte. O perigo é descermos dessas regiões depois de um tempo de caminhada com Cristo e vermos a vida cristã da perspectiva da razão humana.

Você está assentado nas regiões celestiais ou tem procurado viver seu cristianismo na força da carne? Volte para as regiões celestiais e veja tudo como Deus vê.

LRS

Pai, ajuda-me a ver minha vida sob a Tua perspectiva.

Seu modo de definir a vida determina seu futuro.

Conversas silenciosas

Você fala consigo mesmo? Às vezes, quando estou trabalhando em um projeto — habitualmente sob o capô de um carro —, acho útil pensar em voz alta, revisando minhas opções sobre a melhor maneira de fazer o conserto. Se alguém me pegar em minha "conversa", a situação será um pouco embaraçosa — embora falar consigo mesmo seja algo que a maioria de nós faz diariamente.

LEITURA:
Salmo 116:5-9

Bendize, ó minha alma, ao SENHOR, e não te esqueças de nem um só de seus benefícios. Salmo 103:2

Frequentemente, os salmistas falavam consigo mesmos em suas composições. O autor de Salmo 116 não é exceção. No versículo 7 ele escreve: "Volta, minha alma, ao teu sossego, pois o Senhor tem sido generoso para contigo". Lembrar-se da bondade e fidelidade de Deus no passado lhe é um conforto prático e uma ajuda no presente. Vemos "conversas" como essa frequentemente nesse livro. No Salmo 103:1, Davi diz a si mesmo: "Bendize, ó minha alma, ao Senhor, e tudo o que há em mim bendiga ao seu santo nome". E, no 62:5, ele afirma: "Somente em Deus, ó minha alma, espera silenciosa, porque dele vem a minha esperança".

É bom nos lembrarmos da fidelidade de Deus e da esperança que temos nele. Podemos seguir o exemplo do salmista e passar algum tempo citando as muitas maneiras como Deus foi bom conosco. À medida que o fizermos, seremos encorajados. O mesmo Deus que foi fiel no passado manterá o Seu amor por nós no futuro.

JB

Amado Senhor, ajuda-me a manter-me em contato com o Teu coração hoje, lembrando-me de Tua fidelidade e amor.

Lembrar-nos da bondade de Deus pode nos manter plenos da Sua paz.

Ouvintes e praticantes

Durante a noite, o telefone tocou para meu marido, que é pastor. Uma das guerreiras de oração de nossa igreja, uma senhora de 70 e poucos anos que morava sozinha, estava sendo levada ao hospital. Ela estava tão doente que não mais comia ou bebia, nem conseguia ver ou andar. Não sabendo se ela viveria ou morreria, pedimos a Deus por ajuda e misericórdia, sentindo-nos particularmente preocupados com o seu bem-estar. A igreja se pôs em ação com uma escala de visitadores 24 horas por dia, que não só ministravam a ela, mas demonstravam amor cristão por outros pacientes, visitantes e equipe médica.

LEITURA:
Tiago 1:22-27

...visitar os órfãos e as viúvas nas suas tribulações... v.27

A carta de Tiago aos primeiros cristãos judeus incentivou a Igreja a cuidar dos necessitados. Tiago queria que os cristãos fossem além de apenas escutar a Palavra de Deus e encorajava-os a colocar a sua fé em ação (1:22-25). Por destacar a necessidade de cuidar dos órfãos e das viúvas (v.27), mencionou um grupo vulnerável, porque na antiguidade, a família seria a responsável por cuidar deles.

Como agimos com os que sofrem em nossa igreja e comunidade? Vemos o cuidado das viúvas e dos órfãos como uma parte vital da prática de nossa fé? Que Deus abra os nossos olhos às oportunidades de servir a pessoas necessitadas em todo lugar. *ABP*

Deus Pai, Teu coração bate pelos vulneráveis e pelos solitários.
Ajuda-nos a amar o Teu povo como tu os amas,
porque somos feitos à Tua imagem.

A verdadeira fé exige não somente as nossas palavras, mas também as nossas ações.

O tesouro do Túmulo 7

Em 1932, o arqueólogo mexicano Alfonso Caso descobriu o Túmulo 7 no Monte Alban, em Oaxaca. Ele descobriu mais de quatrocentos artefatos, incluindo centenas de peças de joalheria pré-hispânica, aos quais denominou "O Tesouro do Monte Albán". Ele é um dos principais achados da arqueologia mexicana. É possível imaginar a empolgação de Caso ao segurar uma taça de jade em sua forma mais pura.

LEITURA:
Salmo 119:161-168

Alegro-me nas tuas promessas, como quem acha grandes despojos. v.162

Séculos antes, o salmista escreveu acerca de um tesouro mais valioso do que ouro ou cristal de rocha. Ele disse: "Alegro-me nas tuas promessas, como quem acha grandes despojos" (v.162). No Salmo 119, o escritor sabia quão valiosas são as instruções e as promessas de Deus para a nossa vida; por isso, comparou-as ao grande tesouro adquirido com a vitória de um conquistador.

O nome de Caso é lembrado hoje devido à sua descoberta no Túmulo 7. Podemos vê-lo somente se visitarmos um museu em Oaxaca. Todavia, o tesouro do salmista está ao nosso alcance. Dia após dia, podemos escavar as Escrituras e encontrar diamantes de promessas, rubis de esperança e esmeraldas de sabedoria. Mas de longe, o melhor que encontramos é a pessoa que o livro revela: o próprio Jesus. Afinal, Ele é o Autor do livro.

Busquemos diligentemente com a confiança de que esse é o tesouro que nos enriquecerá. Como disse o salmista, "Os teus testemunhos [...] me constituem o prazer do coração" (v.111). *KO*

Pai, quero valorizar as Escrituras como um tesouro.
Ajuda-me a amar a Tua Palavra todos os dias.

A Palavra de Deus é uma propriedade valiosa e um guia para a vida.

Luzes de Natal

Todos os anos, durante as várias semanas em torno do Natal, a *Orchard Road*, o cinturão turístico de Singapura, é transformado num país das maravilhas de luzes e cores. Essa iluminação é projetada para atrair os turistas a gastarem seu dinheiro nas muitas lojas ao longo da rua durante esse "mês de ouro dos negócios". Os compradores vêm para participar das festividades, escutar corais cantarem músicas de Natal conhecidas e assistir à apresentação de atores.

LEITURA:
João 8:12-20

...Eu sou a luz do mundo; quem me segue não andará nas trevas; pelo contrário, terá a luz da vida. v.12

A primeira "iluminação" de Natal de todos os tempos não foi criada por fios elétricos, brilhos e lâmpadas de neon, mas pela "...glória do Senhor [brilhando] ao redor deles..." (LUCAS 2:9). Nenhum turista a viu, mas apenas alguns simples pastores no campo. E ela foi seguida por uma inesperada interpretação de "Glória a Deus nas maiores alturas..." por um coral de anjos (v.14).

Os pastores foram a Belém para ver se o que os anjos tinham dito era verdade (v.15). Após terem a confirmação, não conseguiram guardar para si o que haviam ouvido e visto. "E, vendo-o, divulgaram o que lhes tinha sido dito a respeito deste menino" (v.17).

Muitos de nós temos ouvido a história do nascimento de Jesus. Neste Natal, por que não compartilhar com outras pessoas a boa notícia de que Cristo — "a luz do mundo" — veio (JOÃO 8:12)?

CPH

Senhor, neste Natal ajuda-me a refletir
para os outros a luz da Tua presença e bondade.

O presente do amor de Deus em nós pode levar luz a qualquer escuridão.

Bondade constante

Quando criança, eu era um leitor fervoroso dos livros *Terra de Oz*, de L. Frank Baum. Recentemente, encontrei *Rinkitink in Oz* com as ilustrações originais. Ri novamente com as palhaçadas do irreprimível e generoso rei Rinkitink com sua bondade realista. O jovem Príncipe Inga o descreveu melhor: "Seu coração é bom e amável, e isso é muito melhor do que ser sábio."

LEITURA:
Salmo 141:1-3

...sede uns para com os outros benignos, compassivos...
Efésios 4:32

Quão simples e sensato! Contudo, quem não feriu o coração de alguém querido com uma palavra áspera? Fazendo isso, perturbamos a paz e a tranquilidade do momento e podemos anular boa parte do bem que fizemos a quem amamos. "Uma pequena indelicadeza é uma grande ofensa", disse Hannah More, escritora inglesa do século 18.

Eis aqui a boa notícia: Qualquer um pode se tornar bondoso. Podemos ser incapazes de pregar um sermão inspirador, lidar com perguntas difíceis ou evangelizar multidões, mas todos podemos ser bondosos.

Como? Por meio de oração. Ela é a única maneira de abrandar o nosso coração. "Põe guarda, SENHOR, à minha boca; vigia a porta dos meus lábios. Não permitas que meu coração se incline para o mal..." (SALMO 141:3,4).

Neste mundo em que o amor se esfriou, um ato de bondade vindo do coração de Deus é uma das coisas mais úteis e curativas que podemos dar aos outros.

DHR

Perdoa-me, Senhor, quando ajo com ira diante de uma situação. Amansa meu coração e ajuda-me a usar as minhas palavras para encorajar os outros.

Saber que Deus me amou sem limites me fará amar os outros do mesmo modo. OSWALD CHAMBERS

Linda unidade

V**er três** grandes predadores se abraçando e brincando juntos é extremamente incomum. Mas é isso o que acontece diariamente em um santuário animal na Geórgia, EUA. Em 2001, após meses de negligência e abuso, um leão, um tigre de Bengala e um urso negro foram resgatados pelo *Santuário Animal Arca de Noé*. "Nós poderíamos separá-los", disse o diretor assistente. "Mas como eles chegaram como uma espécie de família, decidimos mantê-los juntos." O trio havia encontrado conforto mútuo durante seu tempo de maus-tratos e, a despeito de suas diferenças, vivem pacificamente juntos.

LEITURA:
Efésios 4:1-6

[Esforçai-vos] diligentemente por preservar a unidade do Espírito no vínculo da paz. v.3

A unidade é linda. Mas a unidade sobre a qual Paulo escreveu em sua carta aos cristãos de Éfeso é singular. Paulo os incentivou a viverem segundo o seu chamado como membros de um só corpo em Cristo (EFÉSIOS 4:4,5). Pelo poder do Espírito Santo, eles seriam capazes de viver em unidade ao desenvolverem humildade, bondade e paciência. Essas atitudes também nos permitem suportarmos "...uns aos outros em amor..." por meio do denominador comum que temos em Cristo Jesus (4:2).

Apesar de nossas diferenças, como membros da família de Deus fomos reconciliados a Ele por meio da morte do nosso Salvador, e uns aos outros por meio da obra permanente do Espírito Santo em nossa vida.

MLW

Pai celestial, ajuda-me a ter mais bondade e paciência com os outros. Mostra-me como amar aos outros, mesmo quando tivermos diferenças.

Mantemos a unidade sendo unidos no Espírito.

Som *surround* e envolvente

A **Disney introduziu** um novo conceito em sonorização de filmes; o "som *surround*". É o conceito da expansão da imagem do som a três dimensões, é envolvente e foi desenvolvido porque os produtores queriam que os cinéfilos ouvissem a música de uma maneira nova.

LEITURA:
Neemias 12:27-43

...o júbilo de Jerusalém se ouviu até de longe. v.43

Mas esse não foi o primeiro uso do "som *surround*". Milhares de anos antes, Neemias introduziu a ideia na consagração do muro reconstruído de Jerusalém. Ele explicou: "...fiz subir os príncipes de Judá sobre o muro e formei dois grandes coros em procissão..." (NEEMIAS 12:31). Os coros começaram na parte sul do muro, na Porta do Monturo. Um foi para a esquerda; o outro, para a direita; e eles envolveram a cidade de Jerusalém com louvores enquanto se dirigiam ao templo (vv.31,37-40).

Os coros lideravam o regozijo do povo porque "...Deus os alegrara com grande alegria..." (v.43). De fato, seu regozijo "...se ouviu até de longe" (v.43).

Seu louvor resultava da ajuda de Deus para o povo superar inimigos e reconstruir o muro. O que Deus nos deu que faz nossa alegria transbordar em louvores? Sua clara direção em nossa vida? O conforto que só Ele pode conceder em tempos de tribulação? Ou o nosso presente supremo, a salvação?

Talvez não consigamos criar "som *surround*" com nosso louvor, mas podemos nos regozijar na "grande alegria" que Deus nos deu. Assim outros poderão nos ouvir louvar a Deus e ver como Ele age em nossa vida.

JDB

Louvamos-te Senhor com palavras, canções e com a nossa vida.

Jamais conseguiremos louvar Jesus suficientemente!

O presente do encorajamento

A antiga canção de Merle Haggard, *If We Make It Through December* (Se chegarmos até dezembro), conta a história de um homem demitido da fábrica, sem dinheiro para comprar presentes de Natal para a sua filhinha. Embora se suponha que dezembro seja uma época alegre do ano, sua vida parece sombria e fria.

LEITURA:
Atos 4:32-37; 9:26,27

José [...] Barnabé, [...] filho de exortação [...], como tivesse um campo, vendendo-o, trouxe o preço e o depositou aos pés dos apóstolos. vv.36,37

O desânimo não é exclusivo de dezembro, mas pode aumentar nesse mês. Nossas expectativas podem estar maiores; nossa tristeza, mais profunda. Um pouco de encorajamento pode fazer muito.

José, de Chipre, foi um dos primeiros seguidores de Jesus. Os apóstolos o chamavam Barnabé, que significa "filho de exortação". Nós o encontramos em Atos 4:36,37, quando ele vendeu uma propriedade e doou o dinheiro para ajudar outros cristãos necessitados.

Mais tarde, lemos que os discípulos estavam com medo de Saulo (ATOS 9:26). "Mas Barnabé, tomando-o consigo, levou-o aos apóstolos..." (v.27). Saulo, depois chamado Paulo, havia tentado, anteriormente, matar os cristãos, mas Barnabé o defendeu como homem transformado por Cristo.

Todos à nossa volta são pessoas que desejam ser encorajadas. Uma palavra na hora certa, um telefonema ou uma oração com elas podem sustentar a sua fé em Jesus.

A generosidade e o apoio de Barnabé demonstram o que significa ser filho ou filha de encorajamento. Esse pode ser o maior presente que poderemos dar a outros neste Natal.

DCM

Obrigado, Senhor, pela dádiva do encorajamento.

Que possamos encorajar outros, como eles têm nos encorajado.

Ferimentos de um amigo

Charles Lowery se queixou de dor lombar ao seu amigo. Ele buscava compreensão, mas recebeu uma avaliação honesta: "Não penso que o seu problema seja a dor lombar; é a sua barriga. Ela está tão grande que está prejudicando as suas costas."

LEITURA:
Provérbios 27:5-10

Leais são as feridas feitas pelo que ama... v.6

Colunista de uma revista de esportes *REV! Magazine*, Lowery resistiu à tentação de ofender-se. Ele perdeu peso e seu problema nas costas desapareceu. Ele reconheceu que "Melhor é a repreensão franca do que o amor encoberto. Leais são as feridas feitas pelo que ama..." (vv.5,6).

O problema é que, com muita frequência, preferimos ser estragados por elogios do que salvos por críticas, porque a verdade dói. Ela machuca o nosso ego, nos deixa desconfortáveis e pede mudança.

Os amigos verdadeiros não têm prazer em nos machucar. Pelo contrário, eles nos amam demais para nos enganarem. Eles são as pessoas que, com amorosa coragem, destacam o que talvez já saibamos, mas achamos difícil aceitar realmente e praticar. Eles nos dizem não só o que gostamos de ouvir, mas também o que precisamos ouvir.

Salomão honrou tal amizade em seus provérbios. Jesus foi mais longe — suportou as feridas de nossa rejeição, não somente para nos dizer a verdade sobre nós mesmos, mas para nos mostrar o quanto somos amados.

PFC

Algum amigo já lhe disse algo honestamente e lhe causou dor? Isso o ajudou? É sábio aceitar tudo o que os nossos amigos nos dizem?

Amigo é aquele que pode lhe dizer a verdade em amor.

Servindo a Deus com orações

Frequentemente, Deus decide mover-se através de nossas orações para realizar a Sua obra. Vemos isto quando Deus disse ao profeta Elias: "darei chuva sobre a terra", prometendo terminar uma seca em Israel que havia durado três anos e meio (TIAGO 5:17). Mesmo Deus tendo prometido chuva, pouco tempo depois, Elias "...subiu ao cimo do Carmelo, e, encurvado para a terra, meteu o rosto entre os joelhos..." — orando intensamente para que a chuva viesse (1 REIS 18:42). Então, enquanto continuava a orar, Elias enviou "sete vezes" seu servo para observar o oceano, buscando no horizonte qualquer sinal de chuva (v.43).

LEITURA:
1 Reis 18:41-45

...Muito pode, por sua eficácia, a súplica do justo. Tiago 5:16

Elias entendeu que Deus quer que nos envolvamos na Sua obra por meio de oração humilde e persistente. Independentemente das nossas limitações humanas, Deus pode decidir mover-se por meio de nossa oração de maneiras surpreendentes. Por esse motivo, a carta de Tiago nos diz que "...Muito pode, por sua eficácia, a súplica do justo", lembrando-nos todo o tempo de que "Elias era semelhante a nós..." (vv.16,17).

Quando tomamos como meta servir a Deus e orar com fé, como Elias fez, participamos de um lindo privilégio, no qual, a qualquer momento, podemos receber um assento na primeira fila para ver um milagre!

JB

Como posso servir-te com minhas orações hoje, Pai?

Honramos ao Senhor quando temos grandes expectativas em nossa caminhada cristã.

O dinheiro

Cedo em minha carreira, com um trabalho que eu via mais como missão do que como emprego, outra empresa me ofereceu um cargo que me daria um bom aumento de salário. Certamente, minha família se beneficiaria financeiramente. Havia um problema. Eu não estava procurando por outro emprego porque amava o que fazia, e isso estava se tornando um chamado.

LEITURA:
Mateus 6:24-34

...Não podeis servir a Deus e às riquezas. v.24

Mas o dinheiro...

Liguei para meu pai septuagenário e expliquei a situação. Embora sua mente aguçada tivesse sido desacelerada por AVCs e a tensão dos anos, sua resposta foi seca e clara: "Nem pense no dinheiro. O que você faria?".

Num instante, decidi. O dinheiro era o único motivo para deixar o emprego que eu amava! Obrigado, papai.

Jesus dedicou grande parte do Sermão do Monte ao dinheiro e ao nosso amor por ele. O Mestre nos ensinou a orar não por riquezas, mas pelo "...pão nosso de cada dia..." (MATEUS 6:11). Alertou-nos contra acumular tesouros sobre a terra e apontou para os pássaros e as flores como evidência de que Deus se preocupa profundamente com a Sua criação (vv.19-31). "Buscai, pois, em primeiro lugar, o seu reino e a sua justiça, e todas estas coisas vos serão acrescentadas" (v.33).

O dinheiro importa, mas não deve governar a nossa tomada de decisão. Tempos difíceis e grandes decisões são oportunidades de expandirmos nossa fé em novas maneiras. O nosso Pai celestial cuida de nós.

TG

Senhor, abençoa-nos para que abençoemos aos outros.

Nunca confunda tentação com oportunidade.

Boas-novas!

As notícias do mundo nos bombardeiam pela internet, TV, rádio etc. A maioria parece contar o que está errado — crime, terrorismo, guerra e problemas econômicos. Há, porém, momentos em que boas notícias invadem as horas mais tenebrosas de tristeza e desespero — histórias de atos desprendidos, um avanço médico ou passos para a paz em locais marcados por guerra.

LEITURA:
Naum 1:7-15

Eis sobre os montes os pés do que anuncia boas-novas, do que anuncia a paz!... v.15

As palavras de dois homens registradas no Antigo Testamento levaram grande esperança aos cansados de conflitos.

Descrevendo o julgamento vindouro de Deus sobre uma nação rude e poderosa, Naum disse: "Eis sobre os montes os pés do que anuncia boas-novas, do que anuncia a paz!..." (v.15). Essa notícia levou esperança a todos os oprimidos pela crueldade.

Uma frase semelhante ocorre no livro de Isaías: "Que formosos são sobre os montes os pés do que anuncia as boas-novas, que faz ouvir a paz, que anuncia coisas boas, que faz ouvir a salvação..." (ISAÍAS 52:7).

As palavras proféticas de Naum e Isaías encontraram seu cumprimento definitivo no primeiro Natal, quando o anjo disse aos pastores: "...Não temais; eis aqui vos trago boa-nova de grande alegria, que o será para todo o povo: é que hoje vos nasceu, na cidade de Davi, o Salvador, que é Cristo, o Senhor" (LUCAS 2:10,11).

A manchete mais importante para a nossa vida, todos os dias, é a melhor notícia já contada — Cristo, o Salvador, nasceu! *DCM*

Senhor, louvamos-te pelas boas-novas do nascimento de Jesus e pela presença dele em nós!

O nascimento de Jesus é a melhor notícia que o mundo já recebeu!

Vivendo na luz

Era uma manhã escura. Nuvens baixas da cor de aço enchiam o céu, e a atmosfera estava tão escura que precisei acender as luzes para ler um livro. Eu havia acabado de me acomodar quando, de repente, o recinto se encheu de luz. Olhei para cima e vi que o vento estava empurrando as nuvens para o leste, limpando o céu e revelando o sol.

LEITURA:
1 João 2:3-11

...as trevas se vão dissipando, e a verdadeira luz já brilha. v.8

Ao me dirigir à janela para observar melhor a cena, um pensamento me veio à mente: "...as trevas se vão dissipando, e a verdadeira luz já brilha" (v.8). O apóstolo João escreveu essas palavras aos cristãos como uma mensagem de encorajamento. E prosseguiu: "Aquele que ama a seu irmão permanece na luz, e nele não há nenhum tropeço" (v.10). Por contraste, ele igualou o odiar pessoas a perambular no escuro. O ódio é desorientador e rouba o nosso senso de direção moral.

Amar as pessoas nem sempre é fácil. Contudo, ao olhar pela janela, fui lembrada que experimentar frustração, perdão e fidelidade faz parte de manter uma profunda conexão com o amor e a luz de Deus. Quando escolhemos amar em vez de odiar, estamos demonstrando o nosso relacionamento com Ele e refletindo a Sua radiância ao mundo à nossa volta. "...Deus é luz, e não há nele treva nenhuma" (1 JOÃO 1:5).

JBS

Amado Deus, ajuda-me a experimentar o Teu amor mais plenamente, para desta forma compartilhá-lo com outras pessoas. Quero viver na luz da Tua graça e misericórdia.

Escolher amar as pessoas demonstra ao mundo como Deus é.

Um cochilo

Henry Durbanville, pastor escocês, conta a história de uma senhora idosa de sua paróquia, que vivia numa parte remota da Escócia. Ela ansiava por ver a cidade de Edimburgo, mas tinha medo de fazer a viagem devido ao túnel longo e escuro pelo qual o trem tinha de passar para chegar lá.

LEITURA:
1 Ts 4:13-18

...estamos em plena confiança, preferindo deixar o corpo e habitar com o Senhor. 2 Coríntios 5:8

Certo dia, porém, as circunstâncias a obrigaram a ir a Edimburgo e, enquanto o trem se aproximava da cidade, sua agitação aumentava. Mas antes de o trem chegar ao túnel, a mulher, desgastada pela preocupação, adormeceu profundamente. Ao acordar, já havia chegado à cidade!

É possível que alguns de nós não passaremos pela morte. Se estivermos vivos quando Jesus voltar, "[encontraremos o] Senhor nos ares" (1 TESSALONICENSES 4:13-18). Mas muitos de nós iremos para o céu por meio da morte; para alguns, isso causa grande ansiedade. Preocupamo-nos que o processo de morrer será demasiadamente difícil de suportar.

Com a certeza de Jesus como nosso Salvador, podemos descansar na confiança de que, quando fecharmos os nossos olhos neste mundo e passarmos pela morte, nós os abriremos na presença de Deus. "Depois do cochilo, acordaremos eternamente", disse o poeta inglês, John Donne.

DHR

Amo a vida que me deste, Senhor, mas imagino como será ver-te pessoalmente. Ajuda-me a confiar em ti quanto ao futuro. Anseio pelo dia de encontrar-te.

Ver Jesus será a maior glória do céu.

Um outro lado do conforto

O tema de nosso acampamento para adultos foi "Conforta Meu Povo". Vários palestrantes disseram palavras de confiança. O último, porém, mudou drasticamente o tom. Ele escolheu Jeremias 7:1-11 e o tema "Acorde da Sonolência". Sem meias-palavras, mas com amor, desafiou-nos a acordar e nos afastarmos dos nossos pecados.

LEITURA:
Jeremias 7:1-11

...Ouvi a palavra do SENHOR... v.2

"Não se esconda atrás da graça de Deus e continue a viver em pecado secreto", exortou ele, como o profeta Jeremias. "Nós nos gloriamos: 'Sou cristão; Deus me ama; não temo o mal', mas praticamos todo o tipo de mal."

Sabíamos que ele se importava conosco e, mesmo assim, nos mexíamos desconfortavelmente em nossas cadeiras e escutávamos nosso próprio Jeremias declarar: "Deus é amoroso, mas é também um fogo consumidor! (HEBREUS 12:29). Ele nunca fechará os Seus olhos ao pecado!".

O Jeremias do passado intrigou o povo: "Furtais e matais, cometeis adultério e jurais falsamente [...] andais após outros deuses que não conheceis, e depois vindes, e vos pondes diante de mim nesta casa que se chama pelo meu nome, e dizeis: Estamos salvos; sim, só para continuardes a praticar estas abominações!" (7:9,10).

A maneira desse palestrante de "Confortar Meu Povo" era o outro lado do conforto divino. Como erva amarga que cura a malária, suas palavras eram espiritualmente curativas. Quando ouvirmos palavras duras, em vez de irmos embora, que possamos reagir ao efeito curativo que elas contêm. *LD*

Tu és o Deus de todo o conforto.

A disciplina de Deus é concebida para nos tornar semelhantes ao Seu Filho.

Nossa cobertura

Quando falamos sobre a fé em Jesus, às vezes usamos palavras sem compreender ou sem explicá-las. Uma delas é *justo*. Dizemos que Deus tem *justiça* e que Ele torna as pessoas *justas*, mas este pode ser um conceito difícil de compreender.

LEITURA:
Romanos 3:21-26

Bem-aventurado aquele cuja iniquidade é perdoada, cujo pecado é coberto.
Salmo 32:1

A maneira como a palavra *justiça* é escrita em chinês nos ajuda a compreender o seu significado. É a combinação de dois caracteres. A palavra de cima é *cordeiro*. A palavra de baixo é *eu*. O cordeiro cobre a, ou está acima da, pessoa.

Quando Jesus veio a este mundo, João Batista o chamou "...o Cordeiro de Deus, que tira o pecado do mundo!" (JOÃO 1:29). Precisamos ter o nosso pecado tratado porque ele nos separa de Deus, cujo caráter e caminhos são sempre perfeitos e direitos. Devido ao Seu amor por nós ser grande, Deus fez Seu Filho Jesus "...que não conheceu pecado, ele o fez pecado por nós; para que, nele, fôssemos feitos justiça de Deus" (2 CORÍNTIOS 5:21). Jesus, o Cordeiro, se sacrificou e derramou o Seu sangue. Ele se tornou a nossa "cobertura". Ele nos torna justos, o que nos coloca em um relacionamento correto com Deus.

Estar justificado diante de Deus é uma dádiva de Jesus, o Salvador. Jesus, o Cordeiro, é a maneira de Deus nos "cobrir". *AMC*

Amado Senhor, obrigado por morreres na cruz por mim e cobrires os meus pecados para que eu possa ter um relacionamento contigo.

A única "cobertura" permanente para o pecado é o sangue de Cristo.

Quem você diz que Ele é?

Em entrevista a um jornal, em 1929, Albert Einstein disse: "Quando criança, recebi instrução na Bíblia e no Talmude. Sou judeu, mas fico encantado com a luminosa figura do Nazareno. Ninguém consegue ler os evangelhos sem sentir a presença real de Jesus. Sua personalidade pulsa em todas as palavras. Nenhum mito é cheio de tanta vida."

LEITURA:
Mateus 16:13-20

...quem dizeis que eu sou? Mateus 16:15

O Novo Testamento nos dá outros exemplos dos conterrâneos de Jesus que percebiam haver algo especial nele. Quando Jesus perguntou aos seus seguidores: "...Quem diz o povo ser o Filho do Homem?", eles responderam que alguns diziam que Ele era João Batista, outros diziam ser Elias, e outros pensavam ser Jeremias ou um dos profetas (MATEUS 16:14). Ser citado com os grandes profetas de Israel era, certamente, um elogio, mas Jesus não estava buscando elogios. Ele buscava o entendimento deles e fé. Por isso, fez uma segunda pergunta: "Mas vós [...] quem dizeis que eu sou?" (16:15).

A declaração de Pedro expressou plenamente a verdadeira identidade de Jesus: "...és o Cristo, o Filho do Deus vivo" (v.16).

Jesus anseia que o conheçamos e também conheçamos o Seu amor redentor. Por esse motivo, cada um de nós precisa, finalmente, responder à pergunta: "Quem você diz que Jesus é?". *WEC*

Senhor, anseio por conhecer-te melhor.
Ensina-me mais acerca do Teu lindo caráter para que eu possa amar-te mais e seguir-te de todo o coração.

A identidade de Jesus é a pergunta central da eternidade.

Amor inimigo

Quando a guerra irrompeu em 1950, Kim Chin-Kyung, de 15 anos, se alistou no exército da Coreia do Sul para defender sua pátria. Porém, logo descobriu que não estava pronto para os horrores daquele combate. Enquanto jovens amigos morriam à sua volta, ele implorou a Deus por sua vida e prometeu que, se Deus lhe permitisse viver, aprenderia a amar os seus inimigos.

LEITURA:
Jonas 3:10-4:11

Se amais os que vos amam, qual é a vossa recompensa?...
Lucas 6:32

Sessenta e cinco anos depois, o Dr. Kim refletiu acerca daquela oração respondida. Ao longo de décadas cuidando de órfãos e ajudando na educação de jovens norte-coreanos e chineses, ele conquistou muitos amigos dentre os que, antes, considerava inimigos. Hoje, ele foge de rótulos políticos. Em vez disso, denomina-se "alguém que ama", como expressão de sua fé em Jesus.

O profeta Jonas deixou um tipo diferente de legado. Nem mesmo um resgate dramático da barriga de um grande peixe transformou o seu coração. Embora, finalmente, Jonas tenha obedecido a Deus, ele disse que preferia morrer a ver o Senhor ter misericórdia de seus inimigos (JONAS 4:1,2,8).

Só podemos especular se Jonas aprendeu a se importar com o povo de Nínive. Em vez disso, devemos pensar em nós. Teremos a atitude dele com aqueles a quem tememos e odiamos? Ou pediremos a Deus a capacidade de amar os nossos inimigos por Ele ter tido misericórdia de nós?

MRD

Pai, tendemos a só amar a quem nos ama.
Dá-nos a graça de sermos mais semelhantes a Jesus do que a Jonas.

O amor conquista tudo.

Espalhando alegria

Quando Janete foi ensinar inglês numa escola de outro continente, ela sentiu a atmosfera sombria e depressiva. As pessoas trabalhavam, mas nenhuma parecia feliz. Elas não se ajudavam nem se encorajavam mutuamente. Mas Janete, agradecida por tudo que Deus tinha feito por ela, expressava isso em tudo que fazia. Ela sorria, era amigável, saía de seu caminho para ajudar a pessoas. Cantarolava canções e hinos.

Pouco a pouco, à medida que Janete compartilhava sua alegria, a atmosfera da escola mudou. Uma a uma, as pessoas começaram a sorrir e a se ajudarem. Quando um administrador visitante perguntou ao diretor por que sua escola era tão diferente, o diretor, que não era cristão, respondeu: "Jesus traz alegria". Janete transbordava da alegria do Senhor e ela transbordou às pessoas próximas.

LEITURA:
João 16:16-24

O anjo, porém, lhes disse: Não temais; eis aqui vos trago boa-nova de grande alegria, que o será para todo o povo.
Lucas 2:10

O evangelho de Lucas nos diz que Deus enviou um anjo a pastores comuns para anunciar um nascimento extraordinário. O anjo fez a surpreendente proclamação de que o bebê recém-nascido traria "...grande alegria, que o será para todo o povo" (LUCAS 2:10), o que, de fato, Ele fez.

Desde então, essa mensagem se difundiu ao longo dos séculos até nós, e agora somos mensageiros de Cristo de alegria para o mundo. Pela habitação do Espírito Santo, continuamos a prática de disseminar a alegria de Jesus ao seguirmos Seu exemplo e servirmos aos outros.

JAL

Como você poderia difundir a alegria de Jesus aos outros hoje?

Leve a alegria do Natal com você todos os dias.

Uma história pessoal

Um bebê nascido havia poucas horas foi deixado numa manjedoura num presépio do lado de fora de uma igreja de Nova Iorque. Uma jovem mãe desesperada o embrulhou aquecido e o colocou onde ele seria descoberto. Em vez de sermos tentados a julgá-la, podemos ser gratos por esse bebê agora ter uma chance na vida.

LEITURA:
Êxodo 1:22–2:10

...se meu pai e minha mãe me desampararem, o SENHOR me acolherá.
Salmo 27:10

Isso me toca muito. Como filho adotivo, não tenho ideia das circunstâncias que envolveram o meu nascimento. Mas nunca me senti abandonado. Disso estou certo: Tenho duas mães que quiseram que eu tivesse uma chance na vida. Uma *me* deu vida; a outra investiu sua vida *em* mim.

Em Êxodo, lemos sobre uma mãe amorosa em situação desesperada. Faraó havia ordenado a morte de todos os bebês meninos do povo judeu (1:22). Assim, a mãe de Moisés o escondeu o máximo que conseguiu. Quando Moisés tinha 3 meses, ela o colocou num cesto impermeável e pôs o cesto no rio Nilo. Se o plano era que o bebê fosse resgatado por uma princesa, crescesse no palácio de Faraó e, finalmente, libertasse seu povo da escravidão, funcionou perfeitamente.

Quando uma mãe desesperada dá ao seu filho uma nova oportunidade, Deus pode assumir o controle dali em diante. Ele costuma fazer isso — das maneiras mais criativas possíveis.

TG

Pai, oramos pelos que enfrentam desespero e solidão. Oramos especialmente por crianças pobres e indefesas. Ajuda-nos a suprir suas necessidades como pudermos.

Compartilhe o amor de Cristo.

O melhor de todos os presentes

Num retiro de homens, um deles perguntou: "Qual foi o seu melhor presente de Natal de todos os tempos?".

Um homem atlético parecia ansioso por responder. "É fácil", disse ele, olhando para o amigo ao seu lado. "Alguns anos atrás, terminei a faculdade pensando que tinha todas as chances de jogar futebol como profissional. Quando isso não aconteceu, fiquei bravo. A amargura me consumiu e eu a espalhei a todos os que tentaram me ajudar."

LEITURA:
1 Pedro 3:8-16

...[estejam] sempre preparados para responder a todo aquele que vos pedir razão da esperança que há em vós. v.15

"No segundo Natal — e sem ser contratado como jogador de futebol —, fui a uma peça de Natal na igreja *deste cara*", disse ele, apontando seu amigo. "Não porque eu queria Jesus, mas apenas para ver minha sobrinha na apresentação do Natal. É difícil descrever o que aconteceu, porque parece tolo, mas, bem no meio da apresentação daquelas crianças, senti-me como se precisasse estar com aqueles pastores e anjos encontrando Jesus. Quando a multidão terminou de cantar 'Noite Feliz', fiquei ali chorando."

"Ganhei *meu* melhor presente de Natal de todos os tempos naquela noite", disse ele, novamente apontando seu amigo, "quando este cara enviou sua família para casa sem ele, para que ele pudesse me contar como encontrar-me com Jesus".

Foi então que seu amigo disse: "E esse, gente, foi o *meu* melhor presente de Natal de todos os tempos."

Neste Natal, que a alegre simplicidade da história do nascimento de Jesus seja a história que contaremos aos outros. *RKK*

Jesus, dá-nos olhos para ver quem precisa conhecer-te
e a coragem para testemunhar da Tua salvação.

O melhor presente de Natal
é Jesus levando paz e perdão aos outros.

O que posso dar a ele?

Certo ano, os responsáveis pela decoração da igreja para o Natal escolheram o tema "Listas de Natal". Em vez de usarem os habituais enfeites dourados e prateados, deram a cada pessoa uma etiqueta vermelha ou verde. Num dos lados, ela deveria escrever o presente que gostaria de receber de Jesus; no outro, o presente que daria ao Aniversariante que estava sendo celebrado.

LEITURA:
Salmo 103:1-18

Bendize, ó minha alma, ao SENHOR, e não te esqueças de nem um só de seus benefícios. v.2

Se você tivesse de fazer isto, qual presente pediria e qual daria? A Bíblia nos dá muitas sugestões. Deus promete suprir todas as nossas necessidades; então, poderíamos pedir um novo emprego, ajuda para problemas financeiros, cura física para nós ou para outros, ou um relacionamento restaurado. Poderíamos imaginar qual dom espiritual nos capacitaria para o serviço a Deus. Muitos deles estão descritos em Romanos 12 e 1 Coríntios 12. Ou poderíamos ansiar por demonstrar mais do fruto do Espírito Santo: sermos mais amorosos, alegres, pacíficos, pacientes, benignos, bondosos, fiéis, mansos e com autocontrole (GÁLATAS 5:22,23).

O presente mais importante que podemos receber vem de Deus: Seu Filho, nosso Salvador, e com Ele perdão, restauração e a promessa de vida espiritual que começa agora e dura eternamente. E o presente mais importante que podemos dar é entregar o nosso coração a Jesus.

MS

Senhor, concedes-me muitos presentes.
Quero retribuir dando a ti o melhor presente que eu puder.
Mostra-me o que mais queres de mim.

Se eu fosse um sábio, faria a minha parte. Darei a Ele o que eu puder – meu coração. CHRISTINA G. ROSSETTI

Natal no cativeiro

O destacado reverendo alemão, Martin Niemöller, passou quase 8 anos em campos de concentração nazistas por ter se oposto abertamente a Hitler. Na véspera do Natal de 1944, Niemöller disse essas palavras de esperança aos demais prisioneiros de Dachau: "Meus caros amigos, neste Natal busquemos, no Bebê de Belém, Aquele que veio a nós para suportar conosco todo fardo pesado que está sobre nós. O próprio Deus construiu uma ponte entre Ele e nós! Um alvorecer do alto nos visitou!".

LEITURA:
Isaías 9:1-7

...aos que viviam na região da sombra da morte, resplandeceu-lhes a luz. v.2

No Natal, acolhemos a boa notícia de que, em Cristo, Deus veio a nós onde quer que estejamos e eliminou o abismo entre nós. Ele invade a nossa prisão de trevas com a Sua luz e tira o fardo de tristeza, culpa ou solidão que pesa sobre nós.

Naquela gélida véspera de Natal na prisão, Niemöller compartilhou essa boa notícia: "Do brilho que envolveu os pastores, um raio brilhante será lançado na nossa escuridão". Suas palavras nos lembram do profeta Isaías, que disse profeticamente: "O povo que andava em trevas viu grande luz, e aos que viviam na região da sombra da morte, resplandeceu-lhes a luz" (ISAÍAS 9:2).

Independentemente de onde estejamos hoje, Jesus encheu o nosso mundo tenebroso com Sua alegria e luz!

DCM

Senhor Jesus, encontramos esperança e força em saber que a Tua luz brilha nas trevas e estas não a venceram.

A alegria do Natal é Jesus.

Alegria para todos

No último dia de um congresso de editoras cristãs em Singapura, 280 participantes de 50 países se reuniram no pátio externo de um hotel para uma foto em grupo. Do terraço do segundo andar, o fotógrafo fez muitas fotos de diferentes ângulos antes de, finalmente, dizer: "Acabamos". Uma voz da multidão gritou, com alívio: "Bem, alegria ao mundo!". Imediatamente, alguém respondeu cantando: "O Senhor chegou". Outros começaram a participar. Logo, o grupo todo estava cantando um cântico de Natal em linda harmonia. Aquela foi uma comovente demonstração de unidade e alegria de que jamais me esquecerei.

LEITURA:
Lucas 2:8-14

...Não temais; eis aqui vos trago boa-nova de grande alegria, que o será para todo o povo. v.10

No relato da história do Natal feito por Lucas, um anjo anunciou o nascimento de Jesus a um grupo de pastores, dizendo: "...Não temais; eis aqui vos trago boa-nova de grande alegria, que o será para todo o povo: é que hoje vos nasceu, na cidade de Davi, o Salvador, que é Cristo, o Senhor" (LUCAS 2:10,11).

A alegria não era para algumas pessoas, mas para todas. "Porque Deus amou ao mundo de tal maneira que deu o seu Filho unigênito..." (JOÃO 3:16).

Ao compartilharmos a mensagem de Jesus que transforma a vida, unimo-nos ao coral mundial na proclamação das "glórias da Sua justiça e as maravilhas do Seu amor".

"Cantai que o Salvador chegou!".

DCM

Pai, dá-nos olhos para ver as pessoas de todas as nações como destinatárias de Tua graça e alegria.

As boas-novas do nascimento de Jesus são uma fonte de alegria para todas as pessoas.

Na hora certa

Às vezes, brinco que escreverei um livro intitulado *Na Hora Certa*. Quem me conhece sorri por saber que, frequentemente, estou atrasada. Racionalizo que meu atraso é devido a otimismo, não a falta de tentar. Com otimismo, apego-me à falsa crença de que "desta vez" conseguirei fazer mais em menos tempo do que nunca antes. Porém, não consigo e não faço; com isso, acabo tendo de me desculpar mais uma vez por não chegar na hora.

LEITURA:
Lucas 2:25-38

Vindo, porém, a plenitude do tempo, Deus enviou seu Filho... Gálatas 4:4

Por outro lado, Deus sempre chega na hora certa. Podemos pensar que Ele está atrasado, mas Ele não está. As Escrituras falam de pessoas se impacientando com o tempo de Deus. Os israelitas esperaram longamente pelo Messias prometido. Alguns abandonaram as esperanças. Mas não Simeão e Ana. Diariamente, eles estavam no templo orando e esperando (LUCAS 2:25,26,37). E sua fé foi recompensada. Eles viram o bebê Jesus quando Maria e José o levaram para ser consagrado (vv.27-32,38).

Quando desanimamos porque Deus não responde em conformidade com a nossa agenda, o Natal nos lembra de que "Vindo, porém, a plenitude do tempo, Deus enviou seu Filho [...] a fim de que recebêssemos a adoção de filhos" (GÁLATAS 4:4,5). O tempo de Deus é sempre perfeito e vale a pena esperá-lo. *JAL*

Pai celestial, confesso que fico impaciente e desanimo esperando por respostas a orações em meu próprio tempo e agenda. Ajuda-me a esperar pacientemente pelo Teu tempo em tudo.

O tempo de Deus está sempre certo — espere pacientemente por Ele.

O poder de palavras simples

Gargalhadas distinguiam os visitantes do quarto de meu pai no hospital: dois velhos caminhoneiros, um ex-cantor sertanejo, um artesão, duas mulheres de fazendas vizinhas e eu. "Ele se levantou e quebrou a garrafa em minha cabeça", disse o artesão, terminando sua história de uma briga num bar.

Todos caem na gargalhada com essa recordação agora divertida. Com dificuldade para respirar porque o riso disputava com o câncer o ar de seus pulmões, papai sussurra a todos um lembrete de que "Randy é pregador", então eles precisam medir as palavras. Após dois segundos de silêncio, o quarto todo explodiu em gargalhadas mais fortes, provocadas por essa notícia.

LEITURA:
2 Pedro 1:12-21

...não vos demos a conhecer o poder e a vinda de nosso Senhor Jesus Cristo seguindo fábulas [...] mas nós mesmos fomos testemunhas oculares... v.16

De repente, 40 minutos após o início de sua visita, o artesão limpa a garganta, se vira para meu pai e fica sério. "Para mim, chega de beber e brigar em bares, Howard. Esses dias estão no passado. Agora, tenho um motivo diferente para viver. Quero contar-lhe acerca do meu Salvador."

E prosseguiu fazendo isso, apesar dos protestos surpreendentemente brandos de meu pai. Se há uma maneira mais doce e suave de apresentar a mensagem do evangelho, nunca a ouvi.

Papai escutou e ficou observando o seu amigo; alguns anos depois, também creu em Jesus.

Foi o testemunho de um velho amigo de vida *simples*, relembrando-me de que o simples não é ingênuo nem estúpido; é direto e despretensioso.

Exatamente como Jesus. E também como a salvação. *RKK*

...fazei discípulos de todas as nações, batizando-os em nome do Pai, e do Filho, e do Espírito Santo. MATEUS 28:19

Travados no amor

Em junho de 2015, em Paris, foram removidas 45 toneladas de cadeados das grades de uma ponte para pedestres. Como um gesto romântico, casais gravavam as suas iniciais num cadeado, prendiam-no à grade, travavam-no e jogavam as chaves no rio Sena.

LEITURA:
Romanos 8:31-39

...Rendei graças ao SENHOR, porque ele é bom; porque a sua misericórdia dura para sempre.
Salmo 106:1

Após esse ritual ser repetido milhares de vezes, a ponte já não mais suportava o peso de tanto "amor". Finalmente, temendo pela integridade da ponte, a prefeitura removeu os "cadeados do amor".

Os cadeados deviam simbolizar amor eterno, mas o amor humano nem sempre dura. Os amigos mais íntimos podem ofender-se e nunca resolver as suas diferenças. Parentes podem discutir e recusar-se a perdoar. Marido e mulher podem divergir tanto que nem conseguem se lembrar do por que decidiram casar-se. O amor humano pode ser inconstante.

Mas há um amor constante e duradouro — o amor de Deus. "...Rendei graças ao SENHOR, porque ele é bom; porque a sua misericórdia dura para sempre", proclama Salmo 106:1. As promessas da natureza infalível e eterna do amor de Deus são encontradas ao longo das Escrituras. E a maior prova desse amor é a morte de Seu Filho para que aqueles que nele crerem tenham a vida eterna. E nada jamais nos separará do Seu amor (ROMANOS 8:38,39).

Meus caros cristãos, estamos eternamente atrelados ao amor de Deus.

CHK

Sou grato por Teu infinito amor, Pai. Estou atrelado ao Teu amor por meio do Espírito Santo que habita em mim.

A morte e a ressurreição de Cristo demonstram o amor de Deus por mim.

Anel de sinete

Quando conheci um novo amigo de outro país, percebi seu elegante sotaque inglês e que ele usava um anel no dedo mínimo. Mais tarde, soube não se tratar de uma mera joia, mas de revelar a história de sua família por meio do brasão gravado nele.

LEITURA:
Ageu 2:15-23

...te farei como um anel de selar, porque te escolhi, diz o SENHOR... v.23

Era como que um anel de sinete — talvez como o de Ageu. Nesse curto livro do Antigo Testamento, o profeta Ageu insta o povo de Deus a reiniciar a reconstrução do templo. Eles haviam sido exilados e, agora, retornado à sua pátria e começado a reconstruir, mas a oposição de inimigos ao seu projeto os interrompera. A mensagem de Ageu inclui a promessa de Deus a Zorobabel, líder de Judá, de ter sido escolhido e separado como líder deles, como um anel de sinete.

Na antiguidade, um anel de sinete era usado como meio de identificação. Em vez de assinar seu nome, as pessoas apertavam o anel numa cera quente ou massa macia, deixando sua marca. Como filhos de Deus, nós também deixamos uma marca no mundo ao disseminar o evangelho, compartilhar a Sua graça amando o próximo, e ao trabalhar para findar a opressão.

Cada um de nós tem uma marca singular que revela como somos criados à imagem de Deus e expressamos nosso conjunto de dons, paixões e sabedoria. É nosso chamado e privilégio agirmos como esse anel de sinete no mundo de Deus.

ABP

Pai, que eu possa conhecer hoje a minha verdadeira identidade como Teu herdeiro (LUCAS 15).

Somos herdeiros e embaixadores de Deus, compartilhando o Seu amor neste mundo.

Tempo a sós com Deus

Era uma manhã agitada na sala da igreja onde eu estava ajudando. Quase uma dúzia de crianças pequenas tagarelavam e brincavam. Havia tanta atividade que a sala ficou quente e eu prendi a porta para que ficasse aberta. Um menininho viu isso como sua chance de fugir; pensando que ninguém estivesse olhando, ele saiu pé ante pé. Seguindo-o de perto, não me surpreendi por ele ir direto para os braços do pai.

LEITURA:
Mateus 14:13-23

...[Jesus] subiu ao monte, a fim de orar sozinho... v.23

O menininho fez o que precisamos fazer quando a vida fica agitada e opressiva — ele escapuliu para ficar com o seu pai. Jesus buscava oportunidades de passar tempo com o Seu Pai celestial em oração. Alguns poderiam dizer que era assim que Ele lidava com as exigências que exauriam a Sua energia humana. Segundo o evangelho de Mateus, Jesus se dirigiu a um lugar solitário quando a multidão o seguiu. Percebendo suas necessidades, Jesus os curou e alimentou milagrosamente. Depois disso, porém, "...subiu ao monte, a fim de orar sozinho..." (v.23).

Jesus ajudou repetidamente multidões, mas não se permitiu ficar fatigado e apressado. Ele alimentava a Sua conexão com Deus por meio de orações. E você? Passará tempo a sós como Deus para sentir a Sua força e plenitude?

JBS

Onde você está encontrando maior realização — em atender às demandas da vida ou em cultivar o seu relacionamento com o seu Criador?

Quando nos aproximamos de Deus, nossa mente e nossas forças se renovam.

O dia é agora

Nossa neta Katie, pré-escolar, e sua irmãzinha Maggie arrastaram vários cobertores para o quintal, onde construíram uma tenda para brincar. Elas estavam lá havia algum tempo quando sua mãe ouviu Maggie chamá-la.

"Mamãe, venha aqui, rápido!" — gritou Maggie. "Quero pedir a Jesus para entrar em meu coração e preciso da sua ajuda!" Aparentemente, naquele momento, sua necessidade de Jesus se tornou clara para ela e ela estava pronta para depositar a sua fé nele.

LEITURA:
2 Coríntios 5:18-6:2

...eis, agora, o tempo sobremodo oportuno, eis, agora, o dia da salvação.
2 Coríntios 6:2

O chamado urgente de Maggie pedindo ajuda para confiar em Jesus traz à mente as palavras de Paulo em 2 Coríntios 6 acerca da salvação. Ele estava discutindo sobre a vinda de Jesus Cristo — incluindo Sua morte e ressurreição — ter instituído uma era que ele denominou "tempo sobremodo oportuno". Nós vivemos nesse tempo e a salvação está disponível para todos agora mesmo. Ele disse: "...eis, agora, o tempo sobremodo oportuno, eis, agora, o dia da salvação" (v.2). Para todos os que ainda não confiaram em Jesus para receber perdão, o momento de fazê-lo é agora. É urgente!

Talvez o Espírito Santo o tenha alertado da necessidade de depositar a sua confiança em Jesus. Como Maggie, não deixe para outra hora. Corra para Jesus. O dia é agora!

JDB

Pai celestial, entendo que preciso ter meus pecados perdoados e que só Jesus pode fazê-lo. Deposito minha fé e confiança nele hoje. Perdoa-me e torna-te o Senhor da minha vida.

Não há dia melhor do que hoje para você fazer parte da família de Deus.

Por que lemos a Bíblia?

A Bíblia nos foi dada para que possamos conhecer seu autor e crescer em amor por Ele. Para conhecermos melhor alguém precisamos nos comunicar com essa pessoa. Precisamos falar com ela e ouvi-la.

É o mesmo em nosso relacionamento com Deus. Se queremos conhecê-lo melhor, precisamos nos comunicar com Ele. Podemos falar com o Senhor em oração. Mas como podemos ouvir a Sua voz?

A forma como podemos ouvir o que Deus tem a dizer é lendo Sua mensagem a nós — a Bíblia. Paulo, um de seus escritores, na realidade, diz que ela é inspirada por Deus. Pense nisso, o próprio "fôlego" divino está, de alguma forma, infundido nessas palavras. Mas como podemos ter certeza de que as palavras nela escritas são realmente do Senhor? Como saber que elas são confiáveis?

> **Se queremos conhecer melhor [a Deus], precisamos nos comunicar com Ele. Podemos falar com o Senhor em oração. Mas como podemos ouvir a Sua voz?**

O próprio Jesus acreditava na Bíblia e se referia a ela, com frequência. Ele não citou o Novo Testamento, pois este nem havia sido escrito ainda. Ele cria e citava o Antigo Testamento. Ou seja, Jesus confiava na Bíblia. Mas há muitas outras evidências que também provam a legitimidade da Bíblia, também.

Centenas de sítios arqueológicos foram descobertos nos locais exatos dos eventos bíblicos. E também há a forma como a Bíblia se alinha a outros documentos históricos. Você sabia que pode delinear a vida de Cristo por meio de documentos históricos, sem sequer consultar a Bíblia? Quatro autores com passados e personalidades diferentes, Mateus (um coletor de impostos), Marcos (um repórter investigativo), Lucas (um médico) e João (um pescador), todos escreveram o mesmo relato, mas cada um a partir de seu ponto de vista único.

Porém, isso não é entediante e confuso? A Bíblia é um épico entusiasmante que contém a melhor história de amor de todos os tempos. Mas algumas partes dela podem parecer entediantes. É importante lembrar-se de que a Bíblia não é somente um livro; são vários livros compilados ao longo dos séculos. E nem todos eles devem ser lidos como um romance. Alguns são eventos históricos escritos para estudo. Outros até contém censos (Imagine-se se aconchegando em sua cama à noite para ler um censo longo e legal!). Essas seções foram incluídas na Bíblia por boas razões, mas são melhor compreendidas se lidas em conjunto com um livro que possa explicar o contexto histórico.

Outros livros na Bíblia contêm descrições pessoais da magnificência de Deus e Sua criatividade. Alguns são poesias inspiradoras. Outros exploram honestamente a dúvida e todos os aspectos possíveis da condição humana. Há, ainda, os que são repletos de sabedoria e abordagens significativas sobre como ser bem-sucedido na vida. Finalmente há os livros proféticos que apontam para o que podemos aguardar do futuro. Quando combinados, esses livros do Criador da vida nos mostram como entender melhor a vida.

Deus deseja que usemos Sua Palavra em nossa vida para...

Dar-nos fé. "Porque pela graça sois salvos, mediante a fé; e isto não vem de vós; é dom de Deus; não de obras, para que ninguém se glorie" (EFÉSIOS 2:8,9).

"E, assim, a fé vem pela pregação, e a pregação, pela palavra de Cristo" (ROMANOS 10:17).

Encorajar-nos. "Pois tudo quanto, outrora, foi escrito para o nosso ensino foi escrito, a fim de que, pela paciência e pela consolação das Escrituras, tenhamos esperança" (ROMANOS 15:4).

Equipar-nos. "Toda a Escritura é inspirada por Deus e útil para o ensino, para a repreensão, para a correção, para a educação na justiça, a fim de que o homem de Deus seja perfeito e perfeitamente habilitado para toda boa obra" (2 TIMÓTEO 3:16,17).

Guiar-nos. Neste mundo caótico em que parece não haver mais absolutos, ou certo e errado, a Bíblia é a bússola precisa que nos indica o verdadeiro Norte. E esta é a verdade que nos guia e dirige nossos passos. De acordo com o Salmo 119, ela ilumina o caminho sob nossos pés, para sabermos onde andar.

O próximo passo

Jesus declarou: "Eu sou o pão da vida; o que vem a mim jamais terá fome; e o que crê em mim jamais terá sede" (JOÃO 6:35). Nosso Mestre também diz que os seres humanos não vivem apenas de alimentos físicos, "...mas de toda palavra que procede da boca de Deus" (MATEUS 4:4).

Nosso corpo reclamaria se comêssemos apenas uma vez por dia. Como podemos fazer menos por nossa alma? Sim, o mundo constantemente exige nossa atenção. Mas se intencionalmente separarmos tempo para alimentar nossa alma com regularidade, lendo a Palavra de Deus, nós cresceremos.

Para mim, a melhor hora para ler é na calma da manhã, enquanto tomo uma xícara de café com Deus. Para outros pode ser pouco antes de ir dormir. Leio lentamente e peço ao Espírito Santo para revelar as verdades. Ao longo dos anos, aprendi que a única forma que posso conhecer a Deus é separando tempo para ouvir o que Ele diz por intermédio de Sua Palavra. À medida que o conheço melhor, não posso evitar amá-lo mais e mais profundamente.

Bill Myers, autor e cineasta, www.billmyers.com

A oferta divina de paz

O primeiro livro da Bíblia traz o relato do primeiro reino de paz, o Éden. Depois continua falando sobre a trágica queda em pecado e rebelião (GÊNESIS 1-3).

O Novo Testamento começa com quatro grandes narrativas sobre Aquele que descendia humanamente de Abraão e veio pagar o preço mortal por nossa paz — o Cordeiro sacrificial que morreu pelos pecados do mundo.

A paz suprema pode ser nossa por causa daquele que se assenta no trono da paz.

Finalmente, chegamos ao reino messiânico de paz que, será substituído pelo reino eterno que Deus deseja que cada pessoa vivencie. Pedro escreveu:

> *Não retarda o Senhor a sua promessa, como alguns a julgam demorada; pelo contrário, ele é longânimo para convosco, não querendo que nenhum pereça, senão que todos cheguem ao arrependimento* (2 PEDRO 3:9).

A Bíblia termina com um convite para o mundo desesperado experimentar a paz suprema. Essa paz pode ser nossa por causa daquele que se assenta no trono da paz:

> *Nunca mais haverá qualquer maldição. Nela, estará o trono de Deus e do Cordeiro. Os seus servos o servirão, contemplarão a sua face, e na sua fronte está o nome dele. Então, já não haverá noite, nem precisam eles de luz de candeia, nem da luz do sol, porque o Senhor Deus brilhará sobre eles, e reinarão pelos séculos dos séculos* (APOCALIPSE 22:3-5).

Você já aceitou a oferta divina de paz?

Adaptado de *What does the Bible say about peace?* (O que a Bíblia diz sobre paz?) ©2007 Ministérios Pão Diário

Índice temático

TEMA	DATA
A ressurreição dos cristãos	abr. 8; mai. 25
Adoção	dez. 21
Adoração	jan. 3; mar. 6; abr. 17; jun. 5,12,20; set. 22; out. 28; dez. 8
Alegria	jan. 1; dez. 20
Amor pelos outros	jan. 15; mai. 3,20; jun. 9,21,29; jul. 27,29; ago. 7,17; set. 7,27; out. 3,14; nov. 3,5,18,28; dez. 10,14,19
Amor por Deus	jan. 29; mar. 3,17; abr. 1; mai. 13; jun. 12; ago. 8; out. 15
Arrependimento	mai. 30,31; ago. 29; out. 12,18
Arrogância	mai. 1
Bíblia	fev. 4; mar. 3,17,19; abr. 23,26; mai. 6,10,19; jun. 16,19; jul. 7; ago. 23,25; set. 25; out. 8,30; nov. 13; dez. 4
Casamento	jun. 26
Ceia do Senhor	out. 2
Comportamento pessoal	jan. 25,29; jun. 13; jul. 24; set. 1; nov. 26
Comunhão com Deus	jun. 27; dez. 30
Confiança em Deus	jan. 12,27,28; fev. 19,20,21; mar. 2,10,11,24,28; abr. 2,5,7,9,20,27; jun. 22; jul. 3,18,30; ago. 2,6,13,20; set. 8,21; out. 1; nov. 1,19
Confrontação	dez. 10
Contentamento	jul. 11; ago. 19; out. 25; nov. 23
Crescimento espiritual	jan. 16,22; fev. 4,23,28; mai. 17; jul. 6
Criação	out. 19
Cristianismo e cultura	mar. 1; ago. 12
Cristo, o Salvador	jan. 8,13; fev. 9,17; mar. 23,25,29; abr. 6,15,28; mai. 18,28; jun. 5; jul. 15,28,31; ago. 5,16,23,29; set. 25,30; out. 7; nov. 4,15,18,25; dez. 18
Cuidado de Deus	jan. 6,23; fev. 15,26; mai. 4,15,24,26; jun. 22,24,25,30; jul. 9,14,20,25; ago. 5,10,14,28; set. 5,8,17,23,26; out. 20,23,25; nov. 1,15; dez. 2
Culto racional	jul. 1
Amor de Deus	jan. 11,21,26; fev. 14; mar. 4,8,15,16,20,31; abr. 18; mai. 8,23; jun. 17,21; ago. 28; set. 9,29; out. 7,21,27; nov. 6,7,10,28; dez. 2,21,28,29
Descanso	fev. 18; mar. 13; jul. 22; set. 26
Desesperança	mar. 15
Disciplinas espirituais	jun. 27; jul. 13
Discipulado	jan. 14,23
Divindade de Cristo	mar. 25; ago. 11
Dons espirituais	fev. 13; jun. 4; dez. 23

Índice temático

TEMA	DATA
Doutrinas de Deus	jan. 3,10,18, 24,27,30; fev. 7,19; mar. 7,9,24,27; abr. 2,4,14,16,19,20,25,27; mai. 11,12,16; jun. 1,3,11,14,16,18,20,24,25; jul. 12,23; ago. 1,3,25; set. 22; out. 27; dez. 16
Encorajamento	mai. 6,9; jul. 5,27; set. 23; out. 16; nov. 16,21; dez. 9
Ensinos de Cristo	jan. 8
Envelhecimento	fev. 26; mai. 14; jul. 6; out. 25; nov. 27
Esperança	abr. 28; dez. 24
Esperar em Deus	fev. 25; abr. 7; mai. 14; jul. 19
Espírito Santo	abr. 22; mai. 7,19,27; jun. 15; ago. 23,27; set. 4,28; out. 24,30
Eternidade	fev. 6; mar. 22; abr. 21; mai. 21; jun. 8; set. 18; nov. 24; dez. 15
Evangelismo	jan. 20; fev. 17; mar. 14; abr. 19,29; mai. 6,29;jun. 7; jul. 2,8; ago. 9,16; set. 7,10,16; out. 13,23,26; nov. 10,12; dez. 5,22
Falsas doutrinas	jan. 8
Fé	mai. 31; jun. 18; set. 30
Gratidão	fev. 14,27; out. 19,28; nov. 22,29
Histórias de fé	fev. 16; mar. 10; set. 24; nov. 16
Humildade	jan. 19; mai. 30
Idolatria	abr. 19; dez. 12

TEMA	DATA
Igreja	jan. 17; ago. 17,21; set. 15; out. 9; nov. 6,14
Inimigos	mar. 12; dez. 19
Injustiça	mai. 29; ago. 7
Ira	out. 5
Julgar os outros	mai. 12; set. 29
Liderança	nov. 3
Lutas na vida	mai. 4,27; ago. 2; nov. 19
Luto	fev. 7,15; abr. 21
Materialismo	set. 27; nov. 23; dez. 12
Medo	mar. 2, 22; mai. 24; jul.23; ago. 11,20
Milagres	jun. 22
Missões mundiais	nov. 18
Mordomia e doação	jul. 17; out. 22
Morte de Cristo	mar. 29,30,31; abr. 1; jun. 5; jul. 15; set. 20; nov. 4; dez. 17
Morte	abr. 8; mai. 21,25; dez. 15
Nascimento de Cristo	dez. 5,13, 20,22, 23,24,25,26
Natureza humana	jan. 20
Obediência	fev. 12; mar. 17,19; abr. 5,30; jul. 7,21; set. 4; dez. 16
Oração	jan. 2,4,7,28; fev. 18,22; mar. 5,9; abr. 22; mai. 5,10,18; jun. 2,16,26; jul. 4,13; ago. 3,14,18; set. 11,28; out. 6,17,29; nov. 9; dez. 11,26,30

Índice temático

TEMA DATA

Paciência . . . . fev. 8
Paternidade . . . . . . jan. 21,23; set. 24
Pecado . . . . jan. 22; fev. 6,11; abr. 12,25; mai. 30; ago. 4,22; out. 12; dez. 16
Perdão dos pecados . . . . abr. 25; mai. 11; ago. 4; out. 18
Perdoar os outros . . . . .fev. 11; out. 11
Perseguição . . . . out. 23; nov. 11
Perseverança . . . . mai. 22
Preocupação . . . . jul. 23
Prioridades . . . . .set. 27; dez. 1
Racismo .jan. 15
Razões . . . . .nov. 17
Relacionamentos . . . . mar. 12,14; abr. 11; jul. 2; out. 11; nov. 3
Ressurreição de Cristo . .mar. 25, 30; abr. 1,2,21
Retorno de Cristo . . . . .fev. 24; abr. 24; jul. 3, ago. 8; set. 12
Reverência a Deus . . . . .jan. 24
Salvação . . . . .jan. 9,31; fev. 9,17; mar. 1,9,26; mai. 31; jun. 6,18,30; jul. 16,31; ago. 9,31; set. 6,14,18,20; out. 4,13,31; nov. 30; dez. 17,23,31
Satanás . . . . . mai. 10; ago. 24; nov. 2
Servir . . . . fev. 2,5,18; abr. 3,13,14; mai. 20; jun. 4,23; jul. 17; set. 15; out. 10,22; nov. 5,8,17; dez. 3,29
Sofrimento . . . . jan. 26; fev. 1,19,21; mar. 4,5,11; abr. 9,24; mai. 16,24; jun. 3,6,25; jul. 12,14,25; ago. 6; set. 5,17,21; out. 20,29; nov. 1,7
Solidão . . . . jan. 5; mar. 16
Testemunho . . . . mar. 26
Tentação . . . . mar. 18,28; abr. 12; mai. 28; jun. 14; ago. 22,24; nov. 2
Trabalho .abr. 11
Transformação espiritual . fev. 3,12; mai. 19,22; jun. 10,28,29; jul. 9,10,26; ago. 12; set. 2,13; out. 24; nov. 6
Unidade dos cristãos . . . . out. 9; dez. 7
Vida e ensinos de Jesus . . . . nov. 20
Vida eterna . . . . .set. 14
Vivendo com outros cristãos . . .jan. 17; fev. 28
Vivendo como Cristo . . . . .jan. 17,25; fev. 8; mar. 7,12,21; abr. 10,29; mai. 2; jun. 13,21; jul. 6,10,15,24; ago. 15,19,26,30; set. 2,3,16,19; out. 10; nov. 26; dez. 3,6,14,27
Vivendo para Cristo . . . . .fev. 10; abr. 13,30; mai. 26,29; jun. 23; out. 16